信息与智能

陶 洋 著

科学出版社

北京

内 容 简 介

本书系统地分析和描述数字信息与智能、智慧之间的关系，明确提出"智慧源自信息、智能起于智慧"的学术观点。本书同时描述智慧的内涵和外延及其特性，并进行特性的分析和阐述。书中阐述信息系统中各个环节、各个子系统的智能表现内容、特性、技术要点等，描述一些未来发展的趋势，书中还对相关的实际案例进行分析和描述。

本书可供计算机、信息与软件等相关专业的高校师生参考，也适合有志于信息化应用及信息发展创新的读者及研究人员研读。

图书在版编目（CIP）数据

信息与智能 / 陶洋著. --北京：科学出版社，2024.6
ISBN 978-7-03-078438-4

Ⅰ. ①信… Ⅱ. ①陶… Ⅲ. ①信息系统 Ⅳ. ①G202

中国国家版本馆 CIP 数据核字（2024）第 086043 号

责任编辑：陈丽华 / 责任校对：彭　映
责任印制：罗　科 / 封面设计：义和文创

科学出版社 出版
北京东黄城根北街 16 号
邮政编码：100717
http://www.sciencep.com

成都锦瑞印刷有限责任公司　印刷
科学出版社发行　各地新华书店经销
*
2024 年 6 月第　一　版　　开本：787×1092　1/16
2024 年 6 月第一次印刷　　印张：15
字数：356 000

定价：189.00 元
（如有印装质量问题，我社负责调换）

序

信息来源于自然界，是自然界的真实反映，可称为自然信息。数字信息是经过技术处理后自然信息的数字化表现，由于技术的限制，数字信息也是自然界的不精确反映，它与自然信息之间的差异大小，目前是一个未知数。可以肯定的是，数字信息来源于自然信息。

数字信息是现代社会信息化的根本基础，蕴含着人们需要的各种维度知识，具备人们借以推动人类文明发展的潜能，也可以称为"数字能量"，其衍生出人类的强大智慧。

对数字信息及其运转系统中蕴含的智慧的分析和研究，对于人们认识世界和改造世界具有重要意义，这不仅包含数字信息的本质、结构，也包含数字信息产生知识、智慧和作用的方式和运行方式。作为系统性分析和研究数字信息的产生、发展与运行规律的著作，本书有助于读者全面、清晰地认识当今相应技术、理念和局面，同时拓展出新的认识，创造出新的理论和技术，在推进信息化社会纵深发展的同时，推动发展社会生产力的新型应用。

人类文明正经历着信息数字化带来的社会巨大变革，万事万物都有各种类别的信息，然而到目前为止，由于技术和认知能力的限制，人类感知的信息却非常有限，无论是形式还是数量，可谓信息沧海中的一粟而已。

什么是智能呢？智能，是智慧和能力的总称，中国古代思想家把智与能看作两个相对独立的概念，也许表述不同，今天其本质也没有太大的差异。今天所说的"信息"是指数字信息，也就是信息的数字化，包含大量的内涵和外延，同时也包含存储、计算、传输以及组织等。而这些东西就是"信息与智能"的基础和载体。

大数据、云计算、互联网、物联网等，都是为了追求数字信息服务于人类文明发展的工具，其本质在于获取世间事物、事件等信息加以数字化，在历史长河中支撑文明进步的阶段发展。

基于现在的信息承载体，可以构建适应社会文明和发展的"智能"，从信息中抽取和凝练"智能"，促进生产力发展，以实现社会的进步。

本书结合现实社会呈现的信息化特征以及信息化基础设施特性，分析和介绍寓于信息及数字中的"智能"的概念、技术要点以及相关关系等问题。系统性地分析和描述数字信息的智慧内涵和外延，充分兼顾当今信息化技术的现实、发展和运用，是作者多年的研究和应用实践的积累，适合信息化应用及信息发展创新相关专业的学生阅读和参考。

全书分为 10 章，第 1 章为绪论；第 2 章介绍信息属性；第 3 章介绍智慧获取与智能化实现；第 4 章介绍智能及其表现、表达形式；第 5 章介绍信息与智能传递；第 6 章介绍信息与智能计算；第 7 章介绍信息与智能存储；第 8 章介绍智慧互联网；第 9 章介绍智能物联网；第 10 章介绍信息与智能的哲学问题。

本书的研究得到重庆市科委重大攻关项目"互联网科技产业协同创新与关键技术（cstc2012jcsf-jfzhX0004）"、重庆市科委技术预见与制度创新项目"基于多网络融合的应急通信标准研究（cstc2017jsyj-jsyjB0014）"、重庆市科委"智能传感路由器（cstc2018jcyjAX0344）"、北京大学信息技术高等研究院合作项目"智能视觉定位（cstc2020jscx-msxmX0178）"的资助，在此表示衷心的感谢。

全书由陶洋教授负责学术定位、内容及框架确定，撰写各个章节的核心内容并审校全书，由杜黎明、谭锐、欧双江、汤新玲、申婷婷、唐函、李旺、朱梓涵、周婉怡、张玉洁依据本书的中心要义和核心内容，每人一章完成撰写工作。本书的研究成果也得到了同行专家的大力支持与帮助，在此表示感谢。

由于作者学识和认知水平的局限，本书疏漏之处在所难免，望读者批评指正，不吝赐教。同时也敬请读者提出学术意见，相互交流，共同推动现代社会信息化的发展。

作者

2022 年 12 月隆冬，于重庆南山

目　　录

第1章 绪 论

1.1 概 述

1.1.1 信息的定义

"信息"这个词让人们感到熟悉而又陌生。熟悉是因为人们处在一个信息时代，跟生活密切相关的就有大量的信息，如书籍、手机、计算机等。而陌生是因为很难精确说明信息是什么，并且很难量化信息，例如，"地球是圆的"一句话包含了多少信息？在古代和现代，这句话包含的信息量是不是不一样？抛开信息的准确、多少，先来探讨一下什么是"信息"？

万物皆有内涵和外延，都有各自的呈现方式和内容，对这些内容的认识和表达，其结果就是人们所说的信息，因此可以说信息就是事物内涵和外延的某种方式的认识与表达，其形式是多样化的（很多方式尚未发现），可以是人与人之间，也可以是人机之间，当然也可以是机器与机器之间，甚至可以是人与大自然之间，它们只是形式不同而已。如果对它们进行数字化表示，所对应的就是数字信息。

广义而言，信息就是事物被识别、被感知的属性表达形式，如声音、颜色、振动、温度、气味、光线、形状等，也可以是度量、文字、图片等描述形式。数字化是一种被广泛认同且采用的处理方式，奠定了现行信息社会的根本基础。

现代信息论的奠基人克劳德·艾尔伍德·香农（Claude Elwood Shannon）认为，信息是用来消除随机不确定性的东西。这个定义被人们奉为经典性定义，并建立起了现行信息论体系[1]。香农认为事物的不确定性越大，其所蕴含的信息量也就越大，并提出了信息熵的概念，用它来表示信息量的大小。他认为可以通过对事物不确定性的测量来定义信息。不过他只描述了信息的功用、信息量以及获取方式等，并没有回答信息本质、属性、测量局限、维度特征等问题，当然，这并不影响香农定理对信息技术发展的巨大作用和贡献。

信息是事物的虚拟化表达，只是方式不同而已。信息是事物的某种反映，与事物是一种对应关系，它可以代表事物的某一种或几种内涵和外延，却不是事物的本身。它可以用来对事物或事件进行描述，实现事物或事件的跨时空传递、记录、处理或计算等，不需要重演事件、移动事物（有的是不可能、不现实的）。这种虚拟化表达是事物的抽象化，这种抽象化的结果有多种，它可以是某种数字（序列）、某种波，还可以是某种场等。就现在而言，人们只掌握了数字技术，当然一定存在着其他技术，只是尚未被发现或发明而已。

信息具有不限于时间、空间的维度属性，更具有其他的维度属性（有的人们还未认识到），这些形成了信息的多维度特征。人们能够获得信息的多少个维度，取决于其认知能力、技术能力，同时受限于文明、进化、发达程度。不考虑信息的维度属性而讨论信息的含义或者信息量，是没有太大意义的。例如，讨论股票走势而不关注时间。

信息维度具有多样化和任意组合的特征。对同一个事物，虚拟化表达方式是多种多样的，甚至是无穷无尽的。一种事物无论是简单还是复杂，无论是巨大还是细小，都具有同样的复杂而多样的信息维度，不同的维度会得出不同的信息，没有多寡之分，也没有简单与复杂之分。"一滴水"的信息维度与"一个星球"的信息维度数量是一样的，都具有无限性。当今对于信息的感知或者表达，只能是从一个或几个维度进行，而信息维度具有可重组性或组合特性，因人因设备而定，不管它是否符合人们已有的认知逻辑，它都是事物信息的表达，正如"精神病患者"的语言（表达信息的方式），不符合逻辑，谁又能说他的感知是错误的呢，之所以说他错，是因为他的表达不符合人们绝大多数人的认知逻辑而已。因此对于信息的理解，需要人们怀着一颗包容的心。

任何信息都是能被感知的，没有被感知到的，只是因为受到人类文明发展程度的制约而已，也就是没有找到表现方式。人可以感知信息，并能表达或表示，这是人类文明发展的成果，同样人类可以发明机器或设备去感知信息、表达信息、表示信息，可以将它们转化为数字序列、制作成照片、保存为录音等，现在基本上都归一化为数字序列了，信息具有了单一的数字表示形式后，客观世界一定存在其他表现形式，只是人们还未发现。

任何信息的度量方式都具有局限性。人的眼睛能够感知到的光谱波长，是有限的；耳朵听到的声频很少，机器也一样，今天的照相机面对同一个景物，所获取的图像信息是 10 年前的几倍、几十倍，未来也许是几万倍，但是终究是有局限的，无论如何也只是对事物的虚拟近似表示，与事物展现出的光与色等实际信息相比，这些信息具有绝对差异。绝大多数情况下，技术只支撑从单一维度去度量信息，这很容易割裂事物本身信息维度之间的关联关系信息。另外，精度的取舍也是度量信息必须面对的问题，舍掉之后的信息，也许是"小信息"，却是至关重要的客观事实、事物本质，谁又能轻易否定呢？

正如唯物主义描述物质一样，世界上的一切事物有着无限多样的形态，但归根结底都是物质的外在表现。信息同样无处不在，是物质一样的存在，以自己的客观存在影响着整个世界，具有事物的全部哲学属性，具有现实抽象性和具象性。

1.1.2　信息的承载

首先，信息被客观事物承载，由客观事物以多维度进行表达、表现；其次才是文明承载，这表现为生物、人以及人所创造的技术手段。这里重点讨论的是技术手段承载，包括传递承载、计算承载、存储承载等。

没有客观事物就没有信息。没有人类文明的进步就没有今天的数字信息。信息需要被利用、被加工、被存储、被传递……不同的目的需要不同的承载方式，需要不同的载体，信息常被承载于电信号、光信号等，但其形式可以在信息熵误差允许的范围内，最终归一化为数字承载形式。

信息传递是人类自古以来的基本需求，因此，人们一直在寻找适合的方法。无论是出于人类的天生本能还是利用手头的工具，人类一直是信息传递的中心。在古代，人们使用候鸟、鸽子作为信使来传递人们的往来书信以及思念之情；以灯光、火光、烽火台等形式来传递作战信息，使古代的军队即使远距离也可协调、互相呼应；也以钟声、鞭炮声在特殊的节假日表达人们的特殊感情。在现代，人类的科学技术水平得到了显著的提升，传递信息的方式多种多样，从贝尔实验室的第一部电话机诞生至此，有了以电话、传真、电视等为代表性的有线通信传输，大大缩短了相隔较远的人们交流所花费的时间，使人们日常的交流和信息互通变得更为简单和容易。在移动电话被发明之后，无线通信传输技术取得了巨大的成功，不同国家、不同地区的人们可以在任何时间、任何地点随时互相通信，此时整个世界宛如一个地球村，人类突破了距离的鸿沟，可以随时分享自己的喜怒哀乐。再到数字通信传输，以计算机、智能手机为例，人们可以使用计算机以及智能手机在有网络的地方、社交平台向亲朋好友甚至素未谋面的网友传递信息及分享自己的所见所闻。信息传递方式的极大便捷，也同样催生了一批相关的产业，如大数据、云计算等产业。可以这样讲，随着万物互联时代的到来，每一个人都成为了信息的传递者，也产生了相应的信息资源。

如图 1-1 所示，信息的传递方式主要分为有线传递和无线传递。当有了传递的方式，那所传递的信息是以何种形式或什么形态发送出去的呢？接收到的信息以声音、文字、图形、视频的形式呈现，便于人们提取和理解。但从传递的实现来看，是不可能直接在传递线路上发送文字图像的，因此，现代技术采用了不同的方法，将信息承载在电磁波、光或电流中，这使得信息可以分为模拟和数字两种类型。最终，无论使用哪种技术，信息都会以数字的方式传递，以便更有效地传播和处理。

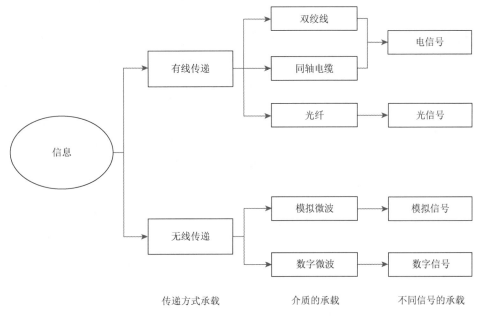

图 1-1 信息的传递方式

当然，这种在目前认知和技术水平之下的传递方式，也许不是未来的信息传递方式，但是至少是今后相当长一段时间内的一种或主要选择。

传递可以用多种方式进行承载，存储也是如此，从古到今，信息的承载体从石头到骨头，再到竹木、布匹、纸张，最后到今天的磁性、半导体材料，在所有的信息存储载体中，目前没有一种可以被人们放心地视为"永久"的存储载体，人们相信自然界中一定存在可以永久存储信息的载体，只是还没有发现而已。也许就是自然界本身具备信息存储承载能力，只是还没有找到合理的方式去利用这种能力。

信息具有被加工、编辑、重组等特性，无论是什么形式的信息，模拟与数字、声音与文字、温度与振动等。现阶段而言，信息的处理承载是基于两态数字及对应的计算系统的，是以布尔代数为基础所建立起来的。从古至今，不同时代有着不同的加工处理技术和工具，今天处理、计算信息的工具可谓丰富至极，但只是基于数字化形式，且以"两态（0、1）"为基础，那么是否存在其他形式的处理计算呢？回答是肯定的。也许，新的处理或计算方式的出现会引起整个人类文明的突进，大幅度提高人类文明的发展速度和程度。

1.1.3　信息与感知信息的关系

从熵的角度来衡量，信息远远大于感知信息。这不但取决于人们的认知水平，还取决于自身的客观限制和技术的局限性。从维度上讲，信息被感知的维度永远小于信息的客观维度，因为世界上的事物永远是运动变化着的。感知信息不能等同于信息，它们之间存在着差异，感知信息只是信息的近似表现。从时间的角度来看，信息处于更广袤的时间线，从宇宙诞生以来，信息就无处不在，因为人类的探索求真欲，才有了感知信息。人类追求感知技术和认知能力的提升就是为了弥补这种差异。

如图 1-2 所示，矩形代表着客观世界，圆形如整个客观世界所容纳的信息，椭圆就好比人类开始对客观世界探索后的感知信息。可以看出，感知信息的体量是远小于信

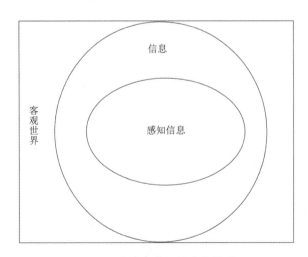

图 1-2　信息与感知信息的关系

息的，但是信息与感知信息的这种差异化，会随着人们感知能力的强化逐渐缩小，椭圆就会逐渐逼近圆，以达到对信息的充分认识，但只是逼近，而不可能完全充满整个信息圆。

感知信息是现实的，尽管与客观事物真正蕴含的信息量存在绝对差异，但感知而获取的信息仍然构成了一种资源，至少与客观事物存在对应关系。感知信息同样与信息一样具有多个维度，可以按时间和空间及它们的组合特性来表述或表示。

1.2　信息获取方式

怎样才能获取信息？其实就是如何去感知信息并进行表达或表示。人对客观事物的认知是通过感官或借助工具获取信息而形成的。最初信息的获取可归纳为两大类：一是观察法，即通过直观的感受，深入现场，实地采样，进行现场观察和记录以获取信息；二是实验法，即通过实验室实验、现场试验、计算机环境下人机结合实验过程获取信息。技术发展到今天，人们有很多获取信息的方式。由于获取信息的方式和途径陡增，也赋予了人类更好的手段去认识世界、改造世界。本节将从方式演变和技术进步上去介绍各种获取信息的方式，着重介绍现代技术水平下信息的获取方式。

1.2.1　传统获取方式

信息永远包含于事物的客观表现之中，代表着事物的某些行为、特征等属性，这些客观的属性必然会通过光线、颜色、气味、振动、温度、波、场等呈现出来，获取这些属性的不同呈现方式，就感知到与客观事物对应的信息，尽管它可能是近似而已。

在古代，由于文明程度和技术水平低下，人们获取信息和传递信息的能力也很落后，但是人们也利用到了当时可以企及的知识和工具努力地去获取信息，多数是借助人的感官，通过自然而原始的方式获取信息。例如，用候鸟，特别是鸽、雁等作为传输信息的工具；以特殊声音，如钟声、鼓声、鞭炮声等向人们表达对应的信息。

在现代，人们通过电子传递方式获取信息，如电话、传真、电报、电视、计算机、互联网等，可以是有线的，也可以是无线的，特别是网络技术的快速发展，人们通过互联网获取信息，不仅信息量大、种类多，而且具有动态快速变化的特点，可以说基本上实现了在有限时空范围内跨时空信息获取。

1.2.2　新兴获取方式

1. 传感器的利用

随着 5G 通信、物联网、计算机网络技术等新兴和传统技术的快速发展，世界已经步入了一个信息爆炸的时代，产生信息的源节点数目、单片信息的数据量都呈现出加速膨胀的态势。人们也在利用各种工具获取信息，其中，利用广泛的传感器去收集信息、处理信息已成为一种成熟且高效的方式。

随着人们生活的需要，单凭人的感觉器官来获取信息已经不能满足要求，于是科学家研制出了大量的传感器来帮助人们获取信息。正是因为传感器的广泛使用，人们获取信息的范围已经延伸到更宽、更广的领域。模仿人的感觉器官来获取信息的"五官"传感器与人体的某个具体感官相对应：光敏传感器对应人的视觉器官；气敏传感器对应人的嗅觉器官；声敏传感器对应人的听觉器官；化学传感器对应人的味觉器官；压敏、温敏、流体传感器对应人的触觉器官。传感器就像人一样具有敏感的感觉功能。五官获取的信息是通过人的感觉细胞将非电量（光、声、温度、湿度、压力、重量、香味、臭味、酸、甜、苦、辣等）变成电脉冲（电量：电荷量、电压、电流、电阻、电容、电感等），电脉冲通过神经将其送至大脑，感知到信息。传感器正是利用这个原理来模仿人的各种感觉。

从另一方面来讲，传感器是把一种能量转换成另一种能量的装置，是把被测信号转换成电信号的装置，它在人们生产、生活和科研方面都有着非常广泛的用途，大到军事、天文方面的应用，小到人们日常生活的煮饭、洗衣等自动化方面的应用。可以说，传感器的应用已经深入到了社会生活的方方面面，例如，差压传感器在医药方面的应用，光纤传感器在智能复合材料和热加工生产中的应用，红外传感器在皮带运输机安全警示系统中的应用，电涡流传感器在印刷品厚度检测中的应用，距离传感器在判断车辆运动速度方面的应用等。

超大规模集成电路（very large scale integrated circuit，VLSI）以及微机电系统（microelectromechanical system，MEMS）等硬件基础以及射频（radio frequency，RF）技术的进步，使得传感器的发展越来越快。传感器也因其价格成本低及容易部署的优势可以放置在任何环境，任何时间都可以工作，并且不需要太多的人力进行管理；传感器也具有良好的容错能力，局部出现故障仍然能够较好地完成工作；并且可以利用多个传感器获取的信息进行分析以提高信息的准确率。

2. 数据挖掘技术

数据挖掘技术是一种计算获取信息的方式，是以已有的客观存在的数据或信息为基础的技术。

现在世界已经进入了一个信息爆炸式增长的时代，GB、TB、PB 这些数据单位是普通人也会遇到的常见量。这样大小的单位可能足以量化电子邮件附件中发送的数据量或存储在硬盘驱动器上的数据量。但是，在未来几年中，这些目前常用的单位将会被迅速取代，PB、EB、ZB 等大容量单位将逐渐变得家喻户晓。

一天会产生多少数据，当进入由数据信息驱动的未来时，这会是什么样？有机构通过估算，一天之中，全球发送了 5 亿条推文、2940 亿封电子邮件，其中，Facebook 平台上创建的数据量达到了 4PB，包含 3.5 亿张照片以及 1 亿小时的视频；WhatsApp 发送了 650 亿条消息，进行了 50 亿次搜索；Instagram 分享了 9500 万个照片和视频。据估计，到 2025 年，全球每天将创建 463EB 的数据。

大数据时代，信息数据处理水平已经成为各行各业发展的核心竞争力与发展基础。深入挖掘数据信息中存在的价值，合理运用数据挖掘技术提升数据价值，不仅能够及时掌握市场行业的未来发展动向，也能够帮助一些企业解决当前存在的发展危机。尤其是一些对信息技术应用要求比较高的重要发展领域，合理运用数据挖掘技术，不仅能够在混乱的信息数据中发现隐藏的商机与未来发展市场，也能够直接结合企业的实际发展目标与实力创造出更多的生产价值与自我提升空间。

数据挖掘技术，顾名思义，需要在大量且繁杂的数据中挖掘出具有价值的数据信息。就一般情况来说，数据挖掘主要应用在文本数据以及图像数据中，作为分析、整理或者预测风险的基础技术手段，数据挖掘技术能够在海量的信息数据中精确找到目标数据。当然，面对不同的应用领域，数据挖掘技术也需要根据实际情况做好具体的分析，甚至需要配合不同场景情况以及需求进行合理升级、转型应用。数据挖掘技术在商业市场上的用途相对比较广泛，一些企业或者公司为了提升企业或者品牌的核心竞争力，可能会利用数据挖掘技术处理客户信息，首先可以在客户数据库中提取众多目标信息类型，然后结合不同的公式算法分析出不同客户的不同需求。

总体来讲，数据挖掘就是要解决三个问题：

一是去何处挖，不可能漫无目的地进行挖掘，这样会耗费大量的财力、计算力。现在的计算资源是非常昂贵的。

二是挖掘什么，想要的对象是什么？

三是采用何种方式、何种技术去挖掘信息数据。

以下将从这三个方面阐述作者的观点。

数据挖掘首先要解决的问题就是"信息数据"的问题，也就是去何处挖掘。现在市面上有很多的数据挖掘课程，以及一些数据挖掘比赛。一种很直接的感觉就是，数据是现成的，只需要运用一些数据清洗等技术手段就可以获取到想要的数据。但实际上，数据在哪里是一个非常值得花时间去思考的问题。数据在何处，是不明确的，人们在开始挖掘之前，得提前明确自己的需求，进而相对精确地定位信息数据的大概方向。一千个挖掘项目可能有一千种挖掘需求。举个简单例子，假若你是一个数据挖掘工程师，老板给你安排了一个任务，想要获取某个企业的投资风险程度，然后决定是否进行投资。你可能会在网络上对企业的人事情况做好分析并呈现给你的老板，供其决策；你也可能会在网上进行归类，收集分析该企业近几年的运营情况以便决策。不同的方案就决定了原始数据所处的方向位置。

其次，挖掘的是感兴趣的目标数据，不过数据的形式有很多种，按照数据类型来分，数据挖掘主要处理非依赖型数据和依赖型数据。非依赖型数据相对简单，也就是通常所说的"多维数据"，一条记录包括多个项目。这么说也许比较抽象，其实我们都见过，回忆一下填过的各种表格，如报名表，需要填姓名、性别、年龄等信息，这就是典型的多维数据。

在数据挖掘中，不同格式的信息数据也要区分对待，大致可以分为以下三种。

连续型数据：它首先是数值数据，而"连续"是相对于"离散"而言的，数值序列中间不会出现中断或者跳跃，如年龄、气温就是此类。

离散型数据：同样也是数值数据，简单来说就是"不连续"的数据。如性别，如果用 0 表示女，1 表示男，那性别这一栏要么是 0 要么是 1，中间不会有其他的值，这就是典型的离散数据。

文本型数据：前面一直在强调数值数据，但文本型数据在自然环境中同样常见，如姓名，这些都是以文本形式存储的数据。不过文本型数据是无法直接进行计算的，一般需要转换成向量来进行分析。

非依赖型数据最大的特点就是各个数据项彼此独立，相互之间没有依赖关系，不会"牵一发而动全身"，所以操作难度相对较低。下面介绍依赖型数据，所谓的"依赖"，也就是数据项之间存在某种关联变化的关系，数据挖掘将这种关系具体分为隐式依赖关系和显式依赖关系，二者的区别在于前者的依赖比较隐蔽，后者更加显性，两者的边界十分模糊。数据挖掘将依赖型数据分为以下三种。

序列数据：可以再细分，包括连续型序列数据和离散型序列数据，但它们的特点明显存在着上下文依赖关系。例如，最常见的时序数据，也就是时间序列数据，这是一种连续型的序列数据，上一个时间片和下一个时间片存在着显式或隐式的依赖关系。

空间数据：通常就是坐标数据，最容易联想到地理位置坐标，也就是经纬度，但"坐标"的应用非常广泛，例如，宏观经济的各种指标，不同的国家通过逻辑编码，同样可以构成坐标。就作者的经验而言，空间数据经常和时间密切关联，形成某种轨迹性质的图像，也称作时空数据，时空数据和时序数据可能存在交集。

图数据：图是计算机科学中很常用的一种数据结构，经常用来表示几个节点之间的关系，而在生活中也经常能看到各种"关系图"，所以图数据自然也是一种典型的依赖型数据，而且往往是显式依赖关系。

最后，就是数据挖掘，如何挖掘是数据挖掘的重点内容，有很多道工序，每一道工序展开又是一整套方法体系。总体来说，数据挖掘有两大块工序，即数据预处理和数据分析。

总体来说，数据挖掘是在一定范围内，通过一定的技术手段和方式方法获得原始信息的活动和过程。获取信息的途径不是单一的，是多种多样的。在日常生活中，获取信息所选择的方式要因地制宜、取长补短。在不同的时间，应选择适当的、高效的方法。

1.3 信 息 分 类

人们身处于包罗万象、纷繁动态的信息时代，从平时的衣食住行、车船交通、商业贸易，到宇宙的深空探索，每天都在产生数以万计的信息。这些信息资源正在越来越显著地影响人们的生活、学习和工作。这里的影响是一个积极的趋势，正是这积极的趋势推动了现在的社会发展越来越智能，显然，这种社会智能化是建立在大量的信息基础上。故对信息进行理性认识显得尤为重要，在理性认识的框架体系下才能更好地判别信息，客观反映世界的本质，也才能让信息显示出其中的价值，服务于社会的各行各业。

时代在快速的更迭发展，信息同样也在某一角度和层面上紧跟时代，反映社会时代的变化。两者相辅相成，社会的发展催生了信息资源朝着多样化、密度化、智能化运动，同样，信息资源中的价值也引导着社会发展前进的方向。所以对信息资源的认识没有固定的标准，每个时代有其不同的信息价值辨别体系，尽管信息资源代表了人们在某一个阶段对世界的感知，这种感知是随着人文社会、科学技术的发展而螺旋式上升的，但信息资源的本质却没有发生变化，即依托于现有的技术体系以不同的存在形式和不同的方式尽可能正确地反映客观世界当中的自然规律。信息具有了功能和作用便成为资源，也就是信息资源。

以下将从不同角度阐述信息资源的不同类别。

1.3.1　可见与不可见

以人为信息的感知主体，因为感官的差异，能够感知的就是可见信息，不能感知的就是不可见信息。这受限于人的感官类别和能力。

从传统的思维层面上来讲，可见与不可见是从人的感官出发的，人身体的任何一个部位都可以感知信息，将身边的信息变为可见，皮肤可以感受到外界的气候信息，如温度、湿度、风力、风向等，中国古代人夜观天象，用归纳经验的水平去预测未来的气候，由此产生了二十四节气，其准确地反映了自然节律的变化，在人们日常生活中发挥着重要的作用。当人们使用手机、计算机浏览网页上的内容时，眼睛将看到的实际内容映射到大脑，大脑处理提取到的重要信息，最后根据归纳总结后的信息做出相应的反馈。此时，手机、计算机屏幕上的信息资源对人们而言是可见的。但是当手机、计算机失去了网络连接，无法联通到互联网上时，互联网上的一切信息资源对人们而言就是不可见的，因为无法触及这些信息资源。狭义总结来说，一些信息资源能被人类充分利用其自身的感官功能理解、归纳、总结为可见的信息资源。

从本质上来讲，以人为信息的感知主体区分信息的可见与不可见性，不是指人类本身的感官是否能够感受到客观世界的信息资源，而是人类的感官联合外界有限的工具去探索和感知世界的信息，将客观世界的信息资源更多地转化为可见性信息。当人们认识到自身感官能力的局限性后，就开始借助工具来加强自己的认识能力，例如，开始利用罗盘区分地理位置，利用沙漏计量时间等。现在，受益于科学技术的进步和社会的智能化，能够随时随地获取想要的信息资源，信息资源的可见范围越来越广阔。

以机器为信息的感知主体，将信息分为可见信息和不可见信息，其中能够被机器获取的就是可见信息，无法被机器获取的就是不可见信息。这种信息区分的界线取决于技术的发达程度，机器的信息感知能力越强，可见信息所涵盖的范围越广。图 1-3 描绘了两种信息之间的关系。

1.3.2　精确与模糊

自古以来，人类社会就一直在朝着信息化的方向迈进。每次信息革命，都极大地增

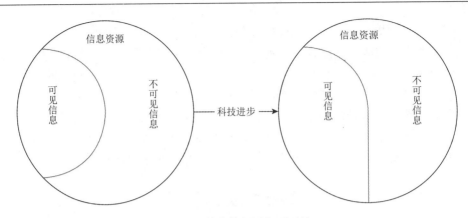

图 1-3   信息的可见与不可见

强了人们处理信息的能力，使人类获取信息的器官，如眼、耳、鼻、皮肤等，传递信息的网络，如神经系统，以及存储处理与再生信息的思维器官、大脑等得到了不同程度的延伸。但现实社会常常会给人们带来很多模糊信息，模糊信息是指由模糊现象所获得的不精确的、非定量的信息，在某些领域，模糊信息经过处理判别后又形成精确信息。可以认为，精确度较高的信息所蕴含的价值是超过模糊性质的信息。同时，信息的精确性和模糊性是相对的，不能用绝对的方式去定义，当处于不同的场合及标准下时，信息的两性是可以过渡和转化的，如图 1-4 所示。

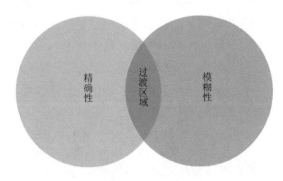

图 1-4   信息的精确与模糊

　　模糊信息并非不可靠的信息。在客观世界，存在大量的模糊现象，如"两个人相像""好看与不好看"，其界线是模糊的，人的经验也是模糊的。模糊事件提供的信息量有大有小，例如，某人"身高一米九左右"，就比说他是"高个子"提供的信息量大。由此可见，模糊信息也是可以计量的。

　　精确信息也并非是可靠的信息，信息的精确表示也是相对的，只能是尽可能地还原表达出客观事物的原有属性。因为获取的信息相比较客观事物的规律而言，总是存在一定的绝对误差，人们能做的就是将这种误差尽可能地减小。信息越精确，越能掌握世界运动发展的规律。

　　计算机在计算速度和数据的存储方面具有人类无法媲美的卓越性能，而在模糊性语言信息理解与处理方面，计算机还处于萌芽阶段。而计算机对模糊信息的识别，是在模糊数学理论基础之上的。为了用自然语言跟计算机直接进行对话，必须把人类的语言和思维过程提炼成数学模型，给计算机输入指令，建立合适的模糊数学模型，这是运用数学方法的关键。

当今时代，是信息时代，随着计算机和因特网的广泛使用，对于已经找到的模糊信息，如何加以利用？应该注意以下三点：第一，要对信息有较强的灵敏度，即善于从已获得的模糊信息中发现对自己工作有帮助的东西，从而有效地利用信息资源；第二，要对信息有较强的归纳总结能力，面对已经筛选出的有用信息，能够有效地将其组合利用，或是从中抽象出各个信息所包含的内在联系，即事物的本质规律；第三，对重组好的信息进行扩充和发散，从信息中得到自己的认识，勇于创新，开阔思维。

总之，不能获取客观事物的精确信息，只能是近似信息，更多的是具有不确定性的信息，当然也可以称为模糊信息。

1.3.3　电子与非电子

信息可以通过电子运动规律来表达，当然也可以用其他方式来表示，如光子、量子、相位或引力波等非电子方式。电子方式不是绝对的，更不是唯一的信息表示和计算方式。

通过电子的方式进行信息表达的有电信号，电子电路中的信号均为电信号，甚至在生物学中，电信号也是神经元上用来传感的物理量。电信号是指随着时间变化而一起变化的电压或电流，通过电压、电流参数的变化可以传输、存储信息，举个简单的例子，定义电压为 0，传输 A，电压不为 0，传输 B，虽然电压是 0 或非 0，而实际获取到的是信息 A 或 B；也可以想象在谍战片里的发报机，比如通一次电代表"你"，连续通两次电代表"好"，这也就清楚了电压变化的实际信息。当然，在实际技术中，远没有这么简单，是一个更复杂的系统。因为电信号随时间变化的特性，在数学上可以很容易地将其表示为时间的函数，波形也易于研究。由于客观世界的信息特性很容易通过电信号的运动规律来表示，且电信号又易于传送和控制，其成为应用最广泛的信息表示、存储、传输的形式。电信号的形式是多种多样的，可以从不同的角度进行分类，电信号的分类如图 1-5 所示。根据信号的随机性，可以分为确定信号和随机信号；根据信号的周期性，可分为周期信号和非周期信号；根据信号的连续性，可以分为连续信号和离散信号；在电子线路中，将信号分为模拟信号和数字信号。

另外，非电子描述表达信息的方式随着社会以及科学技术的进步，突破了人们固有的思维，也让人们更好地理解、掌握客观世界所蕴含的信息规律。1905 年，首次提出的光子就是表达信息的一种方式，光子是传递电磁相互作用的基本粒子，运动光子是构成物质微粒的基本粒子，光子没有结构，不能再分。因运动光子具有其特有的能量分布，而这种能量分布就带有一定的信息。鉴于这种规律特性，就可以通过改变光子动态组合来表达信息，这可以称为一种映射，即将光子的动态组合通过一种关系映射为想要表达的信息。简单地可以理解为：一般图案的明亮对比度是不蕴含信息的，但将明-暗对比赋予一种意义，认为明是 1，暗是 0，那么这个明暗就有了含义，并携带了信息。

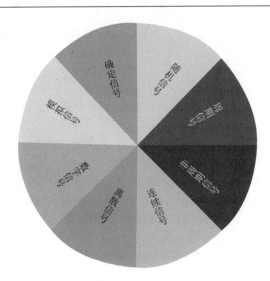

图 1-5　电信号的分类

　　另一种更为人们所熟知的方式是通过量子来表达信息，量子是一个状态，这种状态不是一个具体的物理量，不是一个单位，也不是一个实体，可以理解为观测状态的一组记录，这种状态在不同时刻表现出不一样的特性。在学科量子力学中，量子信息是关于量子系统"状态"所带有的物理信息，通过量子系统的各种相干特性进行计算、编码和信息传输；是一种全新的信息表达方式。这种全新的信息表达方式将人们引入了一个新领域，如量子通信、量子计算等。

1.3.4　叠加与衍生

　　信息具有信息熵的叠加特性，即信息量的扩充；从逻辑学上讲，信息具有"新信息"衍生的特性，也就是信息具有内涵和外延的逻辑演绎特性。这两种特性可以是时间上的，也可以是空间上的，当然也可以是其他维度。

　　在人类文明进化史中，从客观世界中所获取的信息量一直在不断地扩充，即具有信息熵的叠加特性。这归功于人们从外界获取信息的能力，如技术手段不断地增强。举一个简单的例子：当某人告诉你某月某日有一场特别重要的足球赛，你表现出了极大的观看兴趣，但你此时获得的信息熵很小，不知道到底是哪两支队伍进行比赛，比赛的具体时间是几点，此时你通过互联网查询具体的队伍与比赛时间，这就是信息熵的一个叠加过程，通过这个过程，你掌握的信息逐渐增多。人类的文明史，也可称作信息熵的叠加史，旧石器时代，因人类的信息量不足，其生产活动受到信息量极大的限制，人类对客观世界认识不足，只会制造简单的石器，从事生产。如今的信息科技智能化，人们通过不断地摸索、思考、创造，由于信息熵的叠加特性，所储备的信息量已步入一个前所未有的规模。站在这座信息的大厦上，人们飞天、遁地、入海以不断获取更多的信息。从更小层次的某一方面（物理学信息量）来讲，从人们最初的认为"越重的物体下落速度越快"这一错误认识到如今的暗物质、暗能量、夸克、粒子等，正是因为人类所获取到的信息不断地叠加，人们才对整个客观世界有了更客观的认知。此外，这种信息熵的叠加特性的加速度是持续增长的，而且没有止境，即信息熵的叠加速度会越来越快。

信息同样也具有"新信息"的衍生性，衍生性指的是从已获取到原始的信息中推理或演变而产生新的信息，从而使得信息拥有了"衍生"的属性，其一就是人类具有独特的思维能力，擅长从获取到的已有的信息中挖掘、演绎、推理更深入的规律信息。人们每天都在利用信息，并加上自己的思维能力衍生出新信息，例如天气预报，根据以往的气候信息预测出未来的天气。其二就是信息本身会因时间或空间的演变而衍生出阶段性的新信息。整个客观世界不是静止不变的，而是不断运动的，信息本身也会跟随着世界运动而不断变化，并衍生出新的信息，从时间线的角度来衡量，时间的变化会赋予信息不一样的含义与特征；从空间的角度来看，信息在不同的空间层次会表现出多元化的意义。信息在两个维度下表达出不一样的特征，从而衍生出不一样的新信息。

1.4 信息资源的组织

得益于信息时代的高速发展，人们的生活、学习、工作处处充斥着丰富多彩的信息资源，海量的信息资源也提高了人们的生活质量，同样也改变了社会经济的生产模式。人、企业可以不断地从互联网上获取信息和数据，以服务于工作，如生产。互联网及其本身的信息资源将世界连接为一个大整体，使人们在家中就可以知晓当今世界的时事热点。但也正是因为当今处于信息爆炸的时代，产生了很多的信息，且相当多的信息杂乱无章，有的甚至还出现了不真实性。因此，信息作为资源，必须要经过组织才能被加工处理，才能按规则发挥其效能。

信息资源组织即信息资源的有序化活动，就好比将以文字或图像形成的信息或数据存储在相关的文件、数据库中，然后利用网络和计算机技术发布，方便人们获取与利用。读者可以想象一下，如果现在信息社会中，大量的信息资源没有得到相应的组织，处于一种无序状态。如果是这一种情况，当人们打开购物小程序（applet，APP）搜索心仪的产品时，跳出来的可能是另一种莫名其妙的物品；又或使用 12306 购票服务时，你买的是从重庆直达北京的动车票，可是到车站取票时，取出来的车票却是重庆到达上海的车票，这些情况只是信息资源没有得到组织的一些简单体现。总之，这对于网络状态和信息社会无异可怕的灾难。由此可见，信息资源的合理组织是极其重要的。

1.4.1 信息的度量衡

度量衡是在日常生活中，用来量度物体长短、轻重，距离远近的单位通称。例如，质量的单位有克、千克；距离的单位有厘米、分米、米。互联网之所以发展迅速，就是因为在创建之时，就统一了其语言格式。同理，在信息资源中也必须用相应的单位来度量信息的多少，只有大家使用同一个度量标准，才能实现信息资源的透明性和一致性，以方便信息的组织和传输。现代的信息系统中，信息数据都是以二进制（0, 1）的形式存储和运算的，因此本节将详细阐述信息的常见单位和换算规则。

1. 位

二进制数据中的一位（bit）简写为 b，音译为比特，是计算机存储数据的最小单位。一个二进制位只能表示 0 或 1 两种状态，要表示更多的信息，就要把多位组合成一个整体，一般以 8 位二进制数组成一个基本单位。

2. 字节

字节是计算机数据处理的最基本单位，并主要以字节为单位解释信息。字节（Byte）简记为 B，规定一字节为 8 位，即 1B = 8bit。每字节由 8 个二进制位组成。一般情况下，一个 ASCII（美国信息交换标准代码，American Standard Code for Information Interchange）码占用一字节，一个汉字国际码占用两字节。一字节可代表一个数字、一个字母或一个特殊符号，它能表示 256 种字符。例如，当输入"A"时，计算机把从键盘上接收的信号放入内存的一字节中，其字节的值为 01000001。计算机中存储单位一般用 B、KB、MB、GB、TB、PB 来表示，而它们之间的转换关系为：1B = 8bit；1KB = 1024B；1MB = 1024KB；1GB = 1024MB；1TB = 1024GB；1PB = 1024TB。

3. 字

一个字通常由一字节或若干字节组成。字（word）是计算机进行数据处理时，一次存取、加工和传送的数据长度。由于字长是计算机一次所能处理信息的实际位数，所以它决定了计算机数据处理的速度，是衡量计算机性能的一个重要指标，字长越长，性能越好。

1.4.2　信息的存储方式

信息首先应该存储起来，才能被合理、有序地组织。信息的存储是构建智能信息系统、智能化社会的关键。如果信息没有得到有效的存储，就不能及时、充分地利用已有的信息资源，此外，当有用的信息资源未得到相应的整理与存储，每一次要使用想要的信息时，就必须花费大量的财力、物力以及人力去重新收集信息和加工信息，就不能保证随用随取。基于数字化模式，本节将从存储介质和信息存储结构与组织两方面来描述信息存储方式。

1. 存储介质

1）磁材料存储

20 世纪五六十年代，最原始的磁芯、磁带存储被应用于存储信息数据，其中最具有代表性的存储设备是大型的磁带机。磁带存储系统主要由两部分组成，分别是磁带机和控制器，是利用磁带作为存储介质的一种计算机辅助存储器，用来存储数据的磁带可以脱离原有设备单独保存。磁带存储器可以以顺序的方式存取数据，并且实现脱机保存和交互读取数据，使用、携带都相当方便。磁带存储比其他的存储设备有其自身独特的优点，包括存储容量大、设备价格低等，其为计算机外围常用存储设备之一。

2）硬盘

硬盘是计算机最主要的存储设备，由磁头、碟片、电动机、主控芯片等部件组成。硬盘的读写方式采用伴随机存取，也可以以任意顺序读取硬盘中的数据。

3）半导体存储器

半导体存储器是一种用半导体集成电路工艺制成的存储数据信息的固态电子器件，其每个存储单元有两个不同的表征态"0"和"1"，用以存储不同的信息，随着半导体集成电路工艺技术的发展，半导体存储器容量增长得非常快，单片存储容量已进入兆位级水平。半导体存储器是构成计算机的重要部件。同磁性存储器相比，半导体存储器具有存取速度快、存储容量大、体积小等优点，并且存储单元阵列和主要外围逻辑电路兼容，可制作在同一芯片上，使输入输出接口大为简化。因此，在计算机高速存储方面，半导体存储器已全部替代过去的磁性存储器，按照功能可划分为随机存取存储器（random access memory，RAM）和只读存储器（read-only memory，ROM）。半导体存储器一般用于计算机，用来存放计算机当前正在使用的数据和程序信息。

4）光盘

光盘是以光信息作为存储的载体并存储数据的一种物品。光盘分为不可擦写光盘，如 CD-ROM、DVD-ROM 等，以及可擦写光盘，如 CD-RW、DVD-RAM 等。光盘是利用激光原理进行读、写的设备，是迅速发展的一种辅助存储器，可以存放各种文字、声音、图形、图像和动画等多媒体数字信息。光盘是目前电子文档存储的一种主要工具，也是光盘存储信息的主要物理介质。

5）相变存储器

相变存储器（phase change random access memory，PRAM），就是利用特殊材料在晶态和非晶态之间相互转化时所表现出来的导电性差异来存储数据。相变存储器通常是利用硫族化合物在晶态和非晶态的导电性差异来存储数据的一种信息存储装置。近年来，由于非易失性存储技术在许多方面都取得了一些重大的进展，为计算机系统的存储能效提升带来了新的契机，很多研究者建议采用新型技术替代传统的存储技术，以适应计算机技术发展对高存储能效的需求，以相变存储器为典型代表的新型技术因具备高集成度、低功耗的特点而备受关注。

6）未知存储介质

过去人类用过很多材料，如石头、木头、竹子、布匹等自然材料，未来人类同样可以发现或发明新的材料，也许就是古人用的方式，只是存储机理发生了变化而已。

2. 信息存储结构与组织

1）文件系统

前面介绍了几种比较常见的物理形式的存储介质，而文件系统是一种利用软件技术将存储在计算器上的信息资源整合的技术。更准确地说，文件系统是一种信息资源的组织方法和一种数据结构，应用于操作系统之上，以区分磁盘、硬盘上的文件类型。文件系统主要由三部分组成：与文件管理有关的软件、被管理的文件、实施文件管理所需要的数据结构。文件系统的作用是对计算器的存储设备空间进行合理的组织和分配。详细来讲，用户可以通过这个文件系统，自由地对获取到的信息资源进行操作，如信息文件的创建、信息的存取、信息的修改等。常见的文件系统结构如图 1-6 所示。

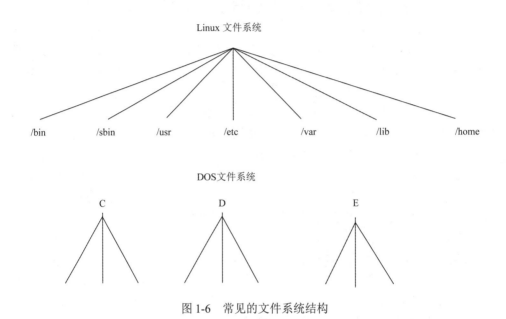

图 1-6　常见的文件系统结构

　　文件系统发展到现在经历了几代，常见的有 FAT16、FAT32、NTFS、exFAT（常适用于 U 盘移动存储介质）等，不同的文件系统之间的比较如表 1-1 所示。

表 1-1　不同文件系统之间的比较

文件系统	FAT32	NTFS	exFAT
操作系统	Win 95 OSR2 之后	Win 2000 之后	移动 U 盘
最小扇区	512B	512B	512B
最大扇区	64KB	64KB	32768KB
最大单一文件	2B～4GB	受最大分割容量	16EB（理论值）
最大格式化容量	32GB、2TB	2TB	16EB（理论值）

　　2）分布式文件系统

　　文件系统是计算机信息资源极其重要的一部分，是信息数据资源在计算器操作系统上的存储形式，由以上的介绍可知，传统的存储机制（如硬盘）、文件系统，只能通过本地主机与存储设备之间的 I/O 总线进行数据访问，然而随着电子信息技术、计算机科学技术、云计算等的迅猛发展，且全球的信息数据量日益激增，传统的数据存储方式已经不能满足信息社会的需求。因此，分布式文件系统被提出且快速发展。分布式文件系统（distributed file system，DFS），是指文件系统管理的物理存储资源不一定直接连接在本地节点上，而是通过计算机网络与节点（可简单地理解为一台计算机）相连，或是若干不同的逻辑磁盘分区或卷标组合在一起而形成完整的、有层次的文件系统。

另外，分布式文件系统把大量数据分散到不同的节点上存储，大大降低了数据丢失的风险。分布式文件系统具有冗余性，部分节点的故障并不影响整体的正常运行，即使出现故障的计算机存储的数据已经损坏，也可以由其他节点将损坏的数据进行恢复。因此，安全性是分布式文件系统最主要的特征。分布式文件系统通过网络将大量零散的计算机连接在一起，形成一个巨大的计算机集群，使各主机均可以充分发挥其价值。此外，集群之外的计算机只需要经过简单的配置就可以加入到分布式文件系统中，具有极强的可扩展能力。

3）数据库

在日常的生产、学习、生活中，人们可以直接用形象的方式（如语言）来描述客观事物，但是在计算机中，则要抽象出感兴趣的事物的特征，形成信息资源，进行存储。例如，在学生档案中，学生信息是由学号、姓名、性别、年龄、籍贯、联系电话等特征组成的，那么这些具体的特征值所构成的一条记录就是一个学生的信息数据，例如，"2016010102，张三，男，20 岁，重庆，计算机学院，185*******1"。值得注意的是，数据的描述形式还不能完全表达其内容，需要经过解释。例如，对于上面这条学生记录，了解其含义的人会得到这样的信息：张三的学号是 2016010102，今年 20 岁，重庆人，就读于计算机学院，他的联系电话是 185*******1，而不了解其语义的人则无法理解其含义。所以数据和对数据的解释是不可分的，数据的解释是指对数据含义的说明，数据的含义也称数据的语义。数据与语义密不可分，没有语义的数据是没有意义和不完整的，因此出现了数据库这一存储方式。

数据库是对信息数据管理的有效技术，是由一批数据组成的有序集合，这些数据被存放在结构化的数据表里。数据表之间相互关联，反映客观事物间的本质联系。数据是数据库中存储的基本对象，是按一定顺序排列组合的物理符号。数据有多种表现形式，可以是数字、文字、图像，甚至是音频或视频，它们都可以经过数字化后存入计算机。数据库是数据的集合，具有统一的结构形式并存放于统一的存储介质内，是多种应用数据的集成，并可被各个应用程序所共享。

数据库通常分为层次式数据库、网络式数据库和关系式数据库三种。不同的数据库是按不同的数据结构来联系和组织的。在当今的信息网络中，最常见的数据库模型主要有两种，即关系型数据库和非关系型数据库。

4）数据仓库

数据仓库，即用来存放数据的仓库。数据仓库是指支持企业或组织进行决策分析处理，面向主题、集成、不可更新随时间不断变化的数据集合，其作用是为决策者提供所需的信息。数据仓库作为企业的核心仓库，通过将获取的多个数据源的历史数据和当前数据进行集成后，妥善保存，以支持后续的数据分析工作。由此可见，数据仓库不仅仅有简单的存储数据的功能。

　　图 1-7 是数据仓库的架构图，从图中可以看到，数据仓库大致可以理解为 4 层结构即数据集成、数据转换与加载、数据存储、数据分析，每一层共同协作，实现相应的功能，共同完成数据仓库的任务。

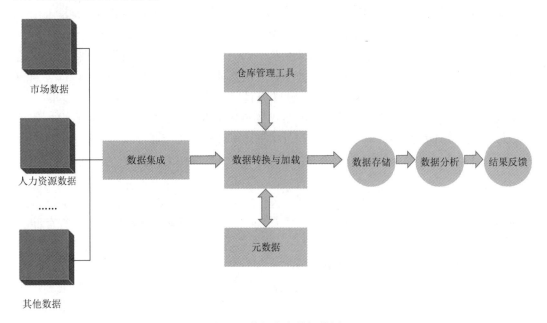

图 1-7　数据仓库的架构图

　　5）大数据中心

　　随着信息化的高度发展，数据充斥着每个角落，影响着人们生活的方方面面。大数据在各个行业已经成为研究热点，且大数据对人类和商业的价值是极大的。自 2008 年 9 月，大数据这个概念出现在人们的视野中，就逐渐成为热点。2011 年，麦肯锡公司在其关于大数据的调研报告中指出：大数据是一种规模大到在获取、存储、管理、分析方面大大超出了传统数据库软件工具能力范围的数据集合。维基百科将大数据定义为：无法在一定时间内用常规软件工具对其进行获取、存储、搜索、分享、可视化的数据集合，归根到底是由于数据的规模性、复杂性和实时性。

　　随着分布式计算、云计算等概念的广泛运用，大数据在越来越多的领域中得到了应用和重视。公认的大数据特点主要包括数据量（volumes）大、数据类别（variety）众多、处理速度（velocity）快等，这也导致大数据的处理难以在单一计算机甚至小规模集群上进行。因此，大数据中心化处理成为主流方式。

　　在现代信息社会的各个层面，数据都在以前所未有的速度产生和积累着。每一个人，其学习、工作、生活、生产的方方面面都在孵化大数据。规模空前巨大的数据的潜在价值也在催生和壮大相关产业产生。

　　近年来，由于计算机硬件性能并未显著提升，本地化存储存在严重的 I/O 瓶颈，分布式环境下的解决方案以其低廉的成本和较高的可扩展性，成为当前大数据分析和处理的主流思路。通过大数据存储在集群中，将大数据分析和处理任务进行并行化切分，并置于集群内不同计算节点上进行计算处理，实现大数据的并行处理。由于大数据的潜力常需通过对超大规模数据的集中处理方可获得，集群的规模日益增大，大数据中心应运而生。大数据中心是建立于超大规模集群之上的具备存储和处理超大规模数据的复杂处理能力及多用户、全天候服务能力的各类硬件组成的系统。

谷歌在其发布的 *The Datacenter as a Computer* 一书中，将数据中心解释为一种多功能的，且能容纳多个服务器和通信设备的建筑物，这些设备被放置在一起是因为它们具有相同的对环境的要求及物理安全上的需求，并且这样放置便于维护，而并不仅仅是一些服务器的集合。

大数据中心通常具有如下特点。

超大容量：全球的大数据规模已达到 ZB 级，单一大数据中心的数据容量通常已达到 PB 级甚至 EB 级，目前大数据中心均选择建立在超大规模的计算机集群上，集群规模通常已达到数千台甚至数万台计算机。

高可扩展性：大数据的规模仍呈现爆发式增长，大数据中心也持续面临着扩容的需要，而全天候提供服务的能力则要求人们能够在最小的开销和保持正常服务的情况下，对大数据中心存储容量进行快速扩充，然后进行相应的负载均衡以充分利用新的硬件。

高容错性：超大规模的计算机集群中，部分节点失效是不可避免的，而大数据中心的服务应是全天候不间断的提供，因此，大数据中心必须具备在服务质量不出现明显波动的前提下处理部分节点失效问题的能力，即具备高容错性。

高性能：大数据中心存储的数据来源、结构复杂，规模庞大，且对多用户提供服务，这些服务通常涉及对海量数据的复杂计算处理，且常呈现高并发性，因此大数据中心必须具备强大的数据处理性能。

高安全性：在大数据中心，数据进行相对集中的存储和处理，并逐步形成一整套技术和体系结构，相较于更为分散的数据存储和处理，大数据中心通常更难于被攻击，具备更高的安全性。

成本低廉：目前大数据中心均选择建立在超大规模廉价计算机集群上，硬件成本较低；基于此类计算设备开发的软件也不需要过多考虑系统架构的差异，配套软件开发相对简单，大数据中心的建设维护成本也相对低廉。

上述皆为数字时代的存储方式，有的正在被淘汰。这种数字存储方式对过去和现有的信息计算与处理发挥了很大的作用，但是随着信息量的不断增加，面对异常庞大的信息系统，信息的"调取"速度正在影响着信息计算、传递的效能和速度，单纯提高计算速度或传递速度是目前努力的方向，也许重新审视信息存储机理，有可能发生重大的变革。

1.4.3　信息到智能的演进

信息的归宿就是对其表达内涵的行为，不论是生物体还是程控系统。目的性的行为体现就是智能，尽管可以有高低的评判。

总体而言，对事物信息的感知是为了最终改造世界，不管是人还是机器，必须完成一个链，这种链通常有两种形态。

（1）感知信息以人为主体：事物—信息—知识—智慧—智能（执行）。

（2）感知信息以机器为主体：事物—数字—数据—信息—知识—智慧—智能（执行）。

下面将介绍这两种形态的同异性。

上述两种形态的共性表现都是在充分发挥人和机器在感知客观世界外在事物的前提下，先对事物进行初步的认知，将初步的不成熟的认识（也可认为是模糊的认知）提炼为信息，模糊的信息中可能还存在由错误的认知提炼而来的信息，必须先消除这种不确定性的模糊信息，因此将获取到的信息进行进一步的演绎、推理及分析思考形成知识。这种知识在当前阶段被人们认为合理，从而存储起来（也可能在将来，由于科学的进步和人类认知能力的增强而被推翻），接下来存储的知识直接被人和机器学习，形成对外界事物的感知智慧能力，感知和改造客观世界的能力也就更加强大，最终人也就建成智能的社会，机器也就逐渐进化变得更智能。

两者的差异性主要表现在以下三点。

（1）机器对事物的感知首先是以数字(0, 1)的形式存在，如前面提到的两种形态，以人为主体的感知经过短暂的思考直接实时地在大脑中形成信息，这种方式可以充分发挥人的主观能动性。而以机器为主体的感知，因为机器本身的构造首先是 0、1 的数字集合，然后以特定的方式组织成数据并存储在存储器中以形成信息，这种方式是按照一定的程序顺序执行的，相比较而言是比较僵硬、刻板的，且数字 0、1 本身就是一种近似表达进而在不同程度上引入了感知误差。

（2）机器没有如人一样的思维能力，前面提到在对外界事物形成信息时，这种信息普遍是一种模糊信息，而机器对模糊信息的判别能力较弱，因为判别能力有限，更大程度地会引入错误信息。

（3）机器的感知维度具有一定的局限性，其大多数的感知维度和感知能力是通过模拟人的方式实现的，远不及人感知的多维度和多样性，且机器大部分情况下需要人为参与设定。尽管机器与人的感知具有较大的差异，但随着智能演进过程的交替，这种差异会逐渐缩小。

这种差异表现在不同方面，包括表现形式、信息维度、精确性等。这种认知差异对于理解不同类型的智能至关重要，当然也对智能技术的发展有着重要影响。

这里必须强调说明，这条链是循环往复的一个闭环，即以人和机器为主体在学习到知识后会比以往具有更深层次的智慧，而更强大的智慧会让主体拥有更强大的外界事物感知能力，感知能力加强后即会获取事物更深层面的有用信息，以此循环往复不断地反哺，让这条链巩固、强化，智能化水平将会不断提高。

第 2 章 信 息 属 性

信息与客观事物有着不可分割的关联关系，本身具有除时空之外的多个维度属性，无论人们是否感知到，还是认识到，它们也是客观的。另外，信息具有多个维度的认知属性，不同的认知主体有不同的认知维度，不管是人还是动物、植物、机器设备等。

由于维度和认知能力的局限，感知信息具有绝对误差特性，直接影响着人们对信息的利用和开发，以及文明社会的行为。当然，人们获取信息的量越大、维度越多，必然有利于对事物的准确把握，促进人类社会智能的进步。从目前来看，人们对信息的感知和认识水平与能力还需要进一步地扩充，特别是感知和认知维度领域，对于信息和认知在这方面的科学研究还处于初级阶段。

信息具有明显的时空特性，除此之外，还存在可传输性、可计算性、可编码性、误差特性等，由于认知或感知维度的不同，信息的属性集合及其内涵存在着较大的差异。

2.1 概　　述

信息无处不在，信息无时不有，信息千姿百态。要了解信息的多维特性，首先要清楚信息的内涵和外延。

内涵和外延是传统逻辑学中的一个相对概念，内涵是事物的本质特征，事物的特有属性可以帮助人们有效地把某事物与其他事物区分开来；而外延是拥有某一类属性和特有属性事物的集合体。

2.1.1 信息的内涵与外延

"信息"一词作为科学术语，最早出现在哈特莱（R.V.Hartley）于 1928 年撰写的《信息传输》一文中。香农作为信息论的创始人，曾经在其《通讯的数学理论》的论文中最先对信息给出了明确的定义。信息在不同的研究领域被赋予不同的内涵，将现代各领域具有代表性的定义罗列如下。

（1）信息论的创始人香农提出：信息是用来消除随机不定性的东西，这是信息首次和随机不定性联系在一起[2]。

（2）维纳（Norbert Wiener）作为控制论的创始人，结合控制理论的思想，提出了：信息是人们在适应外部世界，并使这种适应反作用于外部世界的过程中，同外部世界进行互相交换的名称[3]。

（3）在物理学领域，齐拉特（L.Szilard）首次提出负熵的概念，而熵在热力学中指的是混乱程度，在一个系统内，物质运动的无序状态与香农对信息论的定义有异曲同工之妙，因此在物理学中，信息就是负熵[4]。

（4）在经济管理学领域，专家结合信息的价值，提出：信息是提供决策的有效数据[5]。

（5）电子学家、计算机科学家认为：信息是电子线路中传输的以信号为载体的内容。

从上述观点可以看出，信息具有不同的内涵，信息内涵的差异是根据信息在特定领域中的效用与价值的不同而形成的。在不同领域中，其外延的表现形式也具有较大的差异。

信息的外延为信息的具体形式。自然界中的声、光、热以及物质运动的状态都可以称为信息；从哲学的角度讲，和物质、能量一样，信息也是组成客观世界的基本元素之一；在计算机智能领域，信息就是信息生产的原料和产品，是智能化分析过程中数据处理的各种状态。信息是客观世界中事物运动状态和特征的真实反映，人们对事物的认识是从信息开始的。

从具体的表现形式来分析，例如，古谚语"朝霞不出门，晚霞行千里"，谚语中的"朝霞"与"晚霞"都是信息的具体表现形式，其背后蕴含着未来的天气信息；图书和报纸中的文字，也蕴含着丰富的信息，其中，图书、报纸作为文字的载体，而文字又是信息的载体和具体的表现形式，人们可以通过文字获取信息；随着科学技术的发展，音频和视频的出现让每一个人都有机会身临其境地游古今、听中外。

基于上述分析，信息的内涵与外延都离不开对信息的效用与价值的讨论。

2.1.2　信息的效用和价值

在客观世界，客体和主体的利益关系一般都表现为客体对主体的需要关系，这就是效用，因此效用显然属于作用范畴，是对于需要的作用。价值是客体因主体对其需要而存在的一种属性[6]。

截至目前，对于信息效用含义的讨论主要存在以下三种观点：

（1）信息使用价值论；

（2）信息需要满足论；

（3）信息有用论。

在信息使用价值论中，信息的作用指的是信息的使用价值。使用价值是指物品能满足人的某种需要的作用，如面包能果腹、衣物能御寒等。信息的产生可能是为了满足某种需要，但它是否满足了某种需要就涉及具体的用户和用户的具体问题。如果用使用价值来说明和衡量信息效用，就会导致同一概念对同一用户出现不同内涵，因而无法解释为什么某种具有使用价值的信息并没有给某用户带来效用，以及对某用户具有使用价值的信息却没给他带来效用等问题。值得肯定的是，这种观点指出了信息效用的客观基础。

　　在信息需要满足论中，信息效用是指人们以需要为标准对某种信息的满足程度，这取决于人的主观评价。满足的程度越高，信息效用越大；没能满足需要，就没有效用。然而，人对信息的需要，在现实生活中往往取决于人们面对的问题，对信息需要的满足程度并不代表问题的解决程度，所以用信息需要满足程度来衡量信息的使用价值是单方面的。

　　在信息有用论中，信息的效用是对于个体而言的，并非取决于信息的市场价值。这种观点表明信息的效用在不同的个体间存在差异。同时，个体在不同的时间，信息的效用也存在差异。这也就意味着不同的用户或者同一用户在不同的时期，不同用户知识水平、外在需要的差异，造成了信息效用的差异。这种观点比信息使用价值论要更具体些，比信息需要满足论更准确些。但是，信息的有用性只是信息的属性之一，对信息效用的描述并不全面[7]。

　　上面三种观点，从不同的角度对信息的效用进行了解释。首先，在信息使用价值论中，突出了信息效用的客观价值，信息的效用不会因信息是否被使用而转移；其次，在信息需要满足论中，突出了信息效用的来源，信息的效用主要取决于用户群体的主观评价；最后，在信息有用论中，突出了信息在不同用户群体中价值的相对性，信息的效用在不同的个体间存在差异性。若将三种观点综合起来考虑，具体问题具体分析，就能够较为全面地领悟信息效用的含义。

　　从信息使用的角度，讨论信息的效能。信息中存在人类需要的技术、知识、技术手段等一系列有价值的东西。信息之所以有用，是因为它可以完整有效地用于提高工作效率、降低决策风险、降低工作成本、增加营收利润等。信息的价值在于信息的有用性，也在于满足信息使用者对信息需求的属性。

2.1.3　信息的多维属性

　　所有信息，无论是什么类别、什么呈现方式，都存在无限维度的属性，不同的维度会得到不同的认知结论，现在的人们只拥有非常有限、可利用的维度，认识世界的全面性和完整性，还有很长的路要走。

　　由于信息技术和自然科学技术发展水平并未完全，对于信息多种维度的认知能力存在局限性，感知信息具有绝对误差特性，直接影响着人们对信息的利用和开发，在一定程度上，能够改变文明的发展进程。当然，获取信息的量越大、维度越多，必然有利于对事物的准确把握，促进人类社会的智能进步。

　　从目前来看，对信息的感知和认识水平和能力还需要进一步地扩充，特别是感知和认知维度领域，如何提高对信息的感知和认知能力，就必须要了解并掌握信息的多种属性。信息具有时空特性、可传输性、可计算性、可编码性、误差特性等多个属性，可以从信息多个维度的属性来分析信息内涵所反映的客观事实，提高人们对事物精准把握的水平和能力。

2.2　信息的时空特性

在日常生活中，"时间""地点""对象""事件"四要素是人们了解信息、掌握信息的关键因素，"时间"与"地点"是信息时空特性的反映，有效地了解和利用信息的时空特性，有利于更准确地把握信息的内涵。

2.2.1　信息的时间特性

信息的时间特性作为信息的基本属性之一，可以从两个方面去理解：信息在不同的时间内的效用与价值存在差异性；信息的时效性是评价信息传输质量的一个重要的指标[8]。

依据信息使用价值论、信息需要满足论、信息有用论这三种信息效用观点来分析信息在不同时间内的效用，可以发现信息在不同时间的效用和价值，存在两种基本情况：

（1）信息在不同时间内的效用与价值具备趋同性；

（2）信息在不同时间内的效用与价值具备差异性。

对于部分信息来说，其具有无限延续性，知识和科学技术都是信息，利用符号来表达的社会信息、科技信息却是难以消失的。例如，经典名著、历史古迹、远古化石、民间顺口溜等，这些都可以通过一定的载体将信息储存下来，最终形成广大的时间跨度，这一类信息在日常生活中称为经验、知识、历史或者科学真理。这些信息能够在人们需要的时候，通过特定的方式从存储介质中获得某种信息，如历史书籍延续历史，对于某个历史时刻的信息，其仍然具备使用价值，仍然能够满足人们对历史知识的渴求，仍然能在科考工作中发挥作用。因此，信息在不同时间内的效用和价值具备趋同性。

但是，信息在不同时间内的效用和价值具备极大的差异性，例如，有些信息超出特定时间范围会变成无效的信息，无论是声、光、热、色、形等构成的自然信息，还是通过各种数字、文字和符号构成的社会信息，都可能存在一定的时效性，超过了特定的时间范围，原本的信息可能会消失。例如，十天前的天气预报，对于明天的天气情况不具备预测意义和指导意义，从这个角度来说，信息失效了。

从另一个角度考虑，如果科研人员通过某种渠道收集"过期"的天气信息，用于进行气象演变研究、气象预测研究等，可以使得"过期"的天气信息具备新内涵、新的使用价值、新的效用，这些效用结合了信息的时间特征，使得信息在新的时间内被赋予了新的内涵与价值，这是信息在不同时间内存在差异性的具体表现。

2.2.2　信源的空间特性

信息在不同的维度空间，存在不同的内涵和外延，并且信息与空间属性存在强烈的关联关系,将空间属性与空间实体的信息紧密关联,可以使得空间实体被更精确地感知。这是信息多维属性的重要体现。

声音、文字、电信号等形式都是信息的载体,在不同的空间维度,同样形式的信息载体,会存在不同的信息内涵、价值。信息不仅在时间上能无限延续,而且在空间上还能无限扩散,这是由于信息具有"不守恒"的特性。从宏观上来说,以声、光、色、形、热等构成的自然信息,以及各种以符号表达的社会信息都可以产生、扩散、湮灭、放大、缩小,也可以畸变、失真。例如,人们将同样的文字"你没事了"放在不同的空间和地点,如警察局、医院和公司。在医院,这句话表达出的意思也许是:你的身体很健康,没有什么太大的问题;在公司,这句话所表达的意思也许是:你的工作完成了。通过这个例子可以看出,信息具有空间属性,因此在不同的空间里,信息的内涵存在着差异,信息的空间属性属于信息多维特性的一部分。

同时,信息产生的位置,对于信息的价值与内涵有着重要的意义,将空间实体的空间属性与信息的关联关系结合起来,可以表示空间实体的具体位置、分布特征、延续趋势等信息,通过一个点、一条线、一个平面及实体的基本数据结构来表示人们生存的空间世界,能够实现对空间实体的精确感知。

空间特征是指空间实体的位置、形状和大小等几何特征,以及与相邻空间实体的空间关系。空间位置可以通过坐标来描述。在地理信息系统中,空间实体的形状和大小一般也是通过空间坐标来体现的。但是在日常生活中,人们对空间实体的定位不是通过其具体的空间坐标,而是确定某一目标与其他更熟悉的空间实体的相对空间位置关系。例如,一所学校是在哪两条路之间,一块农田离哪户农家或哪条路较近等。通过这种空间关系的描述,可在很大程度上确定某一目标的位置,而一串纯粹的地理坐标对人的认识来说几乎没有意义。因此,信息实体的空间属性有两种表现形式:一种是通过绝对坐标来表达,参考体系是整个地球,每一个空间实体拥有的坐标都是独一无二的;另一种是通过相对坐标来表达,这种方式的特点是某个空间实体依赖另一个已知的空间实体而被知晓。

对于空间实体本身来说,信息具有依附性,每种空间实体都依附着信息这种抽象、无形的资源,不同的实体之间可能存在相同的信息,也可能存在不相同的信息,不同空间实体之间的差异性和趋同性,在关联空间实体的空间属性后,能够反馈出信息的区域分布特点、精确分布位置甚至空间延续趋势。以环境监测为例,一个固定环境监控点能够监测一个位置的环境数据信息,多个环境监控点结合起来,环境信息在不同的空间分布的趋势就能被感知到,人们便能实现对空间实体更加精确的感知。

2.2.3 时空特性的认知进步与应用

信息不可能单独存在,必须依附于媒介,无论是中间媒介还是存储媒介,信息都会在时间和空间上呈现出不同的内涵与外延,结合信息的时空特性分析信息能够实现信息的快速感知、全面感知和精确感知,当今社会随着科学技术水平的进步,通过移动通信技术和空间定位技术形成的时空信息服务已经与人类的工作生活密不可分。目前,人类社会正由信息化社会步入智能化社会,时空信息在这一过程中起到了重要的作用。

1. 移动通信技术的发展与应用

在短短的 40 年间，我国的移动通信技术经历了从无到有再到超越的阶段，从 1G 到 5G，通信技术每个阶段的更迭都有翻天覆地的变化，不仅改变了人们的生活方式，也引导了科学技术发展的方向，另外，每一代信息技术的发展，也使得信息传输的速率得到了提高。

第一代移动通信技术（1G）的出现，意味着人类社会正式跨进了个人移动通信时代，1G 主要采用的是模拟调制解调技术和频分多址（frequency division multiple access，FDMA）技术，其主要用于语音传输，使得人们从固话时代进入了移动电话时代，使人们在与同事、亲人、朋友通话时，不再需要专门跑到电话亭或电信局拨打电话并等待转接，通过手持电话机即可与远方的人进行通信，虽然 1G 因为模拟技术的缺陷、交换技术的落后以及各国标准的不一致，没有得到大范围的普及，但是这是人类为了改善信息传输的时效性和便捷性做出的一次跨越式的尝试，引导了社会的发展方向。

第一代移动通信技术出现的各种问题，为第二代移动通信技术（2G）的发展方向定下了基调。1982 年，欧洲邮电管理大会正式讨论开发第二代移动通信系统，随后，第二代移动通信技术正式得到了应用。第二代移动通信技术在技术上采用数字的时分多址（time division multiple access，TDMA）技术和码分多址技术，这标志着人类从模拟通信技术正式过渡到了数字通信技术，从此打开了高速通信、加密通信、多路通信的大门。在第二代移动通信系统中，用户数量大幅度的增多，信息传输的可靠性和有效性相比第一代移动通信系统有了很大的提升，不仅实现了通信的稳定性，也实现了全球漫游和短信通信，第二代移动通信技术的发展，不仅使人们的通信方式得到了丰富，也使人们跨越了重重的时空限制，让"烽火连三月，家书抵万金"式的痛苦不复存在。

与第三代移动通信技术（3G）一同出现的是智能手机，3G 不仅推动了智能手机的普及，也推动了移动互联网的发展，3G 在数据处理上的速度得到很大的提升，能够处理图像、音乐、视频流等多种媒体形式，提供网上冲浪、视频会议、电子商务等多种信息服务，极大地满足了人们向外界获取大量信息的需求。3G 利用 SMSC（短信业务中心，short message service center）实现短信存储转发功能，还可以利用无线接入点（wireless access points，WAP）业务促使移动数据业务和 Internet 的融合，用户通过手机和其他无线终端的浏览器查看从服务器收到的信息，使移动终端持有者可以像 Internet 用户一样，访问 Internet 内容和其他数据服务。此时，人们获取外界信息的形式和速度发生了变化，从语音短信到互联网，这使得人们进一步跨越了时空的限制，能够轻易地获取更多的信息。

第四代移动通信技术（4G）采用新的调制与编码技术，使用高性能接收机以及智能天线技术抑制信号干扰等相关技术，给用户带来更加舒适的通信体验。考虑到 3G 时代数据传输速度慢的困境，第四代移动通信系统利用分组交换技术来提升数据转发的效率，在分组数据业务逻辑的驱动下，一方面，人们能够很轻易地获取大数据类型的信息，如图像、视频；另一方面，支持大规模机器类通信和引入机器对机器的通信，拓展了移动宽带的使用范围，使得物联网得到了发展。新的技术以目不暇接的速度席卷了人们的生活，4G 的发展促进了在线教育、网络直播、娱乐游戏等行业的兴起和发展,这极大地方便了人们的生活,不仅改变了人们获取信息的方式,也改变了信息传输的方式,使得人类社会进入了信息共享的时代,信息大范围地跨越时空进行传输,促进了人与社会的发展。同时,4G 促使物联网得到了普及与应用,物联网利用随处可见的传感设备实现信息感知,通过物联网完成信息的传输和处理后,能够衍生出巨量的信息,物联网技术和移动通信技术的发展,解决了各类信息因时空的限制而造成的信息感知、传输和处理等方面的问题。

第五代移动通信技术(5G)是移动通信系统的稳定、可靠、高速的演进,它以速度更快、容量更大、范围更广、功耗更低、时延更低及可实现万物互联等技术特点,正在成为新的技术风暴发起地。随着用户群体以及用户设备的增多,越来越多的设备接入云端,5G 在大带宽的环境下,利用毫米波、大规模的多输入多输出设备、3D 波束成形以及小基站等技术来实现信息的高速传输,5G 面向三大应用场景,即增强型移动带宽(enhanced mobile broadband,eMBB)、海量机器通信(massive machine type communication,mMTC)、超高可靠低时延通信(ultra reliable low latency communication,uRLLC)。而技术的三大应用场景因独特的优势,会使得智慧交通、云办公、云娱乐、智能家居、智慧医疗、智慧城市、工业自动化等领域得到快速发展,并在这些方面造福人类社会,5G 的三大应用场景示意图如图 2-1 所示。

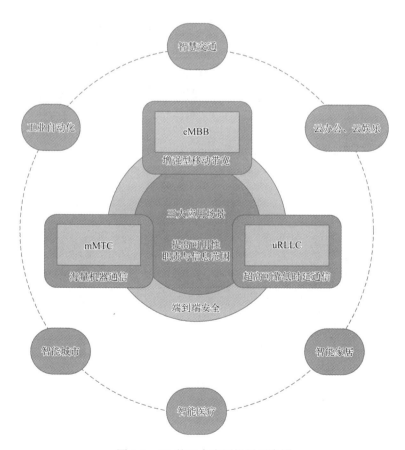

图 2-1　5G 的三大应用场景示意图

自 5G 正式商用以来，工业自动化、智慧交通、云办公、云娱乐、智能家居、智慧医疗、智慧城市等领域得到了快速的发展和项目落地示范，除使人们的娱乐方式更加丰富外，第五代移动通信技术的发展使得技术呈现另一方面的趋势：关注解决民生、工业、健康等关乎人类生存与发展的领域，这将会给人类社会带来深远的意义。

从 1G 到 5G 的发展历程可以看出，从信息时间特性的角度出发，进行深入研究并解决信息在感知、传输和处理等方面关于时空特性中遇到的难点问题，不仅能够丰富信息的内涵与外延，也拓展了信息获取的渠道和方式，使得信息能够被更快速、更全面、更精确地感知。

2. 空间定位技术的发展与应用

随着全球卫星导航系统的诞生、发展和移动通信技术的进步，人类正在从信息化时代步入智能化时代，由此衍生出一系列的时空信息服务正在促使各个行业的发展。

时空信息对于推进建设智能信息化城市乃至智能信息化国家起到非常重要的作用，而卫星导航的空间定位技术作为获取时空信息数据的重要手段之一，在建设与应用智能信息化的过程中得到了快速的普及。基于时空信息服务的应用已经渗透到人类生活的方方面面。凭借着对该服务的应用，人们外出时实时更新的交通信息、看病的电子病历、对生命特征数据的远程监控、实时动态更新的物流信息等，任何想知道的信息都可以轻松查询；遇到自然灾害、意外事故，该服务可以帮助有关部门快速反应、及时救助；对城市污染指数、路况、公用设备进行实时监控也得益于时空信息服务，人们对城市监督治理更加方便综合。时空信息服务将会给人们的日常生活带来更多的便捷，目前已经开始融入人类日常生活并与之紧密结合，时空信息服务对智慧城市的建设与应用趋势如图 2-2 所示。

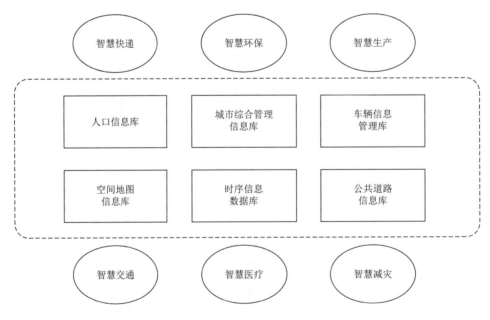

图 2-2 时空信息服务对智慧城市的建设与应用趋势

从 20 世纪 80 年代开始，美国、俄罗斯等国家在卫星导航领域投入了巨大的物力、财力，拥有了各自的全球导航卫星系统（global navigation satellite system，GNSS），且在该领域取得了不小的成就。1990 年，海湾战争爆发，美国依靠全球定位系统（global positioning system，GPS）实现了武器的精准制导，海湾战争因 GPS 取得战争的胜利，我国从这场现代战争中感受到了拥有自主卫星导航空间定位技术的重要性和威慑性，因此，我国开始着手研制自主卫星导航空间定位技术。1970 年 11 月，"东方红一号"卫星发射成功，我国在卫星领域的研究和经验，为北斗卫星导航系统（简称：北斗）积累了宝贵的工程经验。在海湾战争打响后，从 1994 年开始，北斗一号从图纸变成了真正的卫星，2000 年 10 月和 12 月，两颗北斗一号卫星先后进入太空预定轨道；2007 年 4 月 14 日，搭载了"中国钟"的北斗二号系统首颗卫星发射升空；2020 年 6 月 23 日，在四川西昌卫星发射中心，长征运载火箭托举着第 55 颗北斗导航卫星"吉星"穿云而去，奔向太空，北斗三号 30 颗组网卫星已全部到位，星座部署全面完成，至此中国自主建设、独立运行的全球卫星导航系统全面建成，从此中国人拥有了一套独立、自主、全球覆盖的获取时空基础信息的系统。

在军事领域，北斗系统的成功研制，意味着我国突破了在战时若美国关闭 GPS 将造成我国国防武器无法定位的问题，从这个角度看，信息的时空特性是相当重要的。

在民用领域，"北斗+"计划推动自主空间定位技术与物联网、大数据、云计算等新技术的融合。"北斗+物联网"：全面感知、广泛互联、时空信息的广泛覆盖不仅为物联网应用提供了通信与位置导航服务，也可使物联网利用其自身优势，远程传递各种传感器数据信息能够使物联网技术在更大的范围应用。"北斗+大数据"：数据挖掘、精确管理及时空地理信息的普遍应用产生了大量的时空位置大数据，大规模时空定位数据的生成实现了资源重构，应用先进的大数据管理技术，使得海量的信息资源能够产生更大的效用与价值。"北斗+云计算"：海量资源、高效运算等特点实现时空信息的快计算以及复杂的时空协同操作，推动智能化服务的发展，可以实现信息的异地协同，在特定的场合可实现更大的价值。

2.3　信息的传输特性

2.3.1　信息传输的基本环节

讨论信息传输方式的多样性之前，先介绍信息传输的几个概念，信息的具体外延表现为可以传输的消息、情报、指令、数据和信号等，信息的传输方式一般有三个基本环节，这三个环节的组成部分为信源、信道、信宿，信息传输的基本环节，如图 2-3 所示。

图 2-3　信息传输的基本环节

信源是产生信息的源泉，信息传输过程中产生和发送信息的人或物都可以称为信源，传达信息的人或者物，必须要通过人或机器将信息译出并使其在信道中传输，信道即信息的传输媒介，信道的作用是将携带信息的信号从信源传输至信宿，而信宿是相对于信源的一个概念，是信息的接收者，是信息单次传输的最终点，信息传输过程中接收、处理信息的人或者电子设备都可以称为信宿，其目标是接收信息并选择需要的信息进行加工利用。

一般情况下，信息的提供者和信息的利用者是不同的，并且信息的产生地和信息的利用地往往是不同的，在这两个因素的影响下，信息只有通过传输进行加工和处理后，才能体现其效用和价值。

2.3.2　信息传输方式的多样性

人类的日常生活离不开信息的传输，从原始社会到信息时代，信息传输的范围越来越广，信息传输的速度越来越快，随着人类文明的进步、科学技术的发展，信息传输的方式正朝着多样化的方向发展，形式不断丰富。

在人类发展的历史中，信息的传输方式也一直在发展。在远古时代，人可以通过肢体语言传递信息；伴随着语言的出现，人可以遵守语言的规则借助声音传递信息；后来，象形字出现，人们通过在龟甲、兽骨、石头等载体上刻画文字来传递信息。

随着文明的演进、社会的进步，信息的传输方式呈现出更加多样化的发展方向，在我国古代社会，人们开始借助烽火、狼烟、驿站、候鸟、飞鸽等方式完成信息传输。另外，文字作为信息传输中非常重要的载体，通过文字进行信息传输，古代将其称为传信，在纸没有发明前，常见的"信"是刻写在薄木板上的，称为木牍，木牍常见的规格为一尺长，又称为"尺牍"，后来有人将文字写在丝绸上，又称为"尺素"，随着造纸术的发明，将文字写在纸上，人们称为书信。这个时期，信息传输方式的多样性呈现出这样一个特点，即人们开始借助各种工具完成信息传输，工具的多样化造成了信息传输方式的多样化。

在两次工业革命后，随着科学技术的发展，信息通信正式作为一门学科被深入研究，人类发明了多种信息传输工具，在 1844 年，塞缪尔·莫尔斯在美国国会大厅，亲自按动其发明的电报机，携带信息的电文通过电线很快地传输到了数十公里外的地方，其助手准确无误地将电文译出，这意味着信息可以正式通过电信号进行传输。在此后的几百年里，电信号正式成为信息传输的重要载体，通过电信号衍生出了多种信息传输的方式。在莫尔斯发明电报的三十年后，亚历山大·格拉汉姆·贝尔又发明了电话，随着信息通信领域的不断发展，手机、计算机等现代通信工具走入了千家万户。

随着手机、计算机等电子设备功能的不断丰富和增强，信息的传输方式也从信息的表达方式上得到丰富，如语音、图像、视频正在成为信息传输的主要方式，这是信息时代信息传输的一个新的特点，人们也有绝对的理由相信，这一类信息将会借助电子设备成为一种主流信息传输的载体。

2.4　信息的可计算性

随着计算机科学技术的发展、信息通信理论的深入研究，可计算性是一种抽象的概念，可计算性理论作为计算科学的理论基础之一，它确定了哪些问题可以通过理论和算法进行解决，哪些问题不可以通过理论和算法来解决，信息作为信息通信领域的核心概念，信息通信能作为一门理论学科被深入研究，从侧面验证了信息具有可计算性。计算机作为一种超强的计算工具，可以完成人无法完成的大量计算工作，可计算性理论是计算机科学的理论基础之一，很多问题能够在完成理论研究后，设计成可供计算机执行的算法模型，使某些理论性问题能被实际解决，最终促进社会的发展和进步。从 2.2 节对信息的时空特性和 2.3 节对信息的传输特性来看，信息通信高速发展的背后，与信息的可计算性的发展息息相关。

2.4.1　信息的度量

研究信息的可计算性，首先必须要对信息进行准确的度量，现代信息论的创始人香农给出了信息的定义，并对信息进行了信息量的量化度量。他认为，信息是用来消除随机不确定性的东西，香农第一次把信息和不确定性联系起来，他认为一条信息的信息量和它的不确定性有直接的关系，消息的信息量和消息自身发生的概率有关，与消息的重要程度和种类是没有关系的。消息出现的概率越小，说明消息中包含的信息量越大，反之，说明消息中所包含的信息量越小，若消息出现的概率为 1，意味着消息的信息量为 0。

因为科学技术的发展，当前大部分携带信息的消息是通过数字通信系统进行转发的，在数字通信系统中，消息是离散表示的，信息量的计算如式（2-1）所示，单位为 bit。

$$I = \log_2 \frac{1}{P(x)} = -\log_2 P(x) \tag{2-1}$$

对于 M 进制离散消息的信息量，首先假设各符号出现的概率为

$$\begin{bmatrix} x_1, x_2, \cdots, x_M \\ P(x_1), P(x_2), \cdots, P(x_M) \end{bmatrix}$$

式中，M 个符号出现的概率之和满足 $\sum\limits_{i=1}^{M} P(x_i) = 1$，因此，$M$ 进制的离散信源的平均信息量如式（2-2）所示。

$$H(x) = -\sum_{i=1}^{M} P(x_i) \log_2 P(x_i) \tag{2-2}$$

式中，$H(x)$ 为信息熵。信息熵是信源发送消息的平均信息量，而在通信系统中，消息一般是由多个字符组成，因此在通信系统的研究中引入了总信息量的概念，总信息量的计算公式为

$$I = m \cdot H(x) \tag{2-3}$$

从公式和定义的角度来考虑，信息量 I 有两方面的含义，消息 x 发出前，x 的不确定性；收到消息 x 后，信宿获得的信息量。

通过以上公式推导，给出了信息的度量，但是这种推导过于抽象化，以摸球游戏为例，小华需要在非透明袋中摸取编号为 1、2、3、4 的小球，小球除了编号存在差异，其他都一样，显而易见，小华选取小球时具有不确定性，他可能会抽取这四个球中的一个，每一个选择的概率为 25%，因此，若小华告诉我们抽取了何种小球，那我们获取了 2bit 的信息，也就是说，消除小华选哪个球这一事情的不确定性所需要的信息量为 2bit。

信息量的提出，使得信息有了一个具体的物理量来衡量。而携带信息的消息往往是利用通信系统进行传输的，因为材料、传输原理等方面的差异，不同的通信系统传输信息的效果存在差异，所以必须要设置一些指标来评价通信系统的性能，通信的目标是准确、快速地将信源待传输的信息传输至信宿，通信系统的有效性和可靠性，可以作为评价通信系统优劣的性能指标。

有效性是指通信系统在给定信道内所传递信息量的大小；可靠性是指信宿准确接收信息的指标。通信系统可以分为模拟通信系统和数字通信系统，对模拟通信系统来说，有效性的物理意义是传输带宽，即传输相同信号量的消息所用的带宽越小，有效性就越好；可靠性的物理意义是输出信噪比。

在数字通信系统中，有效性的物理含义包括传输速率和频带利用率，可以通过码率、传码率、信息速率来表示；而可靠性的物理意义是差错率，可以通过误码率、误信率等物理量来表示。

由于数字通信系统应用广泛，这里对数字通信系统的性能指标进行详细的讲解，其有效性可以用传输速率 R_B、频带利用率 η 来表示，传输速率 R_B 为通信系统单位时间内所传输码元的数目，R_B 越高，有效性越好，计算方式为

$$R_B = \frac{1}{\eta} \tag{2-4}$$

数字通信系统的信息传输速率（传信率），代表数字通信系统在单位时间内传输的信息量，单位是 bit/s。本书中信息传输速率用符号 R_b 来表示，计算方式为

$$R_b = R_B \cdot H(x) \tag{2-5}$$

数字通信系统的可靠性通过接收机恢复消息的差错率来表示。它有两种表示方法：误码率 P_e 和误信率 P_b。它也可通过统计传输错误的符号或者比特在传输的码元或者比特中的比例来计算误码率和误信率，计算方式如下：

$$P_e = \frac{单位时间内接收的错误码元数}{单位时间内系统传输的总码元数} \tag{2-6}$$

$$P_b = \frac{单位时间内接收的错误比特数}{单位时间内系统传输的总比特数} \tag{2-7}$$

数字通信系统可以通过这些指标，将信息传输的有效性和可靠性进行量化研究，利用这些物理量可以清楚、直观地对某类通信系统或信息传输过程进行合理的评价。

通过对信息量、信息传输的有效性、信息传输的可靠性进行定义和度量后，信息具

备了可计算性，信息通信领域的理论研究能够方便、顺利地开展，结合计算机技术的发展，人类有能力获取更加丰富的信息资源，也使得人类获取信息、传输信息的渠道和形式越来越丰富多样。

2.4.2　信息的处理

　　人可以利用各种感官、仪器、媒介从外界获取大量的信息，而计算机要获取信息，就必须要对信息进行处理，计算机对信息处理的过程，大致可以分为三个过程：信息接收、信息存储、信息转换。计算机的信息处理过程示意图如图 2-4 所示。

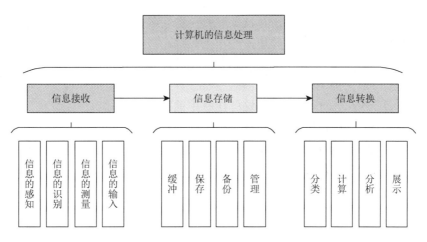

图 2-4　计算机的信息处理过程示意图

　　信息接收包括信息的感知、信息的识别、信息的测量以及信息的输入。信息的感知一般是借助传感器实现，如气敏传感器、光敏传感器等感知自然界的气体、光、声、热等信息，并将感知信息转换为电信号；信息的识别是指感知设备能够准确识别计算机需要的信息；信息的测量是对所需的信息进行准确地感知和识别后，要将信息进行准确的度量，例如，计算机系统所需的是某一类气体浓度的信息，完成气体的感知和识别后，需要对气体浓度进行准确的测量；最后，信息的输入是将已经获取得到的准确信息利用通信模块传送到相应的位置。

　　信息存储，是在完成信息接收后，将收到的信息通过存储设备进行缓冲、保存、备份、管理等处理操作。缓冲是为了弥补不同硬件设备之间的速度鸿沟而引入的中间层，缓冲的作用是平衡速度、流量整形，将大量零碎存取请求整合成平稳连续、较大规模的一次存取操作，从而提高处理效率；信息的保存是将数据存储于计算机硬盘的相应位置，其中硬盘可以分为固态硬盘和机械硬盘，其主要区别是存储方式不一致，如果要使用数据，通过访问硬盘存储区域中的数据即可；备份是为了防止计算机系统出现操作失误或系统故障导致数据丢失，而将全部或部分数据集合从应用主机的硬盘或阵列复制到其他的存储介质的过程，数据的备份对于存储来说很重要，是信息资源安全的基础；信息存储中的管理，是要完成对数据的有序保存、备份工作，同时将信息作为一种资源进行管理，开放不同权限的接口供不同的用户利用信息资源。

信息转换把信息根据人们的特定需要进行分类、计算、分析、展示。分类是指计算机系统可以根据人们对信息的需要，按照信息的性质、时序、分布情况等进行分类提供；信息的计算一般是指对携带信息的数据尝试用某一类算法进行一系列的操作，最终获得人们需要的结果；信息的分析一般是提供计算机完成计算后所得出的结果，从中分析需要的一些信息，这个过程一般会衍生出新的信息；展示环节是将分析环节得出的各种信息通过各种形式展现出来，使信息更容易被人们直观地理解和感受。

前面的分析过于抽象，以天气预报为例，介绍信息处理的过程。广播和电视每天都在播放天气预报，人们可以从中获得天气信息。天气预报信息是一系列计算机系统处理的过程，利用气象卫星、气象雷达等气象观测仪器接收大量的携带天气信息的数据，如气象云图、气温、湿度、风向、风速、气压等，这个过程会完成信息的感知、识别、测量和输入。气象观测仪器将这些信息从感知位置传递给计算机进行存储。计算机存储着大气的流动规律、不同区域和高度的温湿度特性、云层变化规律等信息，这些信息蕴含着未来天气的变化情况，计算机结合这些信息中的时间、空间属性，并利用气象学知识形成区域内的天气预报信息，这些信息再通过计算机或者广播呈现给人们，在计算机内部将天气预报信息通过编码技术转换为计算机、电台可以传播的以图像、声音为载体的天气预报信息，经过数据可视化、天气播报等操作展示天气信息，最终人们通过感官在人脑中形成对区域内未来天气状况的认知。

天气预报信息是在不同的电子设备中进行传递，从一种形式的介质转移到另一种形式的介质中，经过分析最终衍生出新的信息，产生这种现象的根本原因是信息的可计算性，伴随着计算机对信息的处理，会衍生出新的信息内涵与外延。

2.5 信息的可编码性

本质上讲，信息是不能被编码的，也许它本身呈现时就是一种已经被编码好的形式，这里是指获取它之后赋予它的一种表达形式，如数字、脉冲等，以便于人们利用现有方式对它进行加工、处理等。

信息本身是摸不到看不见的，随着计算机科学技术的发展，人们可以通过一定的方法把它表现出来。编码是信息从一种形式转换为另一种形式的过程，是将事物或概念用规定的符号按照一定的规则组合成一组字符串的过程，其目的是便于计算机和人进行识别与处理。目前，大部分信息是基于计算机系统传输的，而计算机底层只能识别和处理由"0""1"组成的代码，其他信息都得转换成这样的代码才能被计算机识别和处理，用于计算机识别和处理的信息一般称为二进制信息，但计算机的操作者很难看懂二进制信息，必须要将这些在计算机底层的二进制信息通过一定的规则转换为相应的文字。因此，信息编码的方式可以分为二进制编码和字符编码。

2.5.1　二进制编码

由前节分析可知，目前的信息都是由计算机进行处理的，计算机作为一种机器，底层硬件只能处理二进制信息。另外，从外界获取的信息，最终传输到计算机系统中，都存在感知、识别、测量的过程，一般都是采用感知设备将感知信号转换为电信号，这类信号一般统称模拟信号，电子设备要对信息进行识别、测量，就必须要将模拟信号转换为数字信号，而机器一般只能识别"0"和"1"，因此对数字信号进行编码处理的过程，也称为二进制编码。

数字信号指时间、数值上离散的电信号。将模拟信号转换为在机器中可以识别和处理的数字信号，采用的方法是脉冲编码调制（pulse-code modulation，PCM），其流程为：先对模拟信号抽样，再对样值幅度进行量化、编码，产生的数字信号称为数字基带信号。脉冲编码调制通信系统原理图如图 2-5 所示。

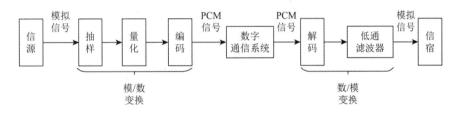

图 2-5　脉冲编码调制通信系统原理图

抽样是指对模拟信号进行周期性扫描，将时间上连续的电信号转换为时间上离散的电信号。此时信号在时域上是离散的，但是数字上的取值不是有限的，因此，信号还是模拟信号，图 2-6 为正弦波的抽样过程。

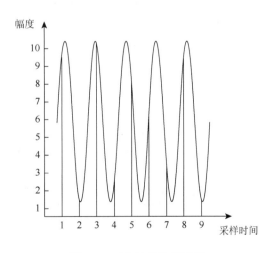

图 2-6　正弦波的抽样过程

　　原始模拟信号经过抽样变为时间上离散的抽样信号，但仍然是模拟信号，它必须经过量化才能成为数字信号。在通信系统中最常见的是均匀量化和非均匀量化。图 2-7 为均匀量化示意图。

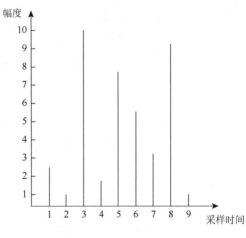

图 2-7　均匀量化示意图

　　均匀量化是一种将输入信号的值等距离量化分割的方法。若把信号值均匀分为 M 个区间，将 M 称为量化级数，也可以称为量化电平数。量化区间的值称为量化间隔 Δ，均匀量化的量化电平通常取各个量化区间的中点值。通过量化，抽样信号幅度的取值变成了有限个量化电平。

　　但均匀量化存在缺点，它对小信号不利，由于量化值取区间的中点，对于大信号来说，小信号受误差影响干扰的程度要大很多，对以小信号为主的语音信号进行均匀量化，容易造成量化信噪比随信号电平的减小而下降带来误差问题。为了解决小信号量化不力的问题，学者提出了 PCM 编码的方法，这是一种非均匀量化方式，可以在小信号时通过小间隔量化，对大信号通过大间隔量化。非均匀量化的思想是在量化前，对采样值进行压缩，再对信号进行量化。这样就可以将小信号放大，对大信号进行压缩。

　　在 A 律 13 折线压缩中，共有一、三两个象限，每个象限有 8 个折线段，每个折线段内部又均匀分为 16 份，因此每个量化电平完成 PCM 编码后，一个码组共有 8 个码元，即 C1C2C3C4C5C6C7C8。C1 是极性码，表示样值的极性，规定正极性为"1"，负极性为"0"；C2C3C4 是段落码，表示样值的幅度所处的段落，3 位段落码的 8 种可能状态对应 8 个不同段落；C5C6C7C8 是段内码，4 位段内码的 16 种可能状态对应各段内的 16 个不同量化级。根据样值幅度所在的段落和段内量化级，编出相应幅度码如表 2-1 所示。

表 2-1　A 律 13 折线段落码及其对应的起始电平和量化间隔

段落序号	段落码	量化级	段内码
8	111	15	1111
		14	1110

续表

段落序号	段落码	量化级	段内码
7	110	13	1101
		12	1100
6	101	11	1011
		10	1010
5	100	9	1001
		8	1000
4	011	7	0111
		6	0110
3	010	5	0101
		4	0100
2	001	3	0011
		2	0010
1	000	1	0001
		0	0000

我国采用 A 率 13 折线的 PCM 编码方式。通过对均匀量化和非均匀量化的具体分析可以看出，非均匀量化方式通过不同的区间确定量化间隔，使得量化间隔与信号大小有关，当信号幅度较小时，量化间隔小，使得小信号的量化精度较高，从而减少其量化误差；当信号幅度较大时，量化间隔大，其量化误差也较大，但是受影响程度较小的信号要低，从均匀量化到非均匀量化的改进，也是信息通信研究对于信息传输过程中减少误差的一大进步。

编码，是在量化工作完成后，将离散信号进行编码，用二进制表示，便于在计算机设备中进行处理，这就是发送端的编码过程，接收端再进行译码将消息恢复出来。但是信号要在各种通信设备中进行传输，仅仅依靠量化编码是远远不够的，有很多问题需要考虑，例如：

（1）便于从相应的接收设备中提取同步信号；

（2）抗干扰能力强、码间干扰应尽量小；

（3）具备一定的内在检测误码能力，可以检测出基带信号码流中错误的信号状态；

（4）编码设备要简单，且易于实现码型变换和反转变换。

完成这些目标的方法有很多，线路编码是一种简便的方法。线路编码具体思想是：脉冲波形采用简单的不归零码（non return zero，NRZ）或归零码（return zero，RZ）矩形脉冲，通过一些简单的编码使数字序列具有某种特征而达到上述目的，有多种适合在基带信道中传输的线路编码方式，如传号交替反转码（alternate mark inversion，AMI）码、曼彻斯特码等。另外，还有很多编码方式，感兴趣的读者可以阅读信息论、通信原理等相关书籍。

AMI 码将二进制信息序列中的"0"（空号）和"1"（传号）按如下规则进行编码：二进制信息序列中的"空号"编为 AMI 码的"0"符号；"传号"交替变换为 AMI 码中

的 +1 或者–1。AMI 码中 +1、–1 相对应的脉冲波形是幅度为 +*A* 和–*A* 的半占空归零脉冲。例如，二进制信息序列为 1011 时的 AMI 码的信号波形如图 2-8 所示。

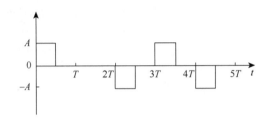

图 2-8   AMI 码的信号波形

曼彻斯特码又称为数字双相码，它的特点是将每个码元用两个连续极性相反的脉冲来表示，它将二进制信息序列的"0"编码为"01"；"1"编码为"10"，下面是曼彻斯特编码的示例：

信息序列　　　1   0   0   0   1   1   0   0   0   0   0   1

曼彻斯特码　10   01   01   01   10   10   01   01   01   01   01   10

从图像上看，曼彻斯特编码一个周期的位中间电平从高电平跳变表示"1"，从低电平跳变表示"0"，对于信息序列"10001100"的曼彻斯特编码波形如图 2-9 所示。

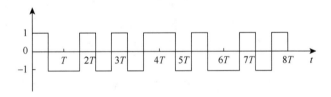

图 2-9   曼彻斯特码的信号波形

可以看出，曼彻斯特码可以利用电压的正、负跳变提取定时信息。曼彻斯特编码降低了编码复杂度，降低了编码设备的制造成本，同时能很好地传输时钟信号，但是为了达到这种目的，曼彻斯特编码也损失了一部分的带宽，主要表现在相邻相同数据上。但在高速数据传输的过程中，这种编码方式有很大优势，曼彻斯特编码不存在长时间信号状态不变导致的时钟信号丢失的情况，所以这种编码方式在以太网通信中是十分常用的。

另外，信息具有可传输性，信息在不同的通信系统中进行传输，信道往往不理想，会对传输的信号造成干扰，最终影响通信的可靠性，信道编码是为了保证通信系统的可靠性、减小信息传输的误差而提出的一种编码理论，以此提升在信道中的抗干扰能力。

信道编码能够提高数字通信系统的传输质量，减少信号传输过程中信道噪声和干扰的影响，从而尽量减小发送的数字信号经过信道传输后产生的差异，使信息的失真程度尽量减小，将这种差异和失真称为差错。一般情况下，信道噪声的干扰越大，数字信号产生的差错概率也越大。

信道编码的数字通信模型如图 2-10 所示。信息码元序列 *M* 在进入信道传输前需要经过信道编码器进行编码，信道编码器根据一定的编码规则在信息码元序列 *M* 中加入监督码元，从而输出码字序列 *C*，但是由于信道中可能存在噪声源 *N* 的干扰，输出码字序列可能会在传输过程中出现差错，在接收端收到的接收码字序列 *R* 可能与输出码字序列 *C* 存在差错，而信道译码器可以根据译码规则将接收码字序列 *R* 给出与信息码元序列 *M* 最接近的估值序列 *M̂*。

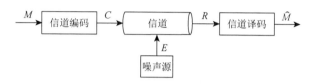

图 2-10　信道编码的数字通信模型

现以汉明码为例，对信道编码进行直观的解释，汉明码是信道编码中的一种线性调制码，汉明码在传输的消息流中插入监督码元，如果在传输的过程中出现错误，会根据监督码元和信息码元之间的关系对比特流逐一进行验证。

若使用信息码元 1101 来传输某种信息，那么信息码元会根据预定的规则计算出监督码元，汉明码一般是通过奇偶校验法在数据位后面增加监督码元，1101 信息在经过奇偶校验法后加入了监督码元 101，那么传输信息的码元就变成 1101101，这是一种很严谨的编码方式，若在传输过程中出现了编码差错，译码器能够根据奇偶校验法逐一验证每个比特，以此保证信息的可靠传输。

2.5.2　字符编码

通信系统完成信息的传输，计算机系统进行信息的处理工作，需要将在计算机中处理的二进制信息转换为字符信息，以便文本在计算机中存储和处理。

在计算机技术发展的早期，美国人发明了 ASCII 码，一共规定了 128 个字符的编码，例如，"A"用 65（二进制 01000001）表示，"＋"用 43（二进制 00101011）表示，"2"用 50 表示（二进制 00110010），计算机为这 128 个字符分配了唯一的编码方式，这个时候，计算机就能够将二进制转换为英文字符和其他符号。

因特网将全球各个角落联系起来，有些国家和地区有自己的语言，那么此时整个世界需要一个统一规范而且比较简洁的编码类型，而 Unicode 码将世界上所有的编码语言汇总在一起，每一个字符有独一无二的编码表示，每个符号对应一个唯一的编码，这种规范的编码方式，不存在乱码问题，Unicode 码虽然统一了编码方式，但是其效率不高，因为有一些符号所需要的编码字符不一致，例如，Unicode 标准之一的 UCS-4 编码规定用 4 字节存储一个符号，而英文只需要一个字符，那么每个英文字母前都必然有 3 字节是 0，这会造成信息存储和传输资源的浪费，以"A""3""中""¥"为例介绍 Unicode 编码方式，如图 2-11 所示。

图 2-11　Unicode 编码示例

不同的字符所需的字节数不同，为了统一规范，其他的字节区域会用 0 进行填充，这就造成了大量的冗余，降低了存储和传输资源的浪费。

为了提高 Unicode 编码的存储、传输效率，人们提出了 UTF-8 编码方式，UTF-8 编码方式能够根据不同的字节长度自动选择编码的长短，把空闲的内存进行压缩，为每个字符分配尽可能少的字节，UTF-8 的编码规则如下。

（1）对于单字节的符号，第一位设为 0，后面 7 位为这个符号的 Unicode 码，因此对于英语字母，UTF-8 编码和 ASCII 码是相同的。

（2）对于 n 字节的符号（$n>1$），第一个字节的前 n 位全设为 1，第 $n+1$ 位设为 0，后面字节的前两位一律设为 10。剩下的字节中没有提及的二进制位，全部为这个符号对应的 Unicode 码。

例如，单字节的编码方式为 0xxxxxxx，这完全就是 ASCII 码的编码方式；双字节的编码方式为 110xxxxx 10xxxxxx，四字节的编码方式为 11110xxx 10xxxxxx 10xxxxxx 10xxxxxx；其中"x"用来存储相应的 Unicode 字符编码。根据上述分析，可以发现，信息具有可编码性，信息在不同的场合有不同的表达方式，但人对信息不同的外延的理解能力存在差异性，因此，信息的编码特性是必然的，也是必要的。

2.6　信息的误差特性

无论信息技术如何发展，智能化水平如何进步，对客观世界认识所产生的信息都存在局限性，世界上没有信息能够被绝对精确地感知，同时信息传输信道往往难以达到理想状态，人们获得的信息具有绝对误差特性。目前，信息传输的误差与信息传输方式、计算方式及编码方式有关。

2.6.1　传输误差

信息在传输的过程中，难免会出现偏差，信息的传输误差是指信息从信源发出再到信源接收的过程中，信息的内涵会出现偏差，这是必然的规律。

当今社会是一个信息化社会，根据前面的分析可知，信息有多种多样的传输方式，如声音、文字、图像或者动作等，信息在传输过程中出现误差的原因有很多。在信息中转的过程中，中转信息的设备对信息的处理能力或人对信息的理解能力可能会存在差异。设备之间的传输误差，主要受到信道干扰和传输方式的影响。

通信普遍存在于人类生活之中，现代的通信系统以电信号作为消息的载体，也称为电信系统。通信系统的模型由信源、发送机、信道、接收机和信宿组成，模型图如图 2-12 所示。

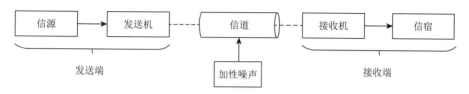

图 2-12　通信系统传输模型

前面已经讲过，信源和信宿是信息的发出者和接收者，信道是将电信号从发送设备发送到接收设备的传输媒质，从模型中可以看出，信号会在信道中受到加性噪声的干扰，进而产生传输误差，加性噪声是信息传输过程中受到干扰的总和，信道中的干扰主要来自两方面：

（1）信号在传输的过程中受到加性噪声的干扰；

（2）信号的功率会在传输过程中受到衰减。

噪声可来自通信设备的外部，即外部噪声，也可来自设备的内部，即内部噪声，这些噪声会对信号追加局部干扰从而引起误差；信道对信号还有一个主要的影响，即引起信号的畸变，这种畸变不是加性的，可能会对不同频率的信号造成不同程度的衰减和延迟，最终引起信号波形的畸变，从而引起误差。

通信系统有两种传输方式，分别是模拟信号传输和数字信号传输。模拟信号的主要优点是其精准的分辨率，在理想情况下，它具有无穷大的分辨率，能够精准地还原所有信息，与数字信号相比，模拟信号的信息密度更高，其不存在量化误差，它可以对自然界物理量的真实值进行尽可能接近的描述，但模拟信号也存在严重的缺陷，即信号易受噪声干扰，并且干扰后恢复较为困难。另外，通过模拟信号传输信息，其在信道中的传输距离越长，受到加性噪声的影响越严重，这就导致接收设备提取信息出现极大困难，因此极易出现误差。

数字信号传输具有很大的优势，首先是数字信号可以通过一定的编码技术将出错的信号检测出来并加以纠正以减少误差，使得数字信号在信道中进行传输具有更好的抗干扰能力，也能在信道中传输得更远，并且信号的失真幅度很小，但是通过数字信号进行信息传输，主要是数字信号的编码、解码相对复杂，所以信息传输过程中的误差与设备的编码解码能力有较大的关系，因此还是存在一定的误差。

机器间的信息传输尚且存在误差，人与人之间的信息传输更是如此，因为人与人对某种信息的理解不一致、对信息的侧重点不一致、对即将要传输的信息表述形式也不一致，所以人与人之间的信息传递，也极易出现传输误差。

2.6.2　计算误差

由前面的分析可知，信息具有可计算性，通过信息的可计算性衍生出了数据挖掘、数据分析等一大批新兴学科，数据挖掘是通过算法搜索隐藏于大量数据中的隐含信息的过程，数据分析是通过适当的统计分析方法对收集来的大量数据进行分析，进而提取有用的信息并形成结论的过程。

现以某超市利用数据分析和数据挖掘进行成功营销为案例，对数据分析的重要性进行讲述。某超市管理人员在对大量销售数据进行分析时，发现了一个令人难以理解的现象：在某些特定的情况下，"啤酒"与"尿布"两件看上去毫无关系的商品经常会出现在同一个购物篮中，这种独特的销售现象引起了管理人员的注意，经过调查发现，这种现象出现在年轻的父亲身上，这是因为美国有孩子的家庭中，一般是由父亲出门购买母婴用品，而美国很多男性都喜欢喝酒，男性在购买母婴用品时，往往会购买啤酒，在得到这些信息后，某超市将母婴用品、啤酒等男性更倾向于购买的用品放在相近区域，于是超市的营业额得到了提高。

数据分析和数据挖掘技术给人们的生活带来了极大的帮助，但是过于依赖这些技术也会出现问题，不能忽略其背后存在的计算误差，例如，谷歌曾经在 2008 年做出了一个预测流感的模型，最开始的时候取得了很好的效果，比美国疾病预防控制中心提前两个礼拜预测出了流感的暴发，但是几年后，谷歌的预测值比实际值（美国疾控中心提供的就诊数据）高出 50%以上。

总的来说，数据挖掘和数据分析的最终目的都是利用信息的可计算性获取新的信息，那么衍生出来的信息，其真实性有待考究，信息是存在误差特性的，在这个过程中衍生出来的信息也不例外，现在大数据对于商业决策、政府决策、国防安全相当重要，必须要重视信息的误差特性。这些误差出现的原因有很多，主要有以下四个方面：

（1）数据分析人员缺乏支持良好数据分析的知识和技能；

（2）计算方法和计算过程出现错误；

（3）数据不够全面，存在大数据孤岛问题；

（4）数据来源的真实性、准确性有待考究。

这些因素造成在对数据进行分析处理的过程中，使分析和挖掘出来的信息可能存在误差，因此，不能过于依赖某一方面的分析结果，需要收集更多的信息进行多维度的评判。

2.6.3　编码误差

随着计算机科学技术的发展，当前的信息已经离不开电子设备的传输、存储和处理，因为信息具有编码特性，信息的编码也是对信息处理的过程，是将信息从一种形式转换为另一种形式的过程，可以将编码分为二进制编码和字符编码。二进制编码误差可能由以下因素造成：

（1）抽样时机不对，可能会造成抽样值不具有代表性；

（2）量化级数和量化方式影响信号的失真度；

（3）编码机性能有限或出现故障；

（4）监督码元纠错能力有限。

　　要将模拟信号转换为数字信号，必须要经过抽样、量化、编码的过程，经过对抽样过程的分析可知，抽样时隙越小，信号的失真度越小，但是由于信息传输速率的要求，人们往往不能将抽样时隙取得非常小，并且模拟信号可能会在电子元件内部受到噪声的干扰，如果在某个抽样时刻取到了局部干扰位置，那么抽样就将局部噪声引入数字化编码的过程中。

　　量化的过程，是将抽样信号的幅值根据量化级数设为量化区间中点的过程，量化过程出现的误差与量化级数有关，如果量化级数越高，信号的失真度就越低，但是相应的量化设备制造也越困难；另外，量化方式也会影响信号的失真度，例如，均匀量化会造成小信号失真的问题，因为小信号幅度相较于大信号变化小，但是小信号变化波动会直接影响信息的失真度，进而造成误差。

　　编码的过程是在量化工作完成后，将量化值用二进制表示，便于在计算机设备中进行处理，这个过程中出现的误差完全由编码机的性能和稳定性所决定。

　　信息在信道中传输会受到噪声的干扰，信道编码技术的提出使得信息传输的可靠性得到提高，信道编码是利用一定的规则在信息码元后面添加监督码元的方法，码元的自纠错能力与监督码元的长度直接相关，但是信道编码不能一味地增加监督码元的长度，否则会造成信息冗余，影响信息传输的速率。

　　为了保证计算机操作者能够顺利地在计算机上进行数据处理工作，需要将二进制信息转换为字符信息，这就是字符编码，字符编码出现误差主要由以下两方面造成：

　　（1）编码规范不一致，出现乱码；

　　（2）传输过程中造成的比特错误，导致错误译码。

　　因为各个国家、地区之间的文字存在差异，所以字符编码的方式非常多，存在不同的编码规范，如 ASCII、Unicode、UTF-8、GBK、Big5 等，在全球化的发展下，各个国家的联系日益紧密，不同国家使用的编码规范可能不一致，那么计算机操作者在使用某个软件时，软件编码规范不一致会带来乱码问题，进而造成编码误差。另外，如果计算机接收到的是错误比特流，那么根据字符编码规范译出来的字符就是错误的。

　　经过上述分析，人们对信息的属性有了一个基本的认识，信息不仅具有时空特性，还具有可传输性、可计算性、可编码性及误差特性，如果能够从信息不同维度的属性分析人类在社会中的生产和生活的过程，必然有利于人们对事物的准确把控，能够促进科学技术水平的进步、推进人类对科学真理的发现与认识。

第3章 智慧获取与智能化实现

智慧是生命所具有的基于生理和心理器官的一种高级创造思维能力，包含对自然与人文的感知、记忆、理解、分析、判断等能力。那么什么是智能呢？从人类的角度看，它包括"智"和"能"两种成分。"智"主要是指人对事物的认识能力，也就是人类智慧；"能"主要是指人的行动或执行能力，它包括各种技能和正确的方法等。智能的实现存在很多方式方法，在不同的范围、不同的领域、不同的阶段各不相同。可以认为，智慧就是智能的基础和条件。

3.1 概　　述

如果说智慧表达为有序的信息量，智能的表达就应该是基于信息量的执行能力及方式。也就是说，没有信息就没有智能，这个"能"可以看作执行力。"智"必须是多维度信息的表达，人如此，机器也是如此。"能"可以借助于智，也依赖于智，也存在一定的反作用和误差演绎。智慧就是记忆量、反应速度、结果正确率的叠加总和。但是单独存在的智慧是不能够称为智能的，只有智慧和执行能力相继出现，并且能够自主学习，不断更新认知和结果，才算是智能。

智能，只是简化称谓，其实就是智慧支撑的行为和能力，也可以称为智慧化行为和能力，即行为的智能化。现有技术所获得的机器智能，是以数字化为基础的。经过面向客观事物的数字化演示，获取信息，再处理成知识，并通过量的积累形成知识及智慧，基于这种智慧的执行行为，即智能。智能分为智慧生物的智能、人工智能（artificial intelligence，AI）。人工智能包含仿生智能，即在不同载体上的智能组合，以及机器智能，即在设备上的智能嫁接植入。

生物有智能的表现，机器也有智能的表现。生物通过感官获得信息，实现智能；机器通过传感器获取可结构化数字，处理成信息，实现智能。

人类智能的特点是思维，而人体五官是辅助思维的工具。"望梅止渴"讲的就是人尝过杨梅的味道后，意识里知道它的味道是酸甜的，因此一说到杨梅这种水果，人就会不自觉地分泌唾液。这也体现着由思维主导着行动，人们可以去发明和创造，这实际是人的智能。根据霍华德多元智能理论的分类，人的智能可以分为七个范畴：语言、逻辑、空间、肢体动作、音乐、人际、内省。每一个范畴涵盖着人类不同方面的智慧和职业。人类的智能是人类认识世界和改造世界的才能，人类具有高度发展的智能。人类也利用自己的智能发明了人工智能，即实现了机器的智能。

智能机器最基本的是要通过很多个传感器达到智能，至少要具备这几个要素：感觉、运动、判断。智能机器可以像人类一样进行分析、推理、判断和决策等，甚至在工作强度、计算速度、记忆能力上远远超过人的大脑，但是在意识、推理上又不及人类。通过人与智能机器的合作，延伸人类难以达到的脑力活动。可以看出，不但人可以通过信息及处理方式构建智慧体系，支撑行为的智能化，机器也可以，只是在某些环节和方式上存在一定的差异。人是没有数字化过程的，从广义上讲，机器也可以不用数字化，只是现在的科技手段里没有这种方法。

前面介绍了智能的定义，那信息和智能的关系是什么，它们是怎么相互影响的呢？信息是智能的基础，没有信息是无法实现智能的，而智能又可以支持更高级信息的获得。获取信息和处理信息的手段是非常重要的，因为这将直接影响到智能的程度。不管哪种智能必须首先解决智慧（知识）来源、智慧的存储和表达，以及相应执行机构的建立等问题。所以本章会介绍获取信息的途径，以及获取信息后的处理方式，到最后表达出来并实现智能的过程。在信息与智能化中，一段完整的信息从获取到呈现的过程，其实就是信息的智能化处理。

3.2　面向信息的数字采集技术

在这一节中，将介绍信息是如何获取的，不论是人、生物还是机器，所采集到的结果又是以何种形式呈现。信息的数字化采集，是指根据特定的目标和要求，通过特定的手段和措施从不同空间和时间挖掘并且汇聚相关信息的过程。其中使用的设备繁多，就目前的技术现状而言，不外乎光和电两种采集技术，同时必须借助单个设备和设备加网络两种方式，形成了直接采集和间接采集。直接采集是利用传感器加电的方式对现实世界的测量，包括物理量、化学量或者生物量，可以直接获取到信息；间接采集是计算机加网络的方式，一般是指人为操作计算机，利用一些手段对网络上的数据进行提取后形成信息，需要在网络连通情况下借助软件进行搜集。

基于现有的信息分类，可以分为模拟信息、数字信息、数据信息，其获取的方式各有不同，有的需要人为采集，有的要借助传感器，有的是借助数字化机器，有的是利用现有数据等，本节将对几种信息的获取方式做简要介绍。

（1）对现实世界的测量。需要通过传感器设备获取数据，这类数据包括机器采集的海量数据，像传感器数据、摄像头监控数据。这类数据因为依赖设备采集，所以数据的质量参差不齐。

（2）对人类活动的记录。这一般是计算机采集人类网上行为形成的记录。例如，人类用户使用信息软件的行为，如登录的身份信息、购物信息、上网浏览记录和电话联络的信息。人们有时候会接到一些产品推销或者是诈骗电话，因为现在每个人的身份信息很容易在各个网站留下记录，难免有疏于管理，所以人们的信息难免会被泄露。人们应该能发现，在看热点新闻和视频时，总是能够看到相似的内容和推荐，网站购物推荐的也大多是自己购买过的产品或相似产品，这些都是大数据对访问者的行为进行记录并且分析出潜在客户的喜好。这类数据的特点是数据规模大，数据更新快，但是因为数据缺少专门的人员进行管理，数据价值密度较低。

（3）数字化机器生成。计算机通过对现实世界的模拟生成数据，如计算机生成噪声、各种软件仿真等。这类数据的特点是数据规模和速度可控制，因为是程序自动生成，所以数据质量高、数据价值密度大。

针对人类对于不同工作场合的需求，对不同类型的信息有各自的收集方式，找出切实可行的信息采集方法对检测工作是非常重要的。下面介绍三种常用的数据采集方式：传感器采集物理世界的信息，系统日志采集数字设备的运行状态，网络爬虫采集互联网的信息。

3.2.1 传感器采集

如果说机器延伸了人的体力，计算机延伸了人的脑力，那么无处不在的传感器就延伸了人的感知力。通常传感器中的敏感元件感受到光、热、压力、湿度等变化，并将其转换成电信号或者其他形式的输出，以满足信息的采集、传输、处理、记录等要求。

近年来，技术上的进步支持小型（几立方厘米）、低成本、低功率、多功能传感器设备的发展。当前市场上存在着不同类型的传感器。传感器通常比较专业化，但有时单一传感器可能具备多种功能。它们可以测量距离、方向、速度、湿度、风速、土壤成分、温度、化学特性、光照、振动、运动、地震数据、声学特性、张力、转矩、负荷、压力等。

一般的传感器体积都较小，但是内部构造集成化高，使用寿命较长，所以运用于生活中的很多场合，如声控灯、光控灯、遥控器、手机、冰箱、电视等，覆盖了很多不同的场景。在一部手掌大小的智能手机里，传感器的数量就多达十余种，这些传感器相互协同工作，发挥着手机的功能。可以说，传感器和传感技术是现代电子产品必不可少的一部分，并且随着时间的推移，在物联网技术和人工智能技术不断发展和进步的情况下，传感器也被推向了市场，并被广泛运用。

1. 基本定义

人的大脑有五种感觉，人的"五官"，即眼睛、鼻子、舌头、耳朵、皮肤对应的视觉、嗅觉、味觉、听力、触觉，用来观测和感知外部信息。为了获取外界的信息，人必须借助感官，并且根据感官收集到的信息做出判断。但如果只靠人们自身的感官，在研究自然规律和生产活动中，它们的能力范围就不够了。例如，皮肤能感知温度高低的变化，但是却不能精确地说出温度是多少摄氏度，并且人体无法承受超过一定范围的温度；人类的视力仅能够看到宇宙微小的一部分，但是使用天文摄像机和其他天文设备，科学家能够间接观测到距离很远的行星存在的证据和某些基本特征，如周期性运动和凌日现象。鼻子能够识别出一些常见普通气味的物体，但是对于无色无味的气体，以及无毒气体和有毒气体无法确认，而用现代新颖的仪器——"电子鼻"，就能够测出被测气体的成分和浓度。这些可以称为"超能力"的感应能力靠人的器官是远远无法实现的。所以为了适应和解决人类的需求，就需要借助传感器来完成某些作业。传感器的存在延伸了人的感知力，并且让物体有了"感官"和生命力，并让人们借助这些超能力帮助科学研究和生产活动。

2. 组成

传感器是一种检测装置，组成部分有敏感元件、转换元件、变换电路和辅助电源，如图 3-1 所示。

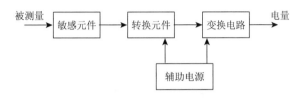

图 3-1　传感器示意图

将传感器放置在一定的条件中去测量，被测量可能是化学量、物理量，是会让敏感元件感应到并且有响应的量，敏感元件会将这种响应通过转换元件转换成可以传输的电信号，但是由于这种信号很微弱，所以由变换电路进行信号转移和放大。

变换电路有两种作用。一是将传感器的信号转移和放大，使其易于进一步传输和处理，通常是将电路参数（如电容、电阻、电感）量转换成方便测量的电量（如电流、电压、频率）；二是信号处理，对经过转换的信号进行滤波、调制或解调、运算、模数转换等。常见的变换电路有放大器、振荡器、电桥等，分别与相应的传感器相对应。

另外，传感器的工作还需要辅助电源提供电能。目前，电子信息技术发展很成熟，输出电信号的形式最为常见，不过输出的电信号的形式也有多种：离散信号、连续信号、周期性信号、非周期性信号、电压和电流。每一种传感器输出的信号取决于该传感器的设计原理和要求。

3. 分类

传感器的种类繁多，同一原理的传感器可以测量多种被测量，一种被测量又可以根据原理使用多种不同传感器进行测量。因此有很多的分类方法，可按基本效应、构成原理、作用原理、敏感材料等分类，如表 3-1 所示，目前也没有统一规范的分类。

表 3-1　传感器分类

分类方法	传感器的类型	说明
按基本效应分类	物理型、生物型、化学型	分别以效应命名为物理、化学、生物传感器
按构成原理分类	结构型、物性型	以其转换元件结构参数变化实现信号转换
		以其转换元件结构物理变化实现信号转换
按作用原理分类	应变式、电容式、压电式、热电式等	以传感器对信号转换的作用原理命名
按敏感材料分类	半导体传感器、陶瓷传感器、高分子材料传感器	以使用的敏感材料命名

从传感器输出的数据分为模拟数据和数字数据，可以通过接口传输的方式或者借助无线通信技术传输到监控服务器。如果是将模拟数据传输到计算机，首先需要做模/数转换，将模拟数据转换成数字数据，因为计算机只能识别数字数据。传感器采集到的数字数据呈现在计算机上可能是一串带小数点的数字，也可能是一串乱码，这就要确认协议格式或者量程，这些数据也正是需要采集的。

4. 工程应用

前面已经介绍了传感器的组成和一些种类，但是在实际工程应用中，传感器往往不是单独组成一个简单的仪表。环顾周围的家用电器或者电子产品，如空调、手机、计算机、汽车、机器人，并不是靠单个传感器，而是需要用到很多个类型不同的传感器进行组合，和中央处理器（central processing unit，CPU）、控制电路、机械传动部件组成一个综合系统来达到设定的功能。

1）大脑芯片

在古代，医疗设备不发达，医者判断患者生病的方式主要是"望、闻、问、切"，以及身体的简单检查。20 世纪 70 年代，我国约 2 万所县级以上的医院开始陆续引进先进的医疗设备，建立了医学工程，大大丰富了医生收集患者信息的方式，也提高了整体医疗水平。在医学领域，传感器起到"耳目"的作用。在医疗发展上，正在研发多种 DNA 传感器、蛋白质芯片、实验芯片，由此可见，传感器对医疗的进步至关重要。当代医学对很多疑难杂症都有相应的治疗手段，但是对于大脑的一些神经系统疾病，如中风、精神病、脑震荡、瘫痪却一直很难治疗，而在脑科学方面的问题，一些科学家已经在对大脑的研究中取得了进展，其中包括大脑神经控制的研究和大脑芯片的研究。

大脑芯片是能够实时模仿人类大脑处理信息的微芯片，通过芯片接收信号和处理信号。将其植入大脑内部或者机器人的"脑部"，然后通过计算机来模拟各项人类大脑内激素的释放，通过控制激素水平来减轻焦虑和缓解抑郁。从理论上来说，如果人类的大脑植入这种芯片，可以帮助解决神经系统问题，还能够选择自己的心情，甚至大脑会有超出常人的工作强度、运算速度和记忆能力，拥有更高的智力。而机器人的"脑部"一旦被植入了这种芯片，它就能运用类似人脑的神经计算法，会像人类一样有情感思考、反应。

未来大脑芯片能否推广到市场中，涉及很多伦理问题，对于这种技术的应用规范都是要由人类共同来商榷的。如果能够合适地限制使用，在医学上，它可以帮助一些残障人士恢复身体机能，例如，看不见的人可以重获光明，精神有问题的人可以得到治疗，下半身失去知觉的人可以站起来走路。任何一种技术的初心都是为造福人类，服务人类，一旦脱离了这个核心，任何技术都是违背伦理道德的。

2）汽车传感器

汽车结构比较复杂，其结构可分为发动机、底盘、电气设备三个部分[9]，每一部分都安装了很多用于检测和控制的传感器。由于汽车要对速度、位置、压力、振动的多种信息进行检测，对传感器的数量和质量都有比较高的标准和要求。汽车上的传感器是汽车电子控制系统的信息捕获器，也是关键部位。发动机采用各种传感器进行控制，包括温度传感器、压力传感器、流量传感器和爆震传感器等。

（1）空气系统中的传感器。为了使汽车在不同运行状况下都能处于最佳的燃烧状态和排废气量最少，必须对油气中混入的空气进行精确的比例控制。空气传感器的作用是计算和控制发送机燃烧需要的空气量。经过空气滤清器过滤的空气要再经过空气流量传感器之后进入进气管，与汽油混合后进入气缸。

（2）燃油系统。由于燃油的温度会影响到燃油的黏稠度和它的喷射效果，一般采用负温度系数（negative temperature coefficient，NTC）热敏电阻传感器来测量燃油温度。

（3）发动机点火系统。发动机点火时刻关系到发动机的输出功率、效率和排气污染等参数。利用霍尔传感器可以确定曲轴转角和点火时刻。汽车的气缸壁上还安装有一只压电式爆震传感器，在发生爆震时可以减小提前角。为了得到最佳燃烧效果，还在发动机缸体内装了缸压传感器来测量燃烧压力。

（4）传动系统。汽车在行驶过程中，为了保持驱动车轮在冰雪天气或者易滑路上的稳定性，在它的四个车轮中安装了车轮速度传感器。

机器人传感器信息融合技术在机器人领域运用广泛，特别是在移动机器人中，移动机器人对传感器信息融合的发展起到了很重要的促进作用。当机器人在未知的环境中走动和工作时，将多个传感器的数据进行融合，从而准确地感知环境信息。正因为有了传感器，机器人才具备了类似人类的获取信息和对外部环境做出反应的知觉功能。传感器给人工智能以"眼"去看世界，给它们"耳朵"去聆听世界，赋予人工智能"对事物的敏锐触觉"。在很多方面，传感器都在赋予人工智能以"超人"的能力。

5. 发展状况和趋势

人类通过对大自然的研究了解物质世界的规律，采集大自然的信息是研究的基础，所以说信息是人类科学活动的基础。但是在自然科学与工程技术的融合上，进步通常止于信息难以获取的地方。因此采集信息的方式和设备往往影响人类的认知水平。

近年来，传感技术发展迅猛，关于传感器的新材料、新技术的研究更加深入，传感器的品种、结构、应用不断推出，推陈出新，有很多新技术的普遍应用，如计算机辅助制造（computer aided manufacture，CAM）、电子设计自动化（electronic design automation，EDA）等技术。随着集成微光、机电技术的发展和成熟，以及超导、光纤等新技术的应用，将这些技术运用在传感器中，从而进一步实现信息的采集和传输、处理智能化，传感器将具有更加完善的功能，性能进一步提高。

目前，全球传感器技术发展主要呈现出以下四种趋势。

1）敏感机理多样化，新材料的开发

用价格低廉、稳定性高的精制材料制作出性能更加良好的传感器是今后的发展方向之一。新的敏感材料的发现，将为传感器行业带来颠覆性改变，开启新的精制材料时代。传感器的材料目前有半导体材料、陶瓷敏感材料、石英敏感材料和金属材料等。

半导体材料是开发有源电子和传感器件的关键部件。自由载流子在半导体介质界面中的传导通常是电子器件和系统发展的焦点，有机/无机半导体材料也用于可印刷的传感器和电子产品。无机材料在性能和稳定性方面具有优越的性能，而溶液加工有机半导体由于加工成本低和灵活性好而受到人们的青睐。通常用于柔性电子的无机半导体的例子有 Si、过渡金属氧化物和硫族化合物。除了用于大面积柔性电子的非晶硅的化学气相沉积（chemical vapor deposition，CVD），硅还可以通过使用前体或纳米颗粒进行溶液处理，但通常需要在惰性气体中高温退火（550～750℃），这使得它几乎与所有的塑料和纸基板不兼容。

随着传感技术的研究不断深入，人们将进一步探究具有新效应的敏感材料，研发具有新原理、新功能的传感器来扩展传感器的各个应用领域，如穿戴设备。未来的穿戴设备要求图像传感器具有柔软性并且可折叠。图像传感器可以将图像信息转换为电子信息，在电子光学上广泛应用。在图像传感器新材料方面，合肥工业大学首次制备出大晶粒非层状结构的硒化镍薄膜[10]，攻克了非层状结构材料薄膜生长难题，为新一代柔软图像传感器的研究提供了方法，也可以应用于更多的相关材料。

2）共性工艺技术创新——MEMS（微机电系统）工艺技术

微电子机械系统是一种应用微结构技术（microstructure technology，MST）制造的微型机电系统。其内部结构在微米甚至纳米级，是独立的智能系统。常见的产品有 MEMS 麦克风、MEMS 压力传感器、MEMS 湿度传感器，以及它们的集成产品。硅电子倍增器（silicon electron multiplier，SiEM）是一种用于最小电离粒子（minimum ionized particles，MIP）检测的新型传感器概念，它利用内部增益和细间距实现了卓越的时间和空间分辨率。与增益区域由掺杂（LGAD，APD）诱导的传感器相比，SiEM 中的放大是通过在嵌入硅块中的复合电极结构中施加电位差来实现的，使用了 MEMS 制造技术。由于预计增益层不会因辐射损伤而失活，这种结构预计可承受高达 1016ionizations/cm^2[1016 个电离事件（ionization events）每平方厘米]的流量。

目前，美国等西方国家主要掌控着 MEMS 技术，微机电系统微型化、智能化和适于大批量生产的特点，能够应用在汽车行业、航空航天系统上，很大程度上节省了能源和费用，美国已经将这种技术应用于汽车领域并且每年可节省 10%的油费。如果能够将这种技术在我国推行，就可实现产品的标准化、规模化和低成本的产业化发展，帮助我国在国民经济和军事系统上取得突破性进展。

3）无线网络化

在共性技术（MEMS）的支持下，传感器正在向多技术融合、多功能集成、网络化、智能化节点方向发展。未来的传感器将以网络的形式工作，覆盖所需的时空，并相互补充。

传感器的无线网络化发展主要表现在两个方面：一是建立了 IEEE 1451.2 智能接口模块标准，提供了传感器网络适配器和微处理器之间的软硬件接口，解决了现场总线复杂多样的问题，1451 系列的传感器标准支持即插即用，在传感器上通过提供一个通用的 IEEE 1451.4 传感器通信接口，在传感器和微处理器之间建立一座桥梁；二是以 IEEE 802.15.4 标准为基础的无线感知网络技术迅速发展，该技术是物联网的关键技术之一，具有低功耗、低成本、组网灵活的特点。无线传感器网络已经在交通、医疗、环境、国防、工业自动化等领域得到了广泛的应用。例如，ZigBee 技术，近几年发展迅猛，是目前的技术研究热点，在智能家居、医疗健康、环境检测等众多领域的应用广泛。网络传感器能够为人与物理环境建立更加紧密的联系，不断改善人们的生活和工作环境，必将赢得广阔的市场。

4）微型化

微型化是一个重要的趋势，也是传感器技术进步的基础。各种控制设备的仪器由于功能越来越完善和强大，内置的传感器数量也越来越多，要求传感器的体积尽可能微型化。传感器与微机电系统工艺技术的结合，产生了具有微小尺寸的微传感器。

各种新兴技术呈辐射状渗透到各行各业中，传感器作为人类获取信息的"耳目"，能够帮助人们快速获取、分析和利用有效信息，也将得到社会各界的广泛关注。

3.2.2 系统日志

对系统日志进行记录是计算机获取数据最广泛使用的方法之一。系统日志由系统运行产生，日志的内容记录了一次单独的系统事件，记录服务器、应用系统和防火墙等信息技术（information technology，IT）资源有必要的信息。系统日志中不仅包含网络系统中的软件和系统信息，还记录硬件的信息。这对系统监控、查询、安全审计是十分重要的。用户的登录和退出、网络系统运行期间的异常信息（空指针异常（null pointer exception，NPE）、内存不足（out of memory，OOM）以及其他的超时等）、金融应用的股票记账、Web 服务器记录的用户行为等都属于系统日志。系统日志有四种等级：DEBUG、INFO、WARN、ERROR。

DEBUG：系统调试信息。用于系统开发过程中对运行情况和出现的问题的监控，这些问题很多时候不能复现，所以 DEBUG 能够进行问题排查。

INFO：系统运行的关键性信息。通常用于对系统运行情况的监控。

WARN：警告信息。系统存在潜在的问题，有可能是通过非合规手段进入某些网站，会引起运行异常，但此时并未产生异常。

ERROR：系统错误信息。这时需要进行及时处理和优化。

通常情况下，用户可以直接阅读系统日志的文本文件，日志格式包含时间戳和日志输出位置。系统日志的查看方法（Window10 系统）如下：

执行【开始】→【设置】→【控制面板】→【管理工具】命令，找到"事件查看器"。事件查看器的界面上有三个竖形窗格。左侧是日志文件的层次结构；右侧是可以执行的操作；中间的大窗格可以显示日志的详细视图。

在这里单击左侧能查看 Windows 日志，有应用程序日志、用户安全日志、Setup、系统日志、Forwarded events 几个分类，记录着 Windows 系统中所发生的一切。①应用程序日志：记录与 Windows 组件相关的事件。②用户安全日志：记录与用户操作安全相关的事件，如登录尝试和访问的资源。③系统日志：记录有关已安装程序的事件。日志类型格式为级别-时期和时间-来源-事件 ID-任务类别。每种类型的 ID 都是唯一的，这是为了方便用户对它们的管理。

因为看不见摸不着，很多用户感受不到系统日志的作用。有人说，下水道是城市建设的良心。系统日志，就是 IT 系统的"下水道"。系统日志可以提供以下用途：诊断系统错误、大数据分析用户行为、优化系统设计。例如，很多浏览器服务提供商都会在服务端代码使用日志来记录用户搜索的信息和网站的点击访问量，也称为"网站追踪"，这便于服务提供商根据用户的喜好优化网站页面布局，为用户做更精准的信息推荐。同时，日志文件在对入侵者的可疑行为进行警告、打击计算机犯罪、提供证据来源上也有着重要的应用。

3.2.3   网络爬虫

随着大数据时代的到来，网络资源日渐丰富和冗余，采集网络有用信息的成本也就更高了。如果需要做数据分析或数据挖掘，靠人力在一些大型官方网站上找到的信息肯定是有限的，而且也费时间。这就产生了网络爬虫这种技术来高效地获取互联网中人们感兴趣的信息。

网络爬虫是网站应用中主要的数据采集方式。它就像一个探测机器，按照一定的规则采集所有能够访问到的网站页面的内容。网络爬虫简称爬虫，它还有其他名字，如网络机器人、网络蜘蛛等。简单来说，爬虫就像拥有很多个自己的分身，每个分身均能穿梭于不同的网站，就像一只不知疲倦的虫子在爬来爬去。爬虫获取互联网信息，然后存储在自己的计算机上，进行一些过滤、筛选、归纳、整理、排序等。

1. 分类

根据人们感兴趣的信息类型不同，可以将爬虫分为通用网络爬虫和聚焦网络爬虫。前者用于搜索引擎，作用于互联网中海量的网页，因为爬行的目标数量巨大，所爬行的范围也非常广，这种爬虫具有非常高的应用价值；后者也称为主题网络爬虫，是聚焦获取某一领域的垂直数据，对一些特定的数据进行爬取，所以同时需要过滤很多无用信息。此时可以节省很多爬虫所需的网络资源，具有很强的实用性。爬虫一般分为三个部分：数据采集、处理、存储。

通用网络爬虫的大致流程如下：

（1）首先获取初始的统一资源定位符（uniform resource locator，URL），这个 URL 是用户指定的几个初始爬取网页。

（2）获得初始的 URL 地址之后，首先需要爬取对应 URL 地址中的网页，然后将已爬取的网页存储到原始数据库中，同时发现新的 URL 地址，并和已爬取的 URL 地址存放到一个 URL 列表中，用于去重合以及判断爬取的进程。

（3）将新的 URL 放到 URL 队列中。

（4）在 URL 队列中读取新的 URL 地址爬取网页，同时从新网页中再获取新 URL，并重复上述过程。

（5）当满足了设置的爬虫停止条件时，停止爬取。

聚焦网络爬虫的大致流程如下：

（1）获取要爬取目标的初始 URL。

（2）根据初始的 URL 爬取页面获得新的 URL。

（3）从新的 URL 中过滤掉与爬取目标无关的链接。这是由于聚焦网络对网页爬取是有目的性的，与目标无关的网页将会被过滤掉。同时，聚焦网络也需要将已爬取的 URL 地址存放到一个 URL 队列中，用于去重合及判断爬取的进程。

（4）将过滤后的 URL 放到 URL 队列中。

（5）根据搜索算法，从 URL 队列中确定 URL 的优先级，并确定下一步要爬取的 URL 地址。

（6）从下一步要爬取的 URL 地址中，读取新的 URL，然后依据新的 URL 地址爬取网页，并重复（3）～（5）过程。

（7）满足停止条件，或无法获取新的 URL 地址时，停止爬行。

相应地可将互联网所有页面分为五个部分：

（1）已经下载未过期网页。

（2）已下载已过期网页。互联网是动态变化的，如果互联网上的内容发生了变化，这时抓取到的网页就过期了。

（3）待下载网页，等待抓取 URL 队列中的页面。

（4）可知网页，既没有下载下来，也不在待下载网页中，但是可以通过对已下载网页和待下载网页的分析来获取 URL，称为可知网页。

（5）不可知网页，爬虫无法直接抓取下载的一部分网页。

2. 策略

在网络爬虫爬取的过程中，待抓取的 URL 队列排序是很重要的一部分，因为这涉及抓取页面的先后。而这些 URL 排序的顺序，一般就由爬行策略决定。常用的爬行策略有深度优先策略、广度优先策略、大站优先策略[11]。现在假设在一个网站中，A、B、C、D、E、F、G 分别为一个网站内不同的链接，箭头表示层次结构。下面借助图 3-2 分别介绍用深度优先策略、广度优先策略、大站优先策略所爬取的网站链接顺序。

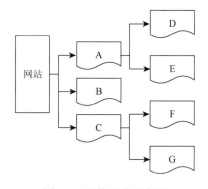

图 3-2　网络爬虫示意图

深度优先策略：从网站起始页开始，在起始页会有很多其他链接，将按照顺序依次爬取这个页面内的链接，处理完一条线路之后再返回上一层转其他起始页。深度优先策略的实现可以用递归来实现，一直到没有子链接就返回第一层，也可以用非递归的方法堆栈来实现，先进后出。如果按照深度优先搜索进行，该网站的爬取顺序为 A->D->E->B->C->F->G。

广度优先策略：爬虫首先爬取同一层次的网页，将这一层次的网页中发现的链接插入待抓取 URL 队列的队尾。待同一层次的网页爬取完成后，再爬取下一个层次的网页。也就是说，当爬虫在一个网页中读取链接时会抓取链接中所有的网页，放到队列的队尾。采用队列是最自然的方法，最新抓取到的 URL 放到队列的末尾，先进先出。如果按照广度优先策略，该网站的爬取顺序为 A->B->C->D->E->F->G。

大站优先策略：基本思路是以网站为单位，对于待爬取的 URL 队列中的网页，如果哪个网页下面的网站多就优先下载这些链接。它的本质思想是倾向于下载大型网站，因为大型网站的链接数往往更多，鉴于大型网站一般是知名的企业，所以其网页内容质量较高。实验表明，这种算法的效果要优于广度优先算法。虽然这种算法的思路比较简单，但也有一定的依据。如果按照大站优先进行搜索，该网站的爬取顺序为 A->B->C->D->E->F->G。

3. 网络爬虫实现技术

要实现网络爬虫技术，可以开发的语言有很多种，常见的有 Python、PHP、Java、Node.JS、C++、Go 语言等，下面介绍这些语言的优缺点。

Python：简单易学、代码简洁，爬虫框架非常丰富，方便高效地下载网页，尤其是 Scrapy 框架值得作为第一选择，性能好，多线程的处理能力较强，优点很多；只是对不规范的超文本标记语言（hypertext markup language，HTML）的适应能力差。

PHP：代码很简洁，模块也较丰富，后端处理能力很强，但并发处理能力较弱，对多线程、异步支持性较差。

Java：适合开发复杂大型的爬虫系统项目。

Node.JS：支持高并发与多线程处理。

C++：运行速度快，适合开发大型爬虫项目，缺点是成本较高。

Go 语言：高并发能力非常强。

4. 应用

网络爬虫可用于爬取各个方面的大数据，例如，在一个租房网站上读取关于出租房的信息，要了解房租费用、房内环境、地理位置和租户评价，自己一条一条地把网上所有租房信息抄下来再比较，工程量巨大，所以就可以用到爬虫技术，一次性把网站上的几千条关于租房的信息爬取下来，导入表格中，然后按照自己的要求进行选择排序。百度、谷歌等引擎的本质也是使用了爬虫技术，只不过是更高级、更复杂的爬虫。这些引擎每天放很多爬虫到各个网站，搜集数以百亿计的网页信息并保存在本地，然后在等待队列里等着用户去检索，为整个搜索引擎提供数据支撑。如图 3-3 所示，是网络爬虫的常用功能。

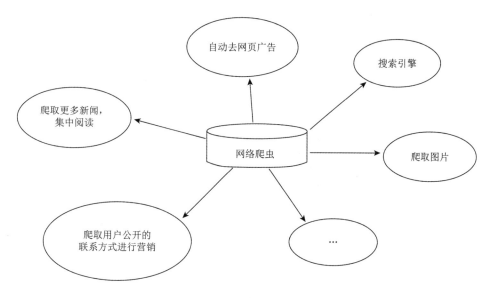

图 3-3 网络爬虫的常用功能

3.3 大数据处理流程及技术

在采集完数据之后，要如何处理这些数据？数据中蕴含着大量有价值的内容，但是关于如何将原始的数据转换为计算机可以处理的信息，并且从中挖掘需要的知识，进而指导人们的行为，还能对未来做出合理的预测，形成对未来决策的依据，就成为计算机数据处理的核心任务。

数据要能够被计算机处理，首先要编码成计算机能够读懂的二进制格式，也就是计算机要先将数据表示成 0-1 的二进制形式，用字节（byte，B）表示，一字节是 8 个二进制位（bit）。每一位都是 0 或者 1，不同的组合表示不同的数据，所以一字节最多可以表示 2^8 位，即表示范围为 0～255。计算机内的存储和处理通常以 2 的整数倍作为单位，而数据处理以后表达的形式，不外乎有数字、文本数据、图像、声音等，这些数据要通过计算机来表示，再进行一个可视化的过程，具体的智慧表达将在第 4 章进行介绍。

3.3.1 数据和大数据的关系

根据数据的过程、状态和结果的特点，数据可以分为多种类型。根据是否有强的结构模式，数据可以分为结构化数据、半结构化数据和非结构化数据。在数据的处理过程中会根据数据类型的不同采取不同的数据管理方法和处理技术。

（1）结构化数据有较强的结构模式，有高度组织和固定的格式，使用关系型数据库表示并存储。结构化数据是可以放入表格中的数据类型，能够用数据或统一的结构表示的信息，如数字、文字和符号。它首先依赖于建立的一个数据模型，这类数据是"先有结构，后有数据"。一般表现为二维形式的表格数据。一行表示一个实体的信息，每一行的数据属性是相同的。例如，某学校学生档案库，存放着学生的学号、姓名、性别、年龄，如表 3-2 所示。

表 3-2　结构化数据

学号	姓名	性别	年龄
S16	李楠	女	22
S17	王明	男	23
S18	陈小小	女	24

（2）半结构化数据是有结构的，但是不方便模式化。它是介于完全结构化数据和完全无结构化数据之间的数据，包括可扩展置标语言（extensible markup language，XML）文档、JSON（javascript object notation，JS 对象标记）文档、日志文件、E-mail 等。XML 是一种文本格式，带有结构化标签的语言格式。XML 文档可能是最适合存储半结构化的文档，能够灵活地进行信息拓展，只是查询效率比较低。用下面的 XML 语言片段表示表 3-2 结构化数据的三个实体。

```
<person>
<ID>S16</ID>
<name>李楠</name>
<gender>female</gender>
<age>22</age>
</person>
<person>
<ID>S17</ID>
<name>王明</name>
<gender>male</gender>
<age>23</age>
</person>
<person>
<ID>S18</ID>
<name>陈小小</name>
<gender>female</gender>
<age>24</age>
</person>
```

在这个例子中，属性的顺序不重要，可以调整。如果实体的部分信息缺失，数据集中也可以不包含这一属性。

（3）非结构化数据指的是无法结构化的数据，由于组合形式和内容丰富，无法用统一的结构，如数字和符号表示。人们日常生活中接触的大多数数据都是非结构化的。

①典型的人为生成非结构化数据包括以下几种。

文本文件：电子表格、演示文稿、文字处理、日志、电子邮件。

社交媒体：来自微信、QQ、新浪微博、Twitter 等平台的数据。

网站：Google、YouTube、照片共享网站。

媒体：照片、音频、视频。

业务应用程序：WPS Office 文档。

②典型的机器通过设备生成的非结构化数据包括以下几种。

传感器数据：气象、交通、海洋传感器。

卫星图像：天气、军事活动、地形。

科学数据：石油和天然气勘探、地震图像、大气数据。

数字监控：录音、监控照片和视频。

因为非结构化数据不能很容易地转换为结构化数据，这就使得收集、处理和分析结构数据变成一项重大的挑战，并且非结构化数据和半结构化数据比重较大，占全部数据的 80%以上，每年增长速度超过了结构化数据。这就需要有专业的工具来分析这些海量数据，否则大数据的巨大价值无法提取出来。

以上介绍了数据的分类，体现了数据的多样性，那么在数据量上要多大才能算作大数据呢？是不是足够多、足够全的数据就是大数据？其实，大数据是人为造出来的一个词，没有固定的定义。在这个方面，存在着各种争议。

目前认为，大数据具有四个特点，分别为 Volume（规模庞大）、Variety（种类多样）、Velocity（变化频繁）、Veracity（可信度高），一般称为 4V。

在 4V 的基础上，还有一些学者也将数据真实性或准确性（Veracity）算进来，使大数据有 5V 特性，Veracity 着重说明大数据面临的数据质量挑战。从人为或者机器获得的现实世界的数据中，由于可能存在噪声和误差，甚至有虚假错误的信息，或者是数据的缺失，这些就是影响数据真实性的因素。

大数据将逐渐成为现代社会基础设施的一部分，就像公路、港口、水电和网络一样不可或缺。但就其价值特性而言，大数据却和这些物理化的基础设施不同，不会因为人们的使用而折旧和贬值。例如，一组脱氧核糖核酸（deoxyribonucleic acid，DNA）可能会死亡或毁灭，但数据化的 DNA 却会永存。因此，维克托赞同许多物理学家的看法，世界的本质就是数据。

3.3.2　数据的处理过程和关键技术

大数据处理流程主要包括数据采集、数据流处理、数据存储、数据批处理、数据可视化等环节，每一步数据处理环节都会对大数据的质量产生影响。大数据的处理流程如图 3-4 所示。

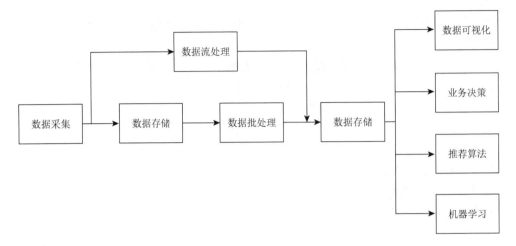

图 3-4　大数据的处理流程

图 3-5 是在大数据处理各个环节中使用到的关键技术,将在下面简略介绍它们的功能和使用场景。

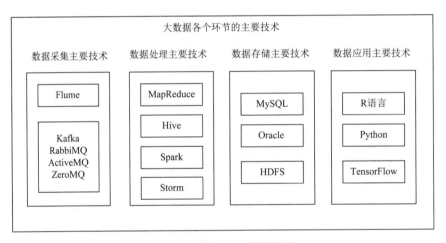

图 3-5　大数据处理关键技术

1. 数据采集技术

前面介绍了数据采集的多种技术。在数据采集过程中,数据源会直接影响大数据质量的真实性、完整性、一致性、准确性和安全性。因此数据采集工具和平台的可靠性是非常重要的。

Flume 是实时数据采集的开源框架,可以将日志、时间等数据存储起来提供给下游调用,是一个海量日志采集、存储和传输的系统。但是通常来说,Flume 采集数据的速度和下游使用数据的速度不同步,因此实时架构平台都会用一个消息来缓冲,从而衍生出写入消息,消费者可在主题中读取消息,它的特点是速度快、可扩展并且时间持久。

一般对于 Web 数据的收集,多采用网络爬虫的方式,这需要对爬虫软件设置时间以保证数据的时效性质量。例如，新浪、腾讯要想给作者新发布的每条新闻打上标签，区分是美食类还是体育类，每个时刻都要处理成千上万的新闻。发布的条件首先是这个新闻的内容能够过审，并且同时给它打上标签，但是不可能通过人来手动打上标签，而是需要通过机器的识别来打上标签。首先市场调查人员创建不同的调查表格，并将表格放在网站上去收集数据和标签，将这些打过标签的数据经过机器训练后构建一个分类器，这样就能够对每一条发布的新闻自动打上标签推荐给受众。

2. 数据处理技术

采集到数据后，要对数据进行清洗。因为并非每个数据对问题的解决都有帮助，要将无关紧要的数据清理掉，并且将数据格式转换成机器能够使用的格式。正确有效的数据是解决问题的关键，高质量的数据往往容易产生令人满意的结果。

大数据根据离线和在线的状态通常有两种分析方法：批处理和流处理。批处理就是对海量的离线数据进行处理，时间无要求或者硬件资源有限的情况下可以选用批处理，对应的框架有 MapReduce、Spark、Flink。流处理是对运动的数据进行处理，对时间的及时性要求高就可以选用批处理，框架有 Spark、Storm、Flink。但是以上两种方式需要编程，如果是后台工程师，也能够使用查询框架进行数据分析，常用的有 Hive、Spark。

通过 MapReduce 程序对采集到的日志数据进行预处理，如清洗、格式整理，它赋予了不懂分布式编程知识的普通开发人员处理大数据的能力。而 Hive 框架赋予了实际数据使用人员进一步处理和分析大数据的能力，它提供了对 Hadoop 文件中数据处理、查询、分析的工具。由于 MapReduce 和 Hive 的数据查询延迟一直被人们诟病，并且也不适合迭代分析，产生了 Spark 这种满足数据即时查询和迭代分析的工具。前面几种工具都是处理离线和准实时数据的，而 Storm 是实时处理数据的，具有低延时、分布式和可扩展特性。

大数据分析包括对现有数据的分析技术和对未知数据的分布式挖掘、深度学习技术。分布式挖掘技术和深度学习技术包括聚类与分类、关联分析、深度学习等[12]。数据分析是可视化和应用的关键步骤，它决定了大数据集合的价值性，以及预测结果的准确性。现有热门的机器学习算法是对未知的数据进行预测，需要根据数据类型选择最合适的算法对数据进行训练。在训练的时候，要将数据分为训练集和测试集，训练数据的目的是建立模型，利用测试集来计算生成模型的准确率。一般是划分 70%左右的数据为训练集，剩余的数据作为测试数据。若输出的预测结果为非连续变量，则有分类算法：决策树、朴素贝叶斯、神经网络等。若预测的结果为连续变量，则有回归算法（线性回归、核回归）。如果所解决的问题没有任何输出或者反映，则有聚类算法，这类算法是根据数据的特性对其分组的。

3. 数据存储技术

大数据存储面向的是大量的异构数据，因此它需要提供高性能和高可靠的存储能力，一般大家用得多的关系型数据库是 MySQL、Oracle 等传统数据库，这些关系型数据库的优点是支持存储结构化的数据,并且可以随机访问,但是大部分大数据是半结构化的(如日志),甚至非结构化的(如视频、音频数据)。

为了解决大量的半结构化和非结构化数据的存储问题,衍生了一些分布式文件系统,如 HDFS、HBase 等。HDFS 集群包含一个名称节点和若干数据节点,名称节点负责管理文件系统的命名空间,数据节点负责处理客户端的读写请求。HDFS 具有数据冗余存储、数据存储策略、高度容错性的数据访问,很适合大规模数据集的应用。HBase 是一个建立在 HDFS 之上,用于快速读写和大量写操作的场合。

4. 数据应用技术

数据应用技术是数据展示和运用的步骤,包括数据可视化和交互分析的过程。数据可视化是指将大数据分析或者是预测的结果用图形、图像、计算机视觉的方式显示给用户的过程,并可与用户进行交互式处理。可视化图表的类型有比较类柱状图、分布类散点图、占比类饼图、趋势类折线图。大数据可视化图表远远不止以上几种,最关键的是如何使用好这些工具及图表。数据可视化有利于挖掘大量业务数据中隐藏的信息,以便于管理决策需求信息的深入分析。数据可视化环节可以提高大数据分析结果的直观性,方便用户的理解与使用。

大数据应用是对大数据分析结果的检验,各个行业都可以利用大数据分析结果辅助决策,体现了大数据分析处理结果的可用性。对政府,特别是生态环境方面的部门来说,大数据有助于了解环境状况并且发布治理政策;对企业来说,可以分析产品销量或者视频和网站的点击量,做到精准营销、个性化推荐,直达目标客户群体;对医疗行业来说,可以通过某种典型病例的大数据得出该病例的最优疗法,以及疾病预防和病源追踪等方面。

3.4 智 慧 表 达

智慧是认知的一种表达,符合事物的发展规律,具有前瞻性、预判性的特点,对它的获取来源于信息及信息之间的相互关系,也就是说智慧来源于信息和信息的处理、加工,它可以呈现为一种结论、一种结果或流程、规则的某种表达形式,如果没有相应的执行机构和机制,其中符合规律的结论和结果就不可能有智能的呈现,从而形成具有智慧的执行能力和结果。智慧的基础在于信息,智慧又是智能的基础,智能实现可催生信息的演变和产生。

智慧表达指的是将知识中的因子用一种方便人类识别和理解的方式表达出来。事物的客观表现,可以通过人体感官形成认知信息,然后经过积累、归纳和抽象构建智慧体系,最后实施人的"聪明行为";目前而言,基于设备或机器得出的"感知"不是信息,而是数字,它可以是结构化数据,通过这些数据,人们采用技术手段汇聚归纳或挖掘信息,根据一定的逻辑形成知识以建立机器的指挥体系,从而实现行为的智能化。

从人类视觉角度来讲,人们希望的呈现(即机器计算结果)符合人的感官感知和思维认知方式,必然是数据、图像以及某种行动。这种表达的结果有利于后期的智能化实

现。数据可视化的显示空间通常是二维的，如计算机屏幕、显示器等。三维空间主要是
3D 绘图技术，将立体图形全方面直观地呈现出来。

　　数据结果呈现的只有图片和数据，这也是人们希望得到的。但是对于机器来说，它
的输入归根到底是数字，即 0、1 代码序列，最后的输出经过一系列过程转换为智慧表达。
这也是机器智慧的原始表达，也是后期智慧处理的基础。

　　DIKW 体系是关于数据（Date）、信息（Information）、知识（Knowledge）和智慧
（Wisdom）的一个金字塔模型，如图 3-6 所示。这个模型向人们展示了数据是如何转换为
信息、知识以及智慧的。

图 3-6　DIKW 体系

　　数据层是最基本的数据库，可以是数字、文字、声音、图像和符号，它是关于事件
的一组离散的表达。它可以来源于事实，也可以是对原始信息的观察和度量得来的信息。
数据可以分为数字信息和模拟信息，可以是定量的，也可以是定性的。但是这些数据仅
仅只是描述事物，本身没有任何的意义。例如，互联网中用户的数据，包括姓名、年龄、
职业、性别、地区；一份调查问卷中调查用户对某个产品的使用评价、满意程度等。这
些都是原始的数据，没有经过任何加工。在数字领域，在获取面向对象信息的数据以后，
智能的实现经历了如下流程。

　　（1）数据转换为信息表达。尽管数据的格式多种多样，但是这仅仅是数据本身，没
有任何意义。如果通过某种方式统计和处理信息，分析数据之间的关系，对数据进行解
释，让数据有了意义，那么它就可以称为信息。信息可以回答一些简单的问题，例如，
谁？什么？哪里？什么时候？

　　（2）信息转换为知识表达。如果说数据是事实的集合，智慧就是信息的集合。知识
使信息变得有用是一个对信息判断和确认的过程。知识可以回答"如何"的问题，帮助
人们分析一个事物时进行建模和仿真，能够积极地指导任务的执行，进行决策并解决问
题。因为知识基于信息的推理，还有可能产生新的知识。

　　（3）知识转换为智慧表达。智慧指思考、分析、做判断和决定的能力，智慧也是一
个做加减法的过程。智慧和智力、聪明不同，是一种比其更高级的思维方式。智力是生
命的一部分技能，而智慧表达是智力器官的综合终极功能，是生理和心理的一种高级创
造性思维，最终归于在哲学上的一种探索能力，解释的是"为什么"和"什么时机"的
问题，关注的是未来，现在和过去还未曾实现与理解的东西，是人类独特的能力。

（4）智慧转换为智能实现。智能是智力和智慧的总称，通过对数据、信息、智慧和智能的处理，从下向上的金字塔发展不是简单地累积的过程，而是一种化学反应。这当中每个阶段都要由行动来保障，推动思想向行动的转换，即 DIKW 模型向 DIKWA 模型的升级，"A" 是 action。可以说，智能是信息最终的反映结果，只有在拥有智慧之后具有正确的和快速的执行能力，才能体现出知识产生的真正价值。

随着数据向信息、信息向知识、知识向智慧、智慧向智能的发展，理解的深度和难度在不断增加。数据从一开始的分散的元素转换为综合运用的知识来解决问题，从而获得经验。数据、信息和知识三者依赖于具体的语境和接收者本身，三者之间的区别并非泾渭分明。例如，同一段数字在某种语境下是知识，在另一种语境下是信息，甚至可能是无用的信息。一个经过加工后的数据对某个人来说是信息，但是对另外一个人来说可能就是数据；一个系统经过处理后输出的信息，对另一个系统来说就是输入的数据。因此，在进行数据、信息和知识的研究中，要结合语境和接收者进行分析才有意义。

3.5　智能化实现

智能是通过一定的手段和技术得以实现的，通常称为智能化。智能化是指事物在大数据、计算机网络、物联网和人工智能等技术的支持下，能够满足人的各种需求属性。前期的信息经过采集、存储、处理和表达，也只是达到智慧的地步，还没有达到智能，智能是"智慧"与"能力"的总称。对于机器来说，"智慧"是静态的，而"能力"是一种行动。机器实现智能化实际上就是接收到信息后，对事物做出推理和判断，从而做出反应的过程。对于人们来说，机器智能化的程度越高，衣、食、住、行就越便利，生活品质也将有所提高，所以现代科技产品都尽可能地向智能方向发展。例如，"智能家居""无人驾驶""人脸识别"都是现代较为热门的智能化产品，这些技术正在快速地发展，给人们的生活带来极大的便利。人脸识别技术应用在人们生活中的各种场景中，与人们息息相关：智能手机的人脸解锁，学校、企业和小区的人脸识别出入，超市的刷脸支付，这些技术在不断推进着人类的智能生活。

要获取行为的智能化，必须有哪些条件？了解知识支撑智能的方式、原理、计算或处理等，需要采取哪些方法？在这一节中，将介绍实现智能化的相关知识，即四种实现技术：网络推理、集群计算、信息归集、智能搜索。

3.5.1　网络推理

在现实生活中，对于一件不确定的事情，要推理出它的确切结果，往往面临信息的不充足和不确定问题。人类可以通过经验和知识去判断一件不确定的事情，而机器的思考方式是通过神经网络算法提取这个不确定事物的各个特征，从而输出结果。而在很多情况下，不确定的因素之间是否能用一种概率来描述它们的关系，这是人们能够利用现有技术进行推测的。

在神经网络中，针对一组输入 $X = [x_1, x_2, x_3, \cdots, x_n]$，可以给出相应的输出 $Y = [y_1,$ $y_2, \cdots, y_n]$，它们的映射关系为 $f(X) = Y$，而输出的 Y 就是需要网络预测的值。对于 Y 是否符合预期，就属于如何提高网络性能方面的问题，通过训练网络参数可以使得网络实际输出尽可能接近真实结果。神经网络从输入到输出的过程也就是前向传播技术，原理图如图 3-7 所示。

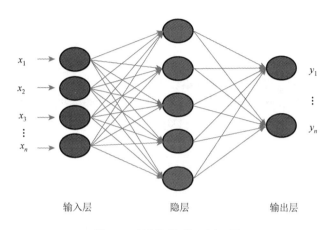

图 3-7　神经网络推理原理图

以上是神经网络推理的技术原理，在应用中，它最重要的用途是分类，下面举几个例子。

人脸识别：假设有一个犯罪嫌疑人正在畏罪潜逃，只需要将他的照片输入到公安系统中，系统对与公安系统相连的摄像机内出现的人进行特征识别，只要他的脸出现在公安摄像头内，系统就可以快速识别嫌疑人并且进行定位，为警方提供追踪线索。

垃圾短信识别：假设现在手机上收到一条来自陌生人的短信，系统把出现在里面的所有词汇提取出来，判断是否有敏感词汇，从而判断这条短信是否为垃圾短信。

疾病判断：一个患者到医院做了肝功能检查和尿检，把他的检验结果送入机器里，机器根据检验结果的各项指标判断他是否患病，患了什么病。

3.5.2　集群计算

在计算机中，集群（cluster）技术是指将多个计算机的软件或者硬件通过局域网等方式连接起来，并以单个系统进行管理来组成一个对用户来说是单一的高效可用性的系统。集群计算从外部来看，可以看作一台计算机在工作，通过这种集群方式改进单台计算机的计算速度和可靠性，提高工作效率。通过这种方式可以用较低的成本获取较高的性能，并且增加可扩展性和可靠性。集群技术分为三类：科学集群、负载均衡集群、高可用性集群。

（1）科学集群是并行计算的基础。科学集群由连接到同一网络的许多计算机组成，是为集群开发的并行应用程序，具有强大的数据处理能力和计算能力，被广泛应用于物联网技术和人工智能技术。因为它们能够促进网络风暴解决方法的创新，提供实时流，所以它们主要用来解决复杂的科学问题。

（2）负载均衡集群包括应用程序处理负载和网络流量负载，在这种集群中，计算机前端负载调度负责把客户端请求按照不同策略分配给后端节点，计算机后端服务是处理应用程序负载。负载均衡集群的作用主要是为企业用户提供更实用的系统，由于企业用户可能需要同时操作一个软件，并且对网络性能和程序并发用户都有需求，负载均衡集群成为满足这些需求的关键解决方案。集群计算中的核心技术是任务调度负载均衡，可以将用户的请求分配到多个活动节点，减少网络拥塞并改善工作负载情况。负载均衡集群计算的倡导者提出，对一个企业来说，集群在许多情况下，能够达到非常高的可用性。

（3）高可用性集群能够加快服务器系统的运行速度并缩短运行时间，是高流量网站的最佳选择。高可用性集群是由多个可以在服务器关闭时接替的主机组成的，避免了单点故障，因为它们有冗余的硬件和软件备份。这种集成方式具有强大的基础架构安全性，能实现最佳的续航性能，以使系统保持可靠的性能。

集群计算的优点：集群系统可以用来解决服务器的硬件故障问题。当某一台服务器的设备出现故障，如内存、CPU、主板或者电源故障时，这台服务器就会切换到其他服务器上。集群系统还可解决系统软件问题。用户在计算机系统上，只使用应用系统和数据，应用系统运行在操作系统之上，而操作系统运行在服务器之上。所以只要服务器、操作系统和应用系统任意一个出现故障，都无法给客户提供服务。只要有服务器的应用停止，就会有相关服务器接管这个应用。

集群计算的缺点：集群服务技术只能运行在一台服务器上，如果这台服务器发生了故障，会切换到其他服务器，切换的过程涉及三个步骤：故障检测并确认、后备服务器启动、接管数据共享区。这个过程要耗费一定的时间，并且应用越复杂所需的时间也越久。

3.5.3 信息归集

人为通过一定的手段搜集到的信息量是巨大且无序的，在时间和空间上都是多维的，该如何对大规模的信息进行整理、储存，并且在保证信息安全的情况下，使访问者快速地寻找到他们需要的信息，是信息归集所要解决的问题。

人为的信息归集包括通过服务器信息归集和纸质信息归集，这一步是为智能搜索打好前期基础。纸质信息需要占用实际空间并且查询较为不便，因此一般只适用于某一特定时间段或地理区域内的信息归集。例如，图书馆资源和政府企业部门的档案室，需要给每一份资料编号，每份资料的编号都是独一无二的，但是由于纸质信息只包含一部分的资料，不能随时随地查看，只能提供给有需求的人查阅。假设某人意愿报考的学校在重庆，而某人是湖南人，想要查询这个学校历年的招生资料，就会在这个学校的招生网站上获取信息。但是对于这个学校的信息归集系统来说，招生网站只是这个学校服务器上其中一个信息板块，除了招生网站，还有这个学校的师生信息管理系统和学校财务系统等。不管是政府、企业，还是其各个部门，除了纸质档案室以外，为了存储方便和访问及时，都会有信息归集系统，在这个系统的服务器内分门别类地存储着各类信息供访问者查询，如果信息不是完全开源的，就要求访问者登录，不同身份的访问者获取信息的范围不同，归集系统还会有后台管理员负责信息的维护和安全。如果信息规模大，那么对于服务器的内存容量、资源存储方式的选择有很高的要求。

3.5.4　智能搜索

当信息归集后，下一步就要思考如何调用信息，并使人们需要的信息被快速地查找到。在生活中，会遇到很多的搜索问题，需要依靠搜索算法来找出最优解。之所以使用各种搜索引擎查询如此方便快捷，正是受益于智能搜索算法的进步，搜索算法是利用计算机有目的地穷举一个问题所有可能的情况，从而求出解决问题的一种方法。智能搜索就是信息的最终出处，也称为实现了智能。

搜索算法分为以下两种。

（1）无信息的图算法，或称盲目的搜索算法。除了问题的定义，没有其他任何信息能够解决问题，但不一定是最优解。

（2）有信息的图算法，或称启发式搜索算法。给了一些指引，根据提示找到最佳方案。

当前，人们对智能搜索算法的研究越来越深入，越来越广泛，许多智能搜索算法已经被应用于多种行业中，如神经网络算法、遗传优化算法、差分进化算法、人工鱼群算法、人工蜂群算法、蝙蝠算法、粒子群算法、蚁群算法等。随着人工智能领域的发展，更多的智能算法将会诞生并得到应用。

智能搜索算法在生活中的应用非常广泛。在出行上，人们已经习惯使用导航软件，无论使用场景是在带导航系统的汽车上还是智能手机上，只要输入出发地和目的地，导航系统就能推荐一条最佳路线规划，并且智能手机上的导航软件会根据不同的出行方式、路况寻找到对应该方式最快的路径。还有棋类游戏，在人机模式的情况下，人们和计算机进行对弈。计算机每走一步，都会利用搜索算法，根据棋盘的大小和可能的放置推理游戏的输赢，从空的棋格中选择一个获胜概率最大的位置放置棋子。

第4章　智能及其表现、表达形式

一直以来，在人们的认知中，常将聪明作为智慧在一个生物体上的表达，聪明的方式、聪明的做法乃至聪明的机器，这些都被认为是一种"智慧"的表达和表现。这样形容智慧是符合运行规律、发展优势的生命所具有的一种高级创造思维能力，包含对自然与人文的感知、记忆、理解等。

具体来讲，从感知、记忆再到思维的过程，可以称为"智慧"，智慧的结果产生了语言和行为，而语言和行为的表达过程体现了能力，而要具备这样的能力，从定向的分析上来讲，可以体现在以下三个方面：所积累的信息量，量变引起质变；所积累信息的质量，如准确性、正确性、完整性；面向事件的响应速度。

智慧是成功解决一个问题的条件，但是要想成功地解决一个问题，思维只是它的前驱而已，目的是指明方向，而解决问题的过程才是智慧落地的动力后驱，从理论逐步发展到实践，将它们完整地整合在一起，这就是智能的概念。没有了智慧，执行就会出错，没有执行，智慧也只能是空想。

智能可以理解为智慧加上相应的执行能力。它所产生的是符合自然规律或逻辑的最佳结果，分为生物智能、机器智能、未知载体智能等。生物智能是通过学习与实践而获得的，机器智能则是人工授予和学习、训练出来的，除此之外，未知载体智能是客观存在的，它的获取方式尚未被现代文明所认识。

随着数字信息技术的发展，智能在信息系统中的表现、表达形式又如何，生物的智能会因为信息的积累发生什么样的变化？生物和机器智能如何交替、如何相互作用、如何影响世界？当然，信息、智慧、智能之间的相互关系、相互作用是人们关注和研究的重点，这对认识信息及技术的发展演变具有重大意义，下面将详细介绍和分析。

人工智能是目前智能在现代技术中的一种表达方式。人工智能是一个以数字信息等为基础、多学科交叉融合的新兴学科，主要研究、开发生命智能（主要是人）的模拟、延伸和扩展等理论、方法、技术及应用系统。目前，人工智能主要以人的思维和行为作为主要研究、模仿、再表达等的对象，必然存在较大的局限性，它包括软件智能、机器智能等。

4.1　信息蕴含智能要素

单纯从信息本身来看，并不能体现智能。只有通过对信息的提取、抽象、处理，才可以将其深层次的数据规律形成较为容易理解的智慧结论，奠定智能产生的基础。简而言之，将生活中的不同形式、不同形态甚至不同意义的信息转换为数字信息之后，再对其进行甄别、清洗、融合等处理操作，得到适用于生产和生活实际的执行指令标准，最后执行机构通过对这些执行指令标准进行语义解析做出正确的执行行为——赋予整个信息系统智能的表达与表现，所以，信息蕴含智能要素。

可以很明确地说，智慧是知识量、反应速度、结果产生正确率等方面的高度概括。对应地，处理信息的信息系统覆盖领域广泛，通常主要指对信息处理的逻辑模块的集合，其就是信息智能表现的一种客观事实的形式，可以认为它是由处理机、通信设备、存储单元等信息处理硬件，以及对应业务逻辑代码共同聚合形成的载体、架构。当它被按照指定的流程执行时，能够提取出信息中的深层数据规律，从而进行相应的处理表达，随后将其送入执行单元转化为智能，最后得到相应表现。

下面将结合智能与信息系统的相互关系来说明信息系统与不同形式的智能的表达和表现形式。

4.1.1　机器智能

人类对于智能的研究，从历史而言，甚至可以追溯到古希腊。智能这一词在近代的图灵测试中不断地被诠释，逐渐演化到现在的人工智能。据历史记载，智能的首要研究源自古希腊哲学，苏格拉底曾提出，技艺需要其原则作为支撑，若要对某一种事物有所认识或者对某一技能有所掌握，则必然可以将它的原则表述出来，所以他阐述道："凡我们知道的，我们就一定能解释。"由此，如果不能解释就说明人们是不知道的。单从这个角度来看，其对于智能的阐述还是停留在知道与理解的知识形式的层面，无疑只是单纯的对智慧的表述。

随着认知不断提高和加深，近代的智能主要指机器智能，其判定的主要标准为艾伦·麦席森·图灵所提出的"图灵测试"。如图 4-1 所示，如果一台机器能够与人类展开

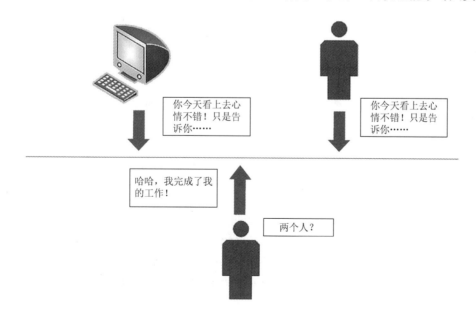

图 4-1　图灵测试的形式化表达

对话，而不能被辨别出其机器身份，那么就称这台机器具有智能。图灵对于智能的现代化表述，体现了与前人不同的展现，"和人类展开对话"和"不能被辨认"为主要的判别依据，后半句和苏格拉底的理解类似，展现了智能"智"的维度，主要是知道、认识、理解和解释，能够认知所述内容；但是对于前半句，"图灵测试"则比苏格拉底的理解诠释得更为全面，展现了智能"能"的维度，主要是执行力、行为存在和行为方式等表达形式，而最终体现出对外界变化做出正确反应的表现结果。

从现在普遍的认知角度来看，"图灵测试"的理解更偏向于判断机器是否能体现出人工智能的表现形式，不过由特殊到一般，从它的角度出发来充分认识信息系统中更广义的智能。"图灵测试"相比于苏格拉底的阐述，没有从定义上单纯地去表述，而是从行为及其对应的结果上进行判断，正式阐述了智能的现代化表现形式，而这些都是源自智能体的智慧和执行力的共同作用。

要使得智能机器能通过"图灵测试"，机器就必须具备理解语言、学习、记忆、推理、决策等能力。这样，机器智能就延伸出了很多不同的子学科和子方向，如机器感知（计算机视觉、语音信息处理）、学习（模式识别、机器学习、强化学习）、语言（自然语言处理）、记忆（知识表示）、决策（规划、数据挖掘）等。机器智能就是要让机器的行为看起来像人类表现出的智能行为一样，目前，机器智能的要素大体上可以分为以下几个方面，如图 4-2 所示。

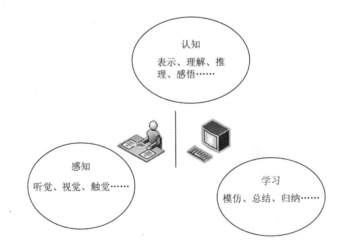

图 4-2 机器智能要素

（1）感知：模拟人的感知能力，对外部刺激信息（视觉和语音等）进行感知和加工，当前针对的研究领域为语音信息处理和计算机视觉等。

（2）学习：模拟人的学习能力，主要研究如何从样例或从与环境的交互中进行学习，当前针对的研究领域为监督学习、无监督学习和强化学习等。

（3）认知：模拟人的认知能力，主要研究如何进行知识的表示，自然语言的理解、推理、规划、决策等。

机器智能的主要支撑即人工智能技术，其发展分为以下三个阶段：

第一，以逻辑规则为前提，基于推理演算的系统阶段；

第二，以知识库为核心的专家系统阶段；

第三，以学习为主要特征的信息系统阶段。

数据驱动，作为现阶段人工智能的主要方法，是以机器学习、深度学习等技术为支撑，从而在数据中挖掘数据规律，寻找数据关系映射，其过程可以分为学习和训练两大步骤，也就是从数据样本中学习具有一定准确性的函数映射，并利用它们来对数据进行针对性的任务处理。整个过程可以看作通过数据得到信息，获得相应的规律，逐步建立智慧基础，进而转化为执行行为的智能表达过程。图 4-3 即机器学习的示意图。

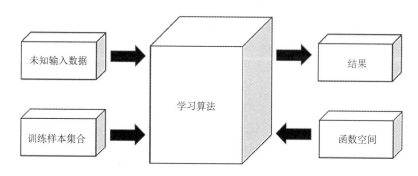

图 4-3　机器学习的示意图

4.1.2　智能在信息系统中的表现形式

智能在信息中并不能直接表现，信息是内在的，而智能是一种基于智慧的能力和行为表达。智能表达为行为执行、知识学习、逻辑推理等中间行为，它们可以在信息采集、计算、传输、存储等方面得以表现。

信息系统的首要目标是对信息进行处理，包括信息的获取、传递、存储、计算等功能。信息通过进一步的总结凝练可以形成相应的智慧，同样，融合了智慧的信息处理行为可以体现智能。信息的智能化获取、信息的智能传递，以及信息系统的智能计算和存储，这些过程依赖于相应的技术，彰显智能的表达和表现。

1. 信息的"无损"获取

现代信息系统以数字信息处理为基础，但由于信息误差的绝对存在，需要在信息获取中采取智能方式，获取更为有效的信息。

信息是客观事物，是现实世界多个维度的表现，包括各种自然信号，如声音、颜色、振动、气味等。如何将这些客观存在的信号转化为信息，特别是让它们与现实存在较小的误差，需要新的技术和手段的运用，将现有技术与智能结合起来的处理方式是一种较好的选择。

信息系统中的信息，一般以数字化的形式存在，具体的符号型数据主要表现为"0"

"1"比特流，而实际的物理形态则可以表示为电流的高低、光的明灭甚至开关的打开与关闭。信息产生的过程，需要保证其结果可以完整记录事实，进而产生合理的信息来挖掘信息中的智慧性总结，并以这些总结和规律为基础进行相应行为的执行，是信息产生过程中最主要的目标，需要相应的智能行为参与。

现代计算机只能处理离散化的数字信号，实际生产生活中首先要将模拟信号采样为离散信号，然后对每一个采样值进行量化编码，最后将信息的数值映射成具有物理特性的电信号。整个信息产生环节中智能的具体表现可以归纳为三个方面：对离散信息的无损提取、高效且精准的编码、合理的转换。整个信息产生环节对应信息的采样、信息的编码和信息的转换三个过程。

（1）信息的采样：信息的数字化过程，将实际的模拟信息在完整表达的基础上进行离散数字化抽样，其面临的挑战是要能完整且有效地提取到原始的信息。人为主观上，将连续的信号进行离散之后，自然会丢失部分信息，造成信息的损失。

1928年，美国电信工程师哈利·奈奎斯特，经过细致的计算和实验仿真，推导出一个完备的采样定理，说明了采样频率与信号频谱之间的关系，即奈奎斯特采样。其准确表述为：在连续时间傅里叶变换的基础上，若一个信号为有限带宽连续时间信号，那么使用该时间信号最高频率的两倍频及以上的频率对其进行采样，就可以在接收端使用低通滤波器完整地还原原始信号，换句话说，这样就可以使得采样之后的数字信号完整地保留原始信号中的信息。该定理又称为抽样定理，将模拟信号数字化，为连续时间信号和离散时间信号之间的基本桥梁。

（2）信息的编码：在信息产生阶段，信息已经进行了数字化，但是这些数字化信息还只是信息的低级表达，现代所设计的信息系统都只能处理二进制数据，若只是单纯地对这些数字化数据进行二进制处理，会出现两个问题：其一，不同数值的二进制长度肯定不会相同；其二，简单地处理可能造成信息数据量增大，而又不能对数据进行压缩，所以这里还得有信息化的过程，即进行编码的过程。

现有信息系统中信息的编码主要为信源编码，脉冲编码调制（pulse code modulation，PCM）方式最早由贝尔实验室的工程人员研发。现有编码往往采用脉冲编码调制方式，采用8bit的数据长度进行编码描述。若对其细分，则又可以分为线性编码和非线性编码两种编码方式，主要区别在于是否进行非线性量化。因为在信息编码的描述中，有的信号使用8bit数据并不能得到有效描述，这种情况本应该需要更多的编码比特位，但是受整体系统的规定制约，不能采用更长的数据长度，所以采用非线性压缩映射的方式，在量化的时候对原数据先进行映射，再进行正常的PCM编码，达到在现有资源不增加的基础上仍然有效表达的目的。

（3）信息的转换：当信源的信息进入具体的传输信道之前，它已经进行了数据化和信息化的整个过程，但在整个信息系统中需要借助电信号和光信号之类的物理态信号进行传输，所以在传输之前，首先仍需要将数值化信号转换成具有一定物理形态的物理信号。例如，在PCB中的高低电平、在光纤中使用光的明灭等形式都是信息系统常采用的传输信号表现形式，要将其转换为物理信号。信息的转换往往离不开信号转换电路，而转换电路是如何工作的呢？普适的智慧性总结是将两种不同的信号看作电路开关的打开和关闭，将信号作为转换电路的开关的控制信号，用来控制对应的模拟信号的输出，即可将数字信号的特征映射到物理信号上。

对于信息获取来说，哈利·奈奎斯特采样定理、PCM 编码，以及底层的信号转换电路的设计要领都只是众多应用于这一环节的智慧总结。得益于它们的正确性和有效性，人们可以将其包含于系统的程序设计、电路设计中并推广，进行相应的表达，最后能获得精准高效的信息，而这一切正是智能在信息获取中的具体表现。

2. 信息的稳定传输

信息的传输，需要借助信息系统中的传输网络，而对于信息传输网络，常指通过通信线路链接起来，借助网络操作系统、网络管理软件等可对信息进行高效、完整、准确地转发所建立起来的一个庞大的通信链路和架构[13]。

通信网络的组成离不开软硬件的协同配合，单纯从所连接的硬件上来讲，常用网元有中继器、网桥、路由器等，而连接的终端，即是网络终端实体，而从软件层面来讲，即常说的计算机网络国际标准化组织（International Organization for standardization，ISO）层级模型。

将这些网元进行连接，仅仅只是在硬件层面上建立了通路，并不能使得网络正常工作，想要一个具体的网络链路进行正常运行，整个传输网络软件层面不得不完成的就有三件事情：找到终端、建立连接、准确安全地传输。而对于这三件事的具体完成即为信息传输过程中的智能的表达，主要为网络寻址、网络控制与转发、网络协议语义与时序的执行。

（1）网络寻址：在局域连接上，如局域网络，信息的传输较为简单，往往只需要将传输实体建立在两个终端之间，通过网络适配器进行广播、点对点等方式的通信即可，但是整个过程中也涉及发送广播、回应广播等具体通信流程。对于更大的网络，这里主要是指以局域网为单位建立起来的广域网，如以太网，在以太网中进行寻址比在局域网中要复杂很多，这就好比在茫茫人海中寻找一个人一样，若没有具体的标识和索引，在面对海量数据规模的时候，这将会是一个很耗时的过程。同样，可以试想，在人们生活的真实场景里面，如何解决寻找某个目标的困难问题，人们不得不做的是对所有存在的路径进行标记，对所有目的地进行身份记录，同时还要将其汇聚在一个或者多个信息系统里面以方便查询，这是人类从生活经历中总结出来的智慧经验，而网络寻址，恰是应用了这种思想。

网络寻址也是如此，在整个通信网络中，信息系统会给所有的终端设备在此网络中一个唯一的网络 ID，也就是终端的互联网协议（internet protocol，IP）地址，所以网络通常采用 IP 寻址的方式来解决这个问题,这是一种类比的思想和迁移执行的智能形式表达。前面提到的 IP 地址是每一个在网终端设备都会被分配的在此网络中的唯一网络标识，IP 地址的分配往往由各个网络管理软件进行管理，具体分配的 IP 地址会根据设备所属的网络来定，所以找到设备的前提是不得不先找到设备所在的网络，就好比人们找到一个具体的地点之前，得先找到它所在的地区一样，蕴藏了分治法的智慧。

（2）网络控制与转发：为了对错综复杂的网络进行管理，现代的通信网络系统构建了 OSI 层级模型，层级管理为了方便整体管理的解耦，以及后期的扩展，OSI 模型对整个网络进行了分层，从下到上分别为物理层、数据链路层、网络层、传输层、会话层、表示层、应用层。遵循下层为上层服务的原则，而其中位于最下面的三层在整个通信网络中起传输、转发的作用，网络中的 IP 地址寻址需要借助路由器进行转发，其中在路由器中有一个下一跳路由转发表，每一个寻址过程正是通过一个又一个的路由器进行层层转发的，而最终到达目标网络的终端。表 4-1 列举了常规路由器工作时所依赖的转发表的结构。

表 4-1　路由器转发表

目标地址/掩码	下一跳地址	出接口	度量值
10.0.0.0/24	10.0.0.1	E0/1	0
20.0.0.0/24	20.0.0.1	E0/2	0
30.0.0.0/24	30.0.0.1	E0/4	1
40.0.0.0/24	40.0.0.1	E0/3	3

每一台路由器在整个网络中貌似微不足道，但其恰好在整个网络的接通中起到"指路人"的作用，为来的"旅客"指明正确的方向，这正是智能在网络寻址过程中的具体表现。

（3）网络协议中语义与时序的执行：在网络传递信息的过程中，由于整个系统处理事务的庞大，无时无刻不需要网络协议的参与和协调，好比日常生活中处理繁杂事务时，种种行为都要遵循一定的办事规则和办事流程，只有这样，人们才能有条不紊地处理繁杂且庞大的事务。

而网络协议也正是这样一个"身份"，从解释的层面上来看，像是网络中信息传输所需要遵守的准则和流程，但从信息传输的整个流程来讲，更像是控制信息流传输的执行指令，是信息传输过程中智能的高级表达形式，网络中的软件管理系统其实只是在依据网络协议而对整个网络系统的事务进行处理而已。在网络协议中，常提到的三要素有语法、语义、时序。语法是指信息传输过程中的传输格式；语义则可以解释为传输格式中的各个字段、各个标志位的具体含义，它规定了需要何时发出何种控制信息，以及完成某种具体动作后需要做出何种反应；时序则是对于整体事件发生顺序进行详细说明和规定。可以看出，在传输过程中，对于传输本身问题的解决和各种发生事件的处理，正是智能在信息传输中的具体表达。

除此之外，智能的表现还体现在智能传输过程中对传输链路本身的处理上，具体涉及传输资源智能组织与调度、传输过程和结果的智能化、智能通信及网络结构优化。

随着网络通信的发展，越来越多的计算机网络随之出现，包括有线网络、各种无线个域网络、局域网络、公众移动通信网络、卫星网络等，这些网络的出现让网络更加异构化、庞大化、不均衡化，从而更需要重视网络资源分配的合理性。

多维网络正是针对当前多种网络而提出的概念，其主要观点是打破网络种类的界限，仅从网络维度上对所有现存网络进行分析，从而大大简化了网络分析的复杂度，为网络融合提供了一种较为明晰的方式。

借助通信技术，增加智能感知和智能处理的能力，充分发挥各个网络的优势，有效地整合多种通信网络的资源，实现通信资源的信息聚合和统一调度分配，为用户提供高质量、个性化、无处不在的智能服务，正是信息传输的智能表达。

智能通信架构（图 4-4）主要由感知层、传输层、控制层、应用层四层组成。感知层周期性地感知外界状况，传输层和应用层传输和处理感知信息，并再次反馈新的智能感知处理后的结果，循环作用，从而实现智能通信。每一层的具体描述表示如下。

（1）感知层：由多种信息传感器设备及多种通信形式的收发模块构成，主要功能是感知外界网络状态，包括传输带宽、传输实验、存储空间、请求数量等网络情况，并完成数据的采集、存储和发送。

（2）传输层：由多种通信传输设备构成，主要功能是传输感知到的信息，此外还负责传输过程中的智能处理，包括信息聚合、信息筛选、信息关联等。

（3）控制层：由多个控制服务器及控制终端组成，主要功能是利用智能算法处理采集到的各种信息，完成智能通信系统的资源整合、优化配置等智能化工作。

（4）应用层：包含各种网络终端设备和各种用户类应用软件等，主要实现信息的收发、远程响应、人机交互等。

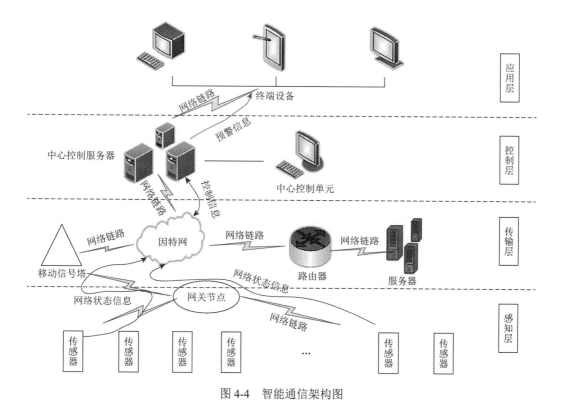

图 4-4 智能通信架构图

对于信息的稳定传输，现代网络系统的建立遵循人类社会管理中总结的经验智慧，具体的标识、路由、管理等行为，正是智能在这一环节上的具体表达。

当然，在很多通信环节中还存在将其智能化的余地和空间，如通信资源的管理、通信链路的优化、通信应用的组织等，甚至可以多个设备进行智能化的改造和提升，如交换机、路由器等。

3. 信息的高效存储

信息系统还需要对信息进行存储，从某一个角度来讲，信息是实际场景中数据的高级表达，在处理中能对后面的实际行为进行指导，那么存储的实际意义在于对信息的积累和管理，有效的数据和其高效的管理正是形成知识量的基础。从这个角度来看，信息的存储是信息智慧化的前提。

信息的智能化存储主要解决的问题是数据的智能化备份与恢复、智能化管理（包含信息冗余清理、信息安全扫描、多源信息的一致性处理、信息数据监测），以及智能存取。

数字信息的存储涵盖了信息的分析、信息的备份、信息的归档、信息的融合、信息的保护等方面。而对应的具体完成即是信息存储过程中智能的具体表现，将其概括为信息聚合、信息压缩和信息管理。

1）信息聚合

人类社会每天产生的数据量是巨大的，正是因为这些巨大的数据量，从而产生了与大数据相关的数据科学产业，对于数据信息的存储来讲，若只是将海量的数据随意存放，不仅不方便后期的数据管理，更难直接从数据中学习到信息内部的规律和蕴含的深层次关系。若能将相似的数据进行整合、分门别类地存储或者对整体数据按照某种数据汇总准则进行聚合，则对整个信息工程都将具有极大的意义。方便了数据的查找，对整体数据进行了全局观的描述，为后面数据处理中的大数据应用场景（如推荐系统、自动驾驶、图像识别等）做好了数据准备。

"物以类聚，人以群分"——相似的物体往往是相近的，采用人类的智慧总结，从而对数据进行聚类处理是信息聚合的主要手段。聚类的主要目的是将一个数据单位的集合分割成几个簇或者几个类别的子集。每个类都有相似性，判断聚类常采用的方法是用人类智慧中的"距离"来衡量。在信息系统中执行信息聚类算法，如 k 均值聚类、DBSCAN（density-based spatial clustering of applications with noise，具有噪声的基于密度的聚类方法）、GMM（Gaussian mixture model，高斯混合模型）和 EM 算法（expectation maximizationalgorithm）等，在执行这些算法之前，还可以对数据进行预先的特征提取，根据数据语义的不同，选择不同的提取数据特征的方法，如此才能尽量使得聚类后的数据呈现为同一类的元素尽可能具有相同的属性，不同聚合类之间的特性差别又尽可能的大。

信息的聚合不但要体现信息之间的相似性，还要体现出关联性，以至于更要确定它们的参照性或者目的性，其实现很大程度上需要智慧的某种接入行为，也许就是一种获取结果的智慧表现。

2）信息压缩

巨大的数据量，同时也需要较多的存储介质，特别是在当前日益井喷的海量数据时代，如何对数据进行存储是一个不得不面对的大问题，不管是利用云存储还是本地存储，如硬盘、小型光盘（compact disc，CD）等，都会面临存储资源不够的情况，这时往往就要利用一些辅助手段来缓解存储问题。经过信息聚类处理的信息往往还存在极大的冗余，这种情况下一般要采用数据压缩算法对海量数据进行压缩，在不丢失有用信息的前提下，对数据进行重新组织，减少数据的冗余和存储空间，实现有效存储。例如，对数据进行线性判别分析（linear discriminant analysis，LDA）、主成分分析（principk component analysis，PCA）等降维方式的加工，或者进行常规的霍夫曼编码，甚至最新的还有压缩感知等对数据进行重组编码的方式，在使用的时候再对数据进行解码恢复。

信息压缩的基础是经典信息论中的信源编码理论，在常规的认知中，这是对自然科学规律的总结，更是能体现智的一方面，而从这一经典的智慧化认识诞生的种种执行算法，更是体现了"能"的方面。

3）信息管理

对于数据的存储，不仅是要求数据只是简单地存放在硬件中，而且存放还要有一定的规则，否则查询和存储的效率都会很低，常用于信息管理的是数据库之类的信息管理软件，采用类似人类社会中的管理体系总结的智慧经验，一般可以将其分为关系性数据库和非关系性数据库。

数据库的核心是数据库管理系统，对于传统的关系型数据库来讲，主要依据关系模型来组织数据，常用行列的形式来展现，以便于用户的理解，关系型数据库这一系列的行和列称为表，多组表就组成了数据库，这样对列和行的检索就可以快速地对数据进行各种操作。所以关系模型可以理解为二维表格模型，而一个关系型模型数据库就是由二维表及其之间的关系组成的一个数据组织。

随着大规模数据集合以及多重数据种类的出现，特别是当前大数据背景应用的场景下，传统的关系型数据库已经不能单纯地胜任这种高并发且复杂的场景。而非关系型数据库就是为了解决这类场景而诞生的一种解决方案。例如，k-V 键值存储数据库、列存储数据库、文档数据库、图形数据库等，都是在查询方式上运用不同的算法来实现快速查询的。特别是在去掉了关系数据库之间的关系型特性后，数据之间无关系，这样就非常容易扩展，无形之间，在架构的层面上带来了可扩展的能力。

信息是需要管理的，但是管理更需要智慧，从以往经验中衍生出的类比，以及信息论原理出发的信息压缩，还有按照人类建立索引、标识的方法进行数据管理的行为，都是智能在信息管理中的具体表达，而最后实现的高效管理结果，正是智能最后的表现形式。

4. 信息的智能计算

数据通过信息系统的一系列加工和处理，最终形成应对具体任务的有效数据。将数据中所蕴含的信息应用于生产实际，能起到行为指导的作用，这才是信息应用最主要的目的，甚至可以说，这才是数据体现价值的地方。这里的"指导"指的是将信息中所含有的各种有用信息进行融合而正确应用于对应问题的场景之中。

首先，数据的应用存在于人们生活中的各个方面，古人有各种农耕谚语的总结，如"朝霞不出门，晚霞行千里""立春三场雨，遍地都是米"，到现代数学中的"统计学""概率学"，数据科学已经成为信息处理的先验知识总结，是智慧的体现，在实际的过程中，更是处处体现了智能的表达。对于一个具体的信息处理过程来讲，主要可以分为数据探索、数据建模、数据解析三个方面。

1）数据探索

数据库中存储的数据虽然是海量的，且有组织有逻辑，但是单纯地只把它看作一堆数据，仅仅是数量和形式上的统一，若不对数据进行清洗、预处理和格式的转换，则数据还是一无用处。应该特别说明的是，在人们的生活中，不同数据的产生场景也是不尽相同的，最明显的是其拥有不同的数据分布，例如，生活中最常见的是正态分布、泊松分布，甚至还有统计型特征分布，对数据进行探索需要建立在实用的理论之上，从数据中推导出统计量，甚至有些情况还需要对数据进行稀疏化处理、频域变换、Huang 变换等操作，并进行便于分析的数据可视化处理。

2）数据建模

数据探索往往能够在浅层次上解释数据的各种特性，显式地展现数据的细枝末节，但若想要深层次地解释数据或者通过数据学习到更隐晦的底层规律，还需要对数据进行抽象，寻找它们之间更高层次的相关关系。将数据本身的各个属性建模成自变量，任务目标建模成因变量，两者关系的求解可以看成一个函数拟合或是一个参数求解，其重点和难点正是要将这种关系通过数学解析式或者参数组合等表达形式展现出来，这一系列的分析建模过程，正体现了智能的具体表达，若没有这个环节的参与，数据往往难以应用。

在执行过程中，通常要根据已知信息的多寡选择合适的模型，如求解关系参数的白箱模型、变量之间关系不是特别明朗的灰箱模型，甚至关系和参数都不太清楚的黑箱模型。根据问题性质，还可以选择如随机组合优化的粒子群、遗传算法等适用于解决 NP-hard 问题的模型。

3）数据解析

对数据进行建模之后，可以清晰深刻地认识到数据内部的信息，这部分信息可能是关系上的体现，或者是表达式的某个参数的具体取值，不管如何，模型本身就是数据的概括性描述。这时可以从数据得到相应的结论，反馈到将要发生的事情或者说是原来的生产情况，这就是数据解释的意义，也是数据处理执行的最终目的，是信息智能化处理的结果。

随着信息科技的发展，上述三个部分还分别衍生出一些比较热门和前沿的技术。它们展现着智能在这个领域表达和表现的具体形式。在数据探索方面，除去人为的特征和数据筛选，目前深度学习中的前馈神经网络、卷积神经网络、循环神经网络等人工神经网络已经成为数据特征提取的首选，通过人工神经网络层次堆叠和非线性映射的叠加，对原生数据进行升维或降维，以及特征提取和学习，挖掘数据内在特征，甚至通过"通用近似定理"表明，只要有一层隐藏神经网络加上一个线性单元即可拟合任何非线性的有界闭集函数，而学习到的特征往往比人工挖掘的特征更加有代表性，为后面的数据应用奠定了相应基础。

在数据建模方面，当前研究最广泛的也就是以机器学习为代表的人工智能算法，通过从有限的观测数据中学习（或猜测）具有一般性的规律，并利用这些规律对未知数据进行预测，机器学习主要关注如何学习得到一个拟合数据的概率模型，从而自动对数据建模。传统的机器学习相对来说还是串行运算，从神经网络诞生开始，通过多层神经网络络，同时通过多图形处理单元（graphics processing unit，GPU）进行并行计算已经成为目前数据建模的主流方式。大数据时代，数据量激增，如何充分利用算力，也是当前机器学习的热门问题。同时，随着机器学习和深度学习的不断发展，相应地迸发出对应的模式识别、模糊计算等前沿技术课题，在一定程度上发展了数据科学本身。

在数据解释方面，通过数据探索和数据建模对数据的深层次内在规律进行挖掘和研究，学习训练得到对应的广义模型，从而能够实现对数据的解释。当一个模型较为完善而且泛化性较强时，甚至还可以通过其实现对领域知识和规则库的建立，充分利用当前机器智能的学习成果。

4.1.3　智能的表达

"智能"一词是对正确地遵循智慧性规律或规则而执行相应场景解决方案的概念性描述。智能的特性是对处理问题能力的一种衡量，一种思维与经验的表现。这样的特性已经概述了智能需要一个学习、总结、应用的过程，人们阐述智能或者描述智能的表现形式，可以说是描述一个有先验规则参与的过程，也可看成描述一个应激反应的结果。

将智能的概念扩大，不只是在信息系统中，整个智能的形式化表达应该是复杂、庞大、协同发展的整体，其包含生物生长、物理事物的合理性变化。将实际的物理世界资源进行合理应用，以及对实际问题的有效规避和相互作用都可以看作智能的广泛性表达，这样的理解认为，智能是具有某种整合信息和运用信息的能力，整个认知世界中，人将整合的信息称为"定理"，运行信息称为"参照定理"，两者的相互结合正是"智"与"能"。

"算法、流程、规则、知识"以及它们的组合，再分别加上执行机构、控制机构，以及结果反馈、评估评价和存储机构等组件，就形成了机器智能整体的组织结构。在智能的表达中，人机交互也是一种机器智能的表达形式，知识与规则、算法的积累与更新，则是智能的表现形式。

目前，机器智能只是人工智能的低级形态，只是一种不完全的闭环控制执行流程或过程。人工智能不只体现在机器上，也体现在生物体甚至人本身上。

不管如何，智能的概念是朴素的，它的形式化表达也应该是丰富而非单一的，存在于实际世界的各个角落、各种事物中。不过在信息技术和认知科学发展的今天，人们评价一个事物的智能往往是以人的行为为整体的标准和蓝本，从社会科学的角度来看，这更具有一种普适的合理性。

4.2　人的智能表达形式

人对自身主体性的认识影响着人对智能发展现实的理解，但是人对自身的认识能力是在社会历史发展中塑造的。人的智能主要体现在人具有主观能动性，人的能动性发挥得越充分，就越能将人的受动性转化为能动性，人的自觉性、选择性、创造性就越能得到发挥，就意味着人的实践和认知结合得越紧密，从而使得认知和实践相互促进和相互作用。

人的主观能动性的发展会促使人更为积极地从浅层感知的感性世界转换为深层次逻辑推理、关系运算等的理性世界，进而越有接近认知事物运行本质的机会。人的智能也正是这个过程所催化而产生的，如图 4-5 所示，人的智能表达形式主要体现在人的时空复现、信息归纳融合、推理预测，以及将人的智能运作在现代机械以及信息系统而催生出的超人工能力表现等方面，而它们的基础为人本能的记忆、归纳、推理、预测能力。

图 4-5　人的智能表达形式

4.2.1　信息归纳融合

信息归纳融合，阐述的是对信息收集和信息融合提取，前者只是一个简单的信息集合，后者则是将信息有机地结合在一起，在这里面形象代表的是数据库的应用，关系型数据库中的主键和外键的存在恰好表示了数据融合的相关逻辑形式。

人对智能的首要表现是人对信息的归纳融合能力，对信息的收集，从古代就已开始，结绳记事、洞穴壁画都是很好的佐证，但最能体现人类智能的归纳融合能力的是伴随人类历史发展中战争的情报利用。

第二次世界大战（简称二战）是人类现存的最大规模、最具影响力的战争。现在看来，二战期间，整个战役中的信息收集和归纳应用决定了整个战局的胜负关键，甚至说决定了这场战争最后的结果。例如，在太平洋战场，扭转全局的关键莫过于当时的日军和美军之间决战中途岛的战役：在战役之初，美军就收集了大量的日军情报，虽然当时美军还没有完整破译日本海军行动通信的 JN-25 密码，但是其凭借一些常出现的关键字词，并通过词频和对应的事件联系就推导出情报中的重要字段（如"攻略部队"）等，通过信息归纳融合，也能透过 JN-25 的通信流量来推测日军的行动。

4.2.2　时空复现

时空复现，更多的是阐述人具有空间和时间的想象与整合能力，这是人类极其重要的一种智能表现形式。首先，人是具有时空意识的生物，时空意识可以说是人类存在的根本特征之一，当然也不只是人才有这种意识。

考古学和历史学是人类自古就流传发展下来的社会科学学科，考古的意义有很多，包括但不限于证明历史，寻找过去，然后反演未来。人类时空复现的能力，在很多时候也称为想象能力，但是这里却不仅是单纯的假想和空想。

考古这种时空复现的活动更深层次的意义是在不断地从两个实际的维度来寻求对当前真实认知的实际证据，这样人类才能推断出以前发生过但是没有经历过的事件，从而获得透明的认知，修正对世界认识模型的参数。

可以说，考古的需求是从人的本质中逐渐生发出来的，当然，人们还有物理学，其告诉人们闪电不是神仙而是电荷；还有生物学，告诉人们毫厘之下还有微生物的存在；但是正是考古学这类富含人类时空复现能力的学科，担当起了研究人和社会的起源以及一切相关事物的责任。人类从中受益的例子也有很多：曾经很多人相信上帝造人而不相信达尔文的《物种起源》，直到非洲的各种猿人遗骨出土、尼安德特人迁徙、人类走入亚洲的路线被厘清，人类才勉强弄清楚自己的来源；曾经大家不知道艺术从何而来，直到找到法国拉斯科洞窟壁画、Altmuhl 峡谷洞穴人雕塑，才知道人类从几万年前就开始用艺术（也是看似没有意义的东西）调节自己与自然的关系。

人对时空二维的探究给人类自身发展带来了有效的帮助：探寻宇宙世界的规律，搭建过往和现在的相关性。

这种智能的表达形式，发展到现在，发展到各种应用，已经得到很好的泛化和延伸。在很多科学研究的过程中，有些理论并不能通过现有的条件直接设计实验，例如，爱因斯坦的相对论思维实验，虽然以现在的条件还不能直接在物理世界中真实实现，但是人们仍可以通过对于场景的科学性设定，探究时空之间的相关关系，而认识在传统惯性参考系之外的重大理论——相对论。

4.2.3　推理预测

推理预测，主要是阐述人的因果逻辑推理能力。从逻辑学着手，人对事物过去发展的学习，演化到对未知甚至未来发展的推测。这种能力，让人们有了认知尚未实际得知的事物的可能，从而也催生了现在人工智能的诞生和发展。

历史上任何学科和相关定理的发展都离不开推理的能力，人类常用"发现"而不用"发明"一词来阐述科学家在各个学科认知上的重大成果。正如伟大的科学家牛顿曾说，他不过是一个在海边捡贝壳的幸运小孩。现在还普遍流传的万有引力诞生的传奇故事来自牛顿在树下被苹果砸中的经历，可想这正是牛顿对现有熟知的事物的学习推理，深究其因，才开启了经典力学的大发展时代，可见推理预测在人类智能表达形式中的重要地位。

当然，推理预测的结果不一定都是正确与合理的，这是推理预测本身的特有性质，但就算有错误的结论也并不能否定这一智能表达方式对人类的贡献。在历史上采用推理预测的例子有很多，但是有一个例子对于大多数人来讲应该是极为深刻且鲜明的，那就是伽利略的斜面推理实验。

早在 16 世纪以前，人们对于"运动"的认识，还在亚里士多德的观念之下，认为运动始终需要推动，主体从潜能到实现，需要另一个实现来推动，但是这一观念逐渐受到一些杰出科学家的质疑。当时对这一理论的校验和批判一直没有效果，因为物体相互接触就会产生滑动摩擦力，在宏观上的观测结果肯定是运动需要一直有力来维持，即不能实质地理解惯性的定义。

尽管不能直接通过实验得到相对合理的解释，因为滑动摩擦力始终或多或少存在，但伽利略设计了巧妙的斜面实验：在轨道的一边释放一颗钢珠，如果忽略摩擦力带来的影响，理想状态下钢珠从左边滚下后，会再从右边的斜面滚上，钢珠将上升到与左边释放高度相同的点（虽然会有摩擦力，但是只要能尽量减小摩擦力，钢珠也可以滑到同样的高度）；若将右边的倾斜角减小，钢珠还是上升到原来的高度，但通过的路程比原来更长；假设右边的轨道为水平，钢珠无法达到原来的高度，钢珠将永远运动下去。整个斜面实验分为三个步骤，可以得知第三个步骤是在前两个步骤的基础上推理得到的。也正是这个完整的推理实验改变了人类对于运动状态改变的理解，更重要的是，它突破了之前学术界一直唯观察实验这一证明方法，以及实验科学胜过各种论证科学的局限思维，开创了实验与科学推理结合的先风，甚至连爱因斯坦都直言，他所用的科学推理方法，标志着物理学的真正开端。

4.2.4　超人工能力表现

超人工能力表现，阐述的是人类的智能的一种普适性。很明显，人类是有思维迁移能力的，对于一些片面的事物往往也会得到一些通用的定律和总结，比如看到外界事物的生老病死，会联系到人身体本身随时间变化。

更为广泛的是，人类的思维向外延伸，将这些普适的智慧或者人类本身受限的一部分能力、部分功能通过数字化、信息化的处理，作用于物理设备或者信息系统之上来实现承载超越其本身能力的目的，正是一种超人类智能的表现。比如人类的视觉并不能在夜晚捕捉到较好的图像信息，但是采用同样类比的原理，在视觉设备上运用红外等可见光之外的可视方法来实现夜晚图像信息的捕捉；人类虽然不具备飞翔的能力，但是可以习得鸟类飞行的原理，制造出飞行器，承载人类飞行的梦想；又如人类虽然具有计算思维，但是处理计算的能力却是有限的，具有存储能力，但是并不能随意地实现长期存储，人类运用这些原理，创建了处理器、存储器等电子信息设备，通过这些物理设备和信息系统在执行中展现出来的高效率，体现了超人工能力这一表现形式。

正是人的超人工能力表现，赋能了计算机、电子设备处理一些特定问题的能力，从而迎来了人工智能的信息处理时代。

4.3　人工智能的形式化表达及其应用

人工智能是一个广义的名词，由约翰·麦卡锡在 1956 年于达特茅斯会议上提出，此后其概念在不断地分化和细化。脱胎于计算机领域的人工智能从其诞生之日就带着明确的实践导向，将机器模拟人的智能作为研究目标，试图通过计算机硬件设备和软件算法实现对智能的"仿造"，并迈向"真"与"假"丝毫无差别的终极境界。

从定位和目标来看，人工智能可以细分为"强人工智能"和"弱人工智能"。强人工智能就是前面所述的人工智能的终极境界，而现在的弱人工智能则认为人工智能仅仅是一种智能工具，对人的智能起到辅导作用，并不试图将二者等同视之。

从技术的发展路线来看，人工智能由逻辑推理（以基于知识工程的专家系统研究为代表）、机器学习（以常用数值优化的分类模型和回归模型研究为代表）、联结主义（以人工神经网络研究为代表的深度学习）不断向前发展。

总的来说，人工智能的发展与人的主体性发展密切相关，从人的智能化表达形式来讲，它属于人的超人工能力这种表现形式的范畴，所以从这个角度来讲，人对自身主体性的认识影响着人对人工智能发展现实的理解。

4.3.1　人工智能的含义

人工智能的含义分为两个部分，即"人工"和"智能"。顾名思义，"人工"即由人设计，为人创造、制造，"智能"即前面所述，执行智慧性的结论或者定律。所以人工智能可以理解为由人制造而由机器所表现的智能，是在"智慧"上加上完美规则、流程，执行并获得结果，提炼出未知知识的行为总和，而现在人工智能通常是指通过计算机或者相关电子运算设备运行相关程序来呈现人类智能的技术。

在早期阶段，人工智能的概念就是类比于"人类智能"，受限于当时芯片算力，缺少了计算机这个科学载体，人工智能的发展囿于人的智能。而现在的人工智能发展的方向更趋向于图灵的设想，一方面，能够做通常需要智能才能完成的有意义的事情；另一方面，可以模拟以生理为基础的心智过程。

人工智能逐渐成为一个包络众多研究领域的统称，不再只是一种通用性无确定编程技术，同时其还将技术带来的社会认知的变革作为探讨方向，不再仅仅以工程实践为指导，也将工程技术背后的理论探究作为研究重点。

4.3.2　人工智能的形式化表达

在斯图尔特·罗素和彼得·诺维格的《人工智能：一种现代方法》一书中，对人工智能的表达形式有四种描述：模仿人的行动（类人行为）、模仿人的思考（类人思考）、模仿人的理性思考（思维法则）和模仿人的理性行动（理性智能体）。这四个方向皆有所长，融合相通似乎更具有一个理性智能体的特性，更能够体现其科学性。

1. 类人行为

模仿人的行为，是现代人工智能的初衷，在《开讲啦》的节目中，张钹院士直接以"人工智能的定义是利用机器模仿人的智能行为"为主题，直接点明了"类人行为"是人工智能的形式化表达之一。通过对类人行为这一目标的探索和追求，人工智能在各个领域都有对应的不同表现。

（1）在自然语言处理中，计算机通过翻译模型可以使得相同语义的序列在不同语言之间转换，使得不同语种的人也可以相互交流，模拟了同传翻译的角色。

（2）在计算机视觉中，计算机通过视觉信息，可以完成和人一样的目标检测和跟踪，能够对物体进行种类识别，感知物体，模拟人的一些视觉行为。

（3）在机器人技术中，流水线上自动化处理和自动化作业的操作机器人已经得到广泛应用。随着科技和制造业的进步，各种消费型机器人，如扫地机器人、电子导盲犬，也进入了人类生活，通过模仿人类的行为，发挥着人工智能的巨大作用。

2. 类人思考

模仿人的思考，是人工智能技术当前追求的目标，但是如果要使得某个程序能像人一样思考，就得找到某种方法来探索人是如何思考的。而作为交叉学科的认知科学领域，正是通过把人工智能的计算机模型与来自心理学的实验技术相结合创立的一种精确而且可检验的人类思维工作方式理论。

3. 思维法则

古希腊哲学家亚里士多德将"正确思考"定义为不能辩驳的推理过程，而对于人工智能的表达形式来说，正确思考正是人工智能发展以来的纲领，这是一种在已知前提正确时总能推出正确结论的论据结构模式，而正是这种结构模式，形成了逻辑学领域的基础。现在很多模型都是建立在一种描述世界上的一切事物及其关系的精确的命题符号，形成了以前的人工智能的符号主义时代的主流。

4. 理性智能体

智能体本身是指某种能够运动的东西，但是人们期待计算机智能体有其他区别于简单"程序"的属性，如自主控制的操作、感知环境、持续能力、适应变化，以及有能力承担其他智能体的目标。理性智能体则要通过自己的行动获得最优结果，或者在不确定的情况下，获得最佳期望的结果，而强化学习采用这一目标建立起人工智能领域，如Google的"深蓝"，通过对围棋棋谱的自主学习，在变化万千的棋局中战胜了人类最强的棋手。人工智能的"思维法则"中，强调的是正确的推论，做出正确推论也是理性智能体的部分功能，因为实现理性行动的一条途径就是通过逻辑推理得到指定行动能达到目标的结论，再付诸实施，所以将人工智能看成理性智能体的设计更加体现了人工智能的通用性，正确的推论只是实现理性的智能体几种可能的机制之一，同时，这也表现了人工智能的进化性，比起单纯依靠人类经验或者人类行为思想建立的方法，更经得起科学发展的检验。

人的很多智能是通过先天进化遗传、后天学习得到的，人们对图像、声音、语言、动作的识别与理解都是一个学习与认知的过程，从日常生活中得到各种事物的知识之后，大脑根据这些知识做出反应，就像一个生命一样，新生儿刚出生的时候没有视觉和听觉，在成长的过程中，幼儿从外界环境中不断地得到信息，对大脑形成刺激，从而建立起相应的认知能力，但是这个过程中，其实并没有特意地给出这些信息所含有的固定信息，而是让幼儿自己去学习。这也是人工智能所具备的第一个特征，其必须具备学习知识的能力，也就是具备学习性，这是人工智能和传统的计算逻辑推理算法最大的不同的表达形式。

人工智能还要能体现智能性，这种固有属性说明了其必须具有和现实世界进行交互的特征。而人机交互使得人们可以借助人工智能体完成自动的认知、决策和行为执行任务，所以其可以在一定情况下代替人类开展一些简单的实践活动，这一特性被称为具有某种"主体性"，成为人类主体与客观对象之间的中介实体，这就是人工智能最为重要的一种形式化表达。

在执行这一系列"主体性"活动时，人工智能体的目的是在对象性活动中，对确定性情况取得最佳结果，对不确定性情况取得最佳期望值。

4.3.3　人工智能的应用场景

人工智能是一种基础服务，广义上来说，不限于 IT 领域，在目的上是能服务于人类活动本身的一种新技术。目前人类理论基础和工程水平的图灵机所代表的成就已经清楚地定义了人工智能的上限，这如同自然规律和能量守恒定律无法被突破一样。

对人类行为进行分解，大体可以分为几大应用场景：分类、预测和推理演绎的决策。

1. 分类

分类是一种模式识别的应用场景，它要解决的是对声音、图像以及其他类型的数据对象的识别问题，分类场景就像人类想要对一件事进行判别，最重要的是要找到分类的标准，按照分类的标准能将不同类型分开且分得准确，这样的应用场景往往通过机器学习或者深度学习的方式来解决，划分标准也各有不同，但是不管如何选择，至少这些标准都能使得算法在不同类上学习到不同"经验"，常规的算法也有支持向量机（support vector machine，SVM）、线性回归、人工神经网络等。

2. 预测

预测是根据以往的信息试图给出在接近现有的情况下的未知信息的应用场景，它要解决的是如何较为准确地拟合原始数据的问题，这样拟合出来的函数关系，正是真实的数据之间的映射关系，如此一来，当处理一个新的应用场景数据的情况下，就可以轻松得到这个应用场景下相关的输出结果。

3. 推理演绎的决策

决策是在众多选择中，应对当前的问题场景而选取最优的决策（也就是使得决策者能获得最大的期望效用），是处于不确定环境中的智能体实现理性行为选择的应用场景。

决策分析是帮助处在复杂不确定环境中的决策者实现理性行为选择的一种推理过程，它根据决策者想要达到的目标来对决策的效果进行评价。决策分析模型帮助决策者系统地考虑自身的目标、偏好以及问题的不确定性和结构特征，对决策系统中变量之间的依赖关系进行知识表示，并在决策规则和效用机制的作用下通过推理和期望效用的计算实现行为选择。

长远来看，人工智能的应用场景应该更为广泛和复杂，但是也正如前面所述，人工智能的上限还取决于人类自我认知本身，对于一种技术的发展来说，应用场景的发展才能为其打开前路。

4.3.4   人工智能的应用领域

人工智能的应用在当前来说，"AI +" 应用领域落地，目前主要有六大热门的应用领域，分别是安防、金融、医疗、交通、教育和生活服务。对应的人工智能学科分别是计算机视觉（computer vision）、自然语言处理（natural language processing）的技术融合。

1. 安防

基于人脸识别的安全领域显然是应用最成熟、最广泛的一个领域。在大型会议场所、酒店、机场等，人脸识别已经被广泛地应用起来。通过对人脸的特征和人脸特征点回归，目前已经能实现商用的人脸识别产品，在人员追踪、人员检查和人员计数的领域都发挥了巨大作用。

2. 金融

在当前的金融界，人工智能也占据了一席之地，通过人工神经网络进行行市预测和风险评估越来越成为金融人员工作的得力助手。将人工智能引入当前的金融界，使得金融行业实现了真正的普惠化，一方面使得更优质的服务覆盖到更多长尾客户；另一方面有效降低了金融机构的运营成本，实现了全社会福利的提升。

3. 医疗

人工智能和医疗的结合是众望所归的，人类对于医疗进步的现实需求是永无止境的，通过人工智能对医疗的加持，当前的智慧医疗已经实现了自动医学影像侦查、智能医疗建议、智能医疗诊断等相关技术。同时，在医院的建设上，通过智能化的参与、智慧医院、智慧疗程制定，相关的一系列流程都已经趋向成熟化，同时相应的医疗数据，反哺于医疗智能模型的学习，方便建立相应的数据库。

4. 交通

人工智能在交通行业落地主要有四大技术范畴：第一是作为交通大脑进行道路交通状况分析、公共交通路线制定、监控车辆运动轨迹等；第二个是进行车牌识别，车牌识别用于交通监控、处罚、交通案件侦查等；第三是将人脸识别应用在旅客安检、交通管理、旅客服务、交通安检中；第四是在无人驾驶领域，自动驾驶可以辅助驾驶人判断当前路况，防止疲劳驾驶，人工智能对预防和处理道路交通事故、维护道路安全和治安秩序起到了巨大作用。

5. 教育

人工智能在教育方面的应用也是空前的，语音识别可以实现远程离线外语学习，字迹识别可以实现自动试卷批改和自动文字提取，虚拟教师甚至还可以有针对性地对学生的当前学习情况进行专业辅导和领域扩展。此外，广泛使用的各种工具里面都有人工智能的身影，方便当前年轻人对学习的需求，且随着 VR 和 AR 人工智能技术的突破，甚至可以进行实验的仿真模拟，实现对于实际学习的需求。

6. 生活服务

人工智能应用最为广泛的领域就是居民生活，从日常出行的地图导航，到智能比价和智能购物应用，这些都便利了人们的日常生活。同样，居家使用的自动扫地机器人、体感家居智能控制、家庭智能安防等，都应用了生物特征识别等技术，是人工智能的落地应用。

人类对于智能的追求是一个永恒的话题，运用智慧创造智能，为的是实现更加灵活方便的应用智能，而这些不同领域、不同细节的应用正是智能的表现与表达形式。

第5章 信息与智能传递

5.1 概　　述

信息是可以被传递的。人们已经知道了实现信息传递的方式，不论是模拟的还是数字的，光还是电，今天的这些方式只是信息传递方式的极少部分，还有很多方式人们还不知道。其实现有的信息传递方式满足人类文明的发展也是非常困难的，在没有新的革命性方式出现之前，现有信息传递方式仍有进步、完善、提升的空间，智能技术就是其中帮助提升信息传递能力进一步的有效方法之一。

信息的智能传递是指根据传输条件和环境，按照一定设定逻辑进行的信息传递，其智能化程度和水平取决于给定的逻辑或规则集。任务型信息传递使得信息传递更加智能，由于应用领域的多元化，针对特定任务完成信息的智能传递，也就是根据传输条件和环境，利用高可靠低时延通信，按照所设定的逻辑集进行信息传递。

信息化时代依靠信息的智能传递实现互联互通，对人们的生活有着很大的影响，在工业生产中，如果遇到信息交流不充分、信息内容缺失、顺序错误、通信双方无法解读等问题，就会给人们的生产和生活带来不便，导致资源产生巨大的浪费，利用智能传递把生活中的各种信息连接起来，实现生产、生活各个方面的互联互通、统一调度和管理，能够保障工业生产的效率和生活的便捷。

信息的传输紧密依赖着各种形式的通信网络，不论是什么形式的网络，如电子网络、光网络，还是其他信息载体的网络。无论哪一种网络都拥有自己传递信息的机制（协议）、结构、控制方式等。信息传递行为的实现都是依赖网络的。以电子信息作为载体的网络，也称为数字网络。对数字网络而言，主要的几个部分就是信息的接入、路由的选择、信息交换、传输方式、网络的管理和控制等几大部分。

进行信息传递时，要保证通信网络的安全以及通信双方采用机制的一致性，即使用相同的协议，这样才能使得数据和信息的传输有效，其智能化程度取决于所采用的通信协议机制，而且也需要根据所在的环境和传输条件来设定一定的规则集，但是信息采集、控制和传输的各个环节对通信的距离、稳定性、可靠性和传递速率等的要求都不完全相同，以及成本的限制和各个系统连接的复杂性等问题，都会影响信息的传递。可靠性问题是信息智能传递必须解决的重点问题，例如，人才信息传递对信息传输的安全性和保密性的要求较高，需要有规定的逻辑集来增强其智能性，提高信息传递的可靠性和安全性。信息传递过程中，接收用户输入信息的通信较为简单，而对所接收的信息作出答复的通信协议还需要携带对用户的反馈信息，向用户提供其所要查找的内容。

未来与人工智能相结合的智能传递，定会在泛在互联方面得到广泛应用，对于军事、生产、生活、农业等各领域均会起到巨大的作用，智能传递也将在人与人、人与物、物与物等方面占极大比例。

本章对网络的上述各个部分，从智能网络的总体架构、智能通信协议、信息的智能接入、智能传感路由、智能交换、智能管理与控制方式等几个角度进行阐述，同时进一步讨论其相应的智能化原理、技术、结构等内容。

5.2　智能网络总体架构及分析

5.2.1　通信网络的发展

通信网络的发展和用户的需求密切相关，用户的需求从单纯的文本信息传输到语音信息的传输，再到视频图像信息的传输，用户需求的不断提升，进一步促进了智能通信网络的发展。从电信号开始应用于通信网络的信息传输，电报、固定电话、移动电话的发展，再到互联网的普及，都是为了满足用户的需求。电报的信息传输采用报文交换技术，固定电话采用电路交换实现信息传输，分组交换信息传输技术现在被广泛应用，大大提高了信息传输的可靠性。

传统的固定电话通信电路交换复杂，需要交换机的多方转接，通信方式不稳定，成本高，在采用电路交换的传统电信网络技术的基础上，引入 IP 网络，将多重交换机组成一个网络，增加网关和关守，实现网络互联，能够在更大范围内找到信息传递的终端。网守可以对呼叫会话进行管理控制，建立、维持和释放呼叫连接。智能通信网和软交换在 IP 网络的基础上将控制与业务进行分离，随着技术的发展，IP 多媒体子系统（IP multimedia subsystem，IMS）网络还进一步将呼叫控制和业务进行分离，增强了移动性，为移动通信用户提供了更加便利的服务，使得移动通信应运而生。

移动通信从 1G 到 5G，从 BB 机、公共电话亭到小灵通，再到现在几乎人手一台的智能手机，通信网络运营商通过技术的提升，丰富了信息传递的形式和内容。随着 IP 网络的产生和发展，软交换也在通信网络中发挥着越来越重要的作用。软交换在智能通信网的基础上，不仅能够进行呼叫控制，而且增加了软件控制媒体网关接入、资源分配、协议处理、路由选择、认证和计费等功能。

随着智能通信的发展，5G 和 6G 的性能目标是更高的数据传输速率、进一步提高网络系统的容量、压缩上网成本，同时尽最大努力减少延迟、节省能源，使网络得到全方位覆盖，信息传输速率得到质的飞越。

未来智能通信网络的发展必将伴随着更加完善和简洁的逻辑集，向着更加快速、安全、便捷的方向发展，更好地满足各种用户的全面需求。智能通信网络必将向着高弹性、强自适应性和高度集成性方面发展。高弹性意味着能够采集到更多种类的信息，易于扩充网络，并且信息在网络中的传递更加安全可靠，虚拟化服务的种类也越来越多，对于线缆等物理设备的应用越来越少，甚至能够通过虚拟软件进行投影，利用空间触控和细微的空间环境变化等采集信息；强自适应性可以利用网络的智能管理和智能控制技术使用户能够根据需求将所需设备（物理的或虚拟的）全都自主接入网络中，智能网络能够自主地识别应用和自适配协议，实现即插即用；高度集成化能够将信息采集和传递的部件模块化和芯片化，利用网络智能管理系统对网络进行集成化管理，便于信息的存储和共享。

5.2.2　智能网络的概念和规范架构

与传统的通信网络相比，智能通信的要义在于完美利用通信条件实现最优化的信息传递，包括信息量、信息传递的速度和传输时的安全等，通信简而言之就是实现发送方和接收方之间的信息传递。信息传递离不开通信网络的建设，智能通信网络利用标准化的结构和逻辑或规则集实现其基本功能，不仅实现了信息的传递和交换，也完成了对信息的存储和处理，能够实现信息的快速传递，同时为进一步实现移动通信奠定了基础。

信息传递的方式多种多样，古代的烽火台、击鼓传书、挥舞的旗子等都是最原始的信息传递方式，随着电信号的产生和广泛应用，它已成为主要的信息传递方式。但是信息传递还要考虑多种因素，如何从发送方获取完整且全面的信息，怎样将这些信息安全、可靠、准确地传递给接收方，并且将接收方的反馈信息返回给发送方，同时还要保证信息传递的速率，避免信息的多维特性在传递过程中受影响。

通信网络为信息传递创造环境，但是通信网络覆盖范围广、包含内容丰富、结构复杂，人们为了降低通信网络的复杂性，智能通信采用分层的结构，为各层赋予特定的功能，使其能够独立工作。为了使异构网络和设备更好地互相连接，将信息的传递过程划分在各个不同的功能层上，在异构网络和设备的同一个功能层上运用相同的逻辑或规则集，对传递的信息进行智能处理。对通信系统进行分层，还可以有效地提高升级的空间，增强其可维护性，在对其进行升级维护时，只需要对某一层的逻辑或规则集及功能进行改进，而不需要将整个系统的功能都进行更改，只要各个功能层之间的接口不变就不会影响到其他层。

智能网络的总体架构可以分为 4 层，分别为接入层、传输层、控制层和应用层。每层都有其特定的功能，接入层是直接面向用户的，将异构设备接入通信网络，主要作用是采集信息，分配带宽。传输层在通信的用户进程之间建立端到端的连接，维护连接状态，进行信息传递，以确保可靠的数据传输通道。控制层包括业务控制和会话控制，主要完成对用户的管理任务，实现类似 OSI 参考模型中会话层的功能，加强会话管理，并增加引入和构建新业务的功能，实现对流量和网络的控制。应用层是通信网络总体架构的最后一层，确定进程之间通信的性质，以满足用户需要以及提供网络与用户应用软件之间的接口服务，直接服务于人们进行通信的软件程序，完成对业务处理时需要进行的一系列服务，根据用户之间进行通信的软件程序的不同，采用相应的应用层协议。智能网络的总体架构及其各层功能和典型协议如图 5-1 所示。

智能网络的总体架构在互联网和物联网上得到广泛的应用，物联网的分层结构将智能通信网络的总体架构中的传输层和控制层合并为网络层，其总体架构为感知层、网络

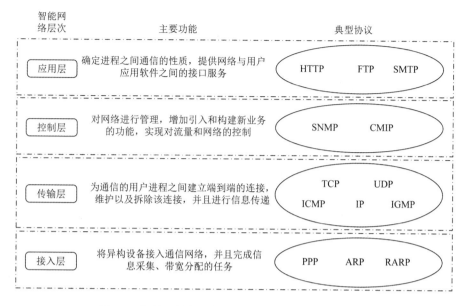

图 5-1　智能网络的总体架构及其各层功能和典型协议

层和应用层。物联网的发展与计算机网络、移动通信网等智能通信的发展相辅相成，如今较为典型的物联网应用遍及各行各业，如日常生活中的智能物流，还有争议较大的智能教育等，对人们的生活产生了巨大影响。智能物联信息传递系统的规范架构如图 5-2 所示。

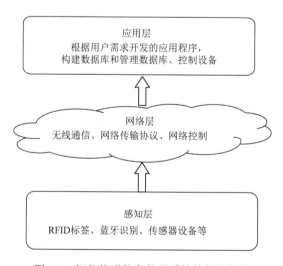

图 5-2　智能物联信息传递系统的规范架构

　　智能物联信息传递充分体现了智慧信息的传输和执行能力，在感知层可以利用传感器、标签或条形码识别物体，让物体也拥有类似身份证一样的标签，如射频识别（radio frequency identification，RFID）技术、蓝牙识别技术等对信息进行采集，实现对特定行业所需要信息的全面感知，包括对用户信息的采集，如收货地址和联系方式等。网络层实现信息的智能传递，需要利用智能通信协议，如会话初始协议（session initialization protocol，SIP）、实时传输协议（real-time transport protocol，RTP）等，结合云计算、数据挖掘以及信息调度等方法实现信息的可靠传输，将物体的信息实时、准确地传送给应用层。应用层将所采集到的全部信息导入其构建的物流配送数据库中，利用云计算实现对信息的智能处理。

随着通信技术的发展，远程教育借助互联网为解决异地教育提供了便捷，尤其在疫情期间，远程教育的价值得到了充分的体现。智能教育在远程教育的基础上，有针对性地对数据进行处理，利用机器学习、深度学习、神经网络等人工智能技术实现教学模式、管理和评价方面的改革，实现人工智能与教育的结合，智能教育拥有无限的发展潜力。

智能教育虽然有效地改进了传统教学体系缺乏个性化、教师资源不足等问题，但是如果让计算机代替人类教师，还可能存在很多伦理方面的问题，如何实现计算机和人类教师之间的平衡，此类问题还有待探讨。然而，智能化是信息化的新动向、新阶段，采用人工智能的技术手段实现信息的智能化符合时代发展潮流，能够充分促进生活和科学的进步。

智能网络的规范架构为信息的智能传递创造了环境，使得信息能够在较为稳定的环境下进行传递，但是针对信息的多维特性在传递过程中的影响还需要进一步研究和解决。

5.3　智能通信协议与编码

5.3.1　智能通信协议

智能通信协议是指双方实体完成通信或服务所必须遵循的规则和约定。对于通过通信信道将多个不同地理位置的设备互连起来的数据通信系统，要使其能协同工作以实现信息传递和资源共享，它们之间必须具有共同的语言。交流什么、怎样交流及何时交流，都必须遵循相互能接受的规则，这种规则就是通信协议。

在日常生活中，通信需求的种类复杂多样。面对不同的环境和条件，对于通信的连接方式、可靠性以及传递速率的要求，各有各的特点，例如，传输控制协议/互联网协议（transmission control protocol/internet protocol，TCP/IP）网络架构中有面向连接的通信，即在通信前要先建立连接，典型的 TCP 协议的可靠性得到了保障，但是其传输速率较低；也有不需要面向连接的通信，如用户数据报协议（user datagram protocol，UDP）传输，属于广播通信，传输速率较高。因此需要根据传输环境和条件的不同选择相应的通信协议，才能实现最优化的信息传递。

前面介绍过，为了降低信息智能传递的复杂性，提高通信系统的可维护性，智能网络采用分层的总体架构，信息传递的过程中根据相应的协议规范对所传递的信息进行分析，从而实现端到端的信息传递。

传统的通信协议以 OSI 七层参考模型为例，通信网络的接入层包括物理层和数据链路层。物理层主要是创建、维护和拆除接入信息所需要的物理链路，保障信息接入的环境安全可靠，该层所传输的信息主要是比特流数据；数据链路层对所传递的信息进行链路控制、差错控制和流量控制。网络层和传输层对应了智能通信网络的传输层，在传输层上主要进行路由选择和寻址等功能，目前，广泛部署的 IPv4 网络具备路由选择的功能，它可以根据 IP 数据包中的信息和路由器的路由表确定数据包需要经过的多跳路由器，或者由源主机来指定路由，并且实现传输层的路由选择功能，路由选择协议也是必不可少的，包括地址解析协议（address resolution protocol，ARP）、互联网控制报文协议（internet control message protocol，ICMP）、路由信息协议（routing information protocol，RIP）、边界网关协议（border gateway protocol，BGP）等路由选择协议。传输层还应该向会话控制层提供服务，保证会话控制层信息传输透明可靠，TCP 和 UDP 协议以及 RTP 协议是该层信息传递的主要协议，RTP 是实时传输协议，为数据提供了具有实时特征的端对端传输服务。七层参考模型中的会话控制层和表示层，即智能通信网络的控制层，能够使用户在不同机器上进行会话并管理会话，其中，简单邮件传送协议（simple mail transfer protocol，SMTP）提供的是电子邮件信息传递服务，域名系统（domain name system，DNS）是网络上命名的机器（域名）和 IP 地址相互映射。表示层主要代表协议是简单网络管理协议（simple network management protocol，SNMP），对 IP 网络中的网络节点进行管理，在网络的智能管理中至关重要。众所周知，应用层协议有超文本传送协议（hypertext transfer protocol，HTTP）、文件传送协议（file transfer protocol，FTP）、网络文件系统（network file system，NFS）以及 SMTP 也在应用层上提供服务，HTTP 用于从万维网（world wide web，WWW）服务器传输超文本到本地浏览器的传输协议，可以使浏览器更加高效；FTP 用于 Internet 上的控制文件信息的双向传递；NFS 允许网络中的计算机之间通过 TCP/IP 网络共享资源；SMTP 用于从源地址到目的地址传递邮件信息，可以用来控制信件的中转方式。

随着信息技术的不断发展，信息智能传递中所需要的通信协议已经无法局限于传统通信网络所用的协议，并且在传统的通信网络中，数据和控制是融为一体、密不可分的，需要通过数据信息的传递来实现网络控制，而软件定义网络（software defined network，SDN）实现了流量数据的信息传递和网络设备控制的分离，其主要是通过软件编程的方式实现网络的控制，将控制平面和数据传递的平面分开，形成了一个类似垂直结构的网络。SDN 结构示意图如图 5-3 所示。

SDN 主要通过控制平面中的多种协议以实现对数据流量等信息的控制，而无须接触网络中的各个交换机，无论服务器和设备之间的特定连接如何，集中式 SDN 控制器都会指导交换机在任何需要的地方提供网络服务。图 5-3 中的南向接口和北向接口均是指应用程序接口（application programming interface，API），SDN 的控制层通过这些 API 和基础的 OpenFlow 协议完成与上下层的交互，实现控制和数据的分离，推动了智能网络的发展。OpenFlow 是最基础的控制平面协议，能够通过北向接口实现和应用层的应用软件或系统的通信，如入侵检测系统、负载均衡或防火墙等，并且 OF-Config、NetConf 协议能够在 OpenFlow 的基础上，利用南向接口控制交换机及其流量配置。

目前，除了各个企业制定并公开的已知协议，还有很多用户或者企业根据自身的需求制定的未知协议，其对通信网络中信息的传递造成未知的影响，智能通信网络的未来还需要全方面地结合各种资源，对未知协议进行识别并预测其利弊和影响，通过智能协议提高网络的适应能力和入侵检测率，保障通信网络的安全。

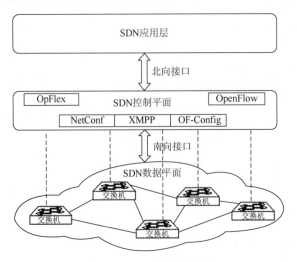

图 5-3　SDN 结构示意图

5.3.2　智能编码及应用

　　通信网络中的智能编码技术对于优化信息在网络中的传递性能起到至关重要的作用，能够有效地利用网络中的节点对信息进行存储和传递，例如，通信网络中音视频信息传递速率和能力对电影、电视发展的影响极大，信息传递的速率和信息传输量关系密切，传统的信息传递大多是单层传递方式，传递速率低，时间需求量大，容易产生拥塞，于是提出了采用信息智能编码技术完成信息的自主编码以提高信息传递速率。

　　按照一定的要求，对信息进行编码，也就是给信息赋予相应的代码，用一串字符来表示信息，使信息规范化，只有信息规范化，才能对信息进行正确且有效的分类汇总。智能编码可以在网络节点处快速地处理信息，对信息进行数字化处理后在网络上传递能够降低网络资源的消耗，提高频谱资源的利用率。在有限的频谱资源条件下，智能编码可以传输更多的数据，使用信息智能编码的传输方式，极大地节省了带宽和网络容量。

　　智能编码的应用可以按照应用的场景、应用的层次以及应用的目标进行大致的划分。智能编码在信息传递中的作用方式和提高的性能如图 5-4 所示。

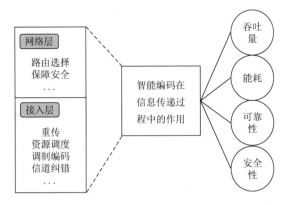

图 5-4　智能编码在信息传递中的作用方式和提高的性能

根据应用场景和网络形态的不同，智能编码的应用目标一致。目前常用智能编码达到的主要目标是提高系统吞吐量、增强无线传输可靠性与系统安全性，以及降低节点能耗、增强无线传输可靠性。在通信网络的网络层，智能编码与路由技术相结合，将智能编码应用于网络安全中，实现对信息的加密和解密。

智能编码还可以协助企业匹配商品税收分类编码，提高效率。开票人员只需要登录开票系统进行智能编码，即可从税务总局核定的数千条商品税收分类编码中获取对应编码，一键自动匹配，完成本地商品编码信息的录入与保存。智能编码也可以应用到智能货物编码中，将编码理解为将物品信息代码化，是实现智能化的基础。通过唯一性编码，保证在智能物流系统中的每一件物品、每一个物流单元的唯一性，并且现在智慧医院对病历的管理常使用 ICD 智能编码，有效地提升了管理人员的工作效率和编码的正确性。

5.4　信息的智能接入及方式

5.4.1　接入方式及协议分类

从网络架构方面看，接入层是直接面向用户的，接入层终端和信息种类的复杂多样决定了接入方式种类的多种多样。接入网络的终端可以分为物理终端和虚拟终端，其共同点是都具有发送方和接收方。物理终端是指直接面向用户的用于输入或输出显示的物理设备，如键盘、显示屏、音响、麦克风、摄像头、摄像机、移动硬盘等物理硬件；虚拟终端是指在这些物理设备上的一些软件，也可称为应用程序，职责是模拟终端设备，还有一些常用的通信软件，如微信、QQ、飞鸽、MSN 等。虚拟终端的接入方式相对而言较为复杂，需要通过制定相对应的协议才能接入网络，进行信息传递；虚拟终端能够通过协同通信实现功能互补和通信异构融合，对提供高质量、高带宽业务具有重要意义。

现行的接入方式从接入的类型上看主要分为有线接入和无线接入两大类，通信网络中有线接入技术使用的三种物理传输媒介有双绞线、同轴电缆和光纤。无线接入技术根据终端的可移动性分为固定接入技术和移动接入技术两大类。

有线传输介质实现通信双方的物理设备之间的连接；双绞线是人们日常生活中最常见的传输介质，也就是人们常说的网线；同轴电缆主要用于有线电视网的居民小区；随着光纤通信的发展，光纤成为主流的传输介质。有线接入技术除了将物理设备相连外，还要根据信息传递对传输速率的要求和用户的不同使用环境来选择最优的连接方式。已经实现的有线接入技术有拨号上网、数字用户线（digital subscriber line，DSL）接入、光纤同轴混合接入和以太网接入等技术。

无线接入是指从交换节点到用户终端部分或者整个通信网络全部采用无线手段的接入技术，以此实现用户与网络之间的信息传递。无线信道传输的信号应遵循一定的协议，这些协议即构成无线接入技术的主要内容。无线接入技术提升了用户终端的可移动性，自推广以来就大受欢迎，其采用的技术主要有模拟调频技术、数字直接扩频技术、数字无绳电话技术和蜂窝通信技术[14]。由无线接入技术组成的接入网称为无线接入网，根据其覆盖的范围可以分为个人局域网、局域网、城域网和广域网（一个州或者国家）四大类。无线接入技术覆盖范围组成的接入网分类和主要协议如图 5-5 所示。

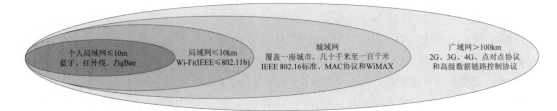

图 5-5　无线接入技术覆盖范围组成的接入网分类和主要协议

在无线网络覆盖范围较小的家庭住宅或小型办公室等环境下，常采用蓝牙、红外线线、家庭射频、ZigBee 和超宽带（ultra-wideband，UWB）五种通信技术实现近距离的终端设备之间的相互通信。现如今，个人局域网应用的代表蓝牙协议可以用于控制电视机、互联网盒子等智能家居；绝大多数的空调、电视机、机顶盒、DVD、电风扇、投影仪等基本都采用的红外协议；常见的汽车、灯光系统、窗帘、防盗门等均采用射频控制协议；由于 ZigBee 具有低功耗的显著优势，故智能家居产品多数采用 ZigBee 进行控制和组网连接；超宽带是实时定位系统（real time location systems，RTLS）的重要组成，苹果公司应用得较多，自 iPhone 11 系列手机以来，已先后在 Apple Watch S6、HomePod mini 智能音箱、iPhone 12 系列手机和 Aritag 无线追踪器这些产品内应用了自研的超宽带方案。

在无线接入技术的覆盖范围不大于 10km 的区域内，通常是指在一栋建筑内或者一所学校里的无线接入网，称为局域网。局域网常用于连接公司办公室或工厂里的个人计算机和工作站，以便共享资源和交换信息，如打印机等终端，局域网使用的协议为 IEEE 802.11b 协议，人们常称为 Wi-Fi。

无线城域网中，无线接入技术的覆盖面积介于局域网和广域网之间，从几十千米到一百千米不等，可以覆盖校园和城市，特殊情况下可应用于一栋楼中的终端设备。城域网中的通信链路和设备可以为用户团体所有，也可以为网络服务供应商所有。城域网传输协议使用 IEEE 802.16 标准、介质访问控制（medium access control，MAC）协议和 WiMAX，可以为固定或者移动的用户终端在网络接口之间提供信息传输的通道，如果移动速度增大，能够在相邻的基站之间进行切换。

无线广域网是一种无线接入技术，其覆盖范围通常大于城域网，能够覆盖较大的地理区域，如城市、地区或者一个国家的一部分。使用 2G、3G、4G、点对点协议和高级数据链路控制协议，接入能力得到增强，5G 的出现为移动用户的高效快速接入提供了更好的服务。无线广域网络的连线能力可覆盖相当广泛的地理区域，但数据传输速率偏低，全球的无线广域网络主要采用全球移动通信系统（global system for mobile communications，GSM）和码分多址（code division multiple access，CDMA）技术，它们逐步向宽带化发展。

总体而言，网络接入技术从拨号上网逐步发展为宽带、光纤等接入方式和无线网接入，接入技术的发展使得网络中信息接入更安全稳定，速率更高。随着通信技术的不断发展，目前所有通信业务均已实现数字化、分组化；通信网络中的传递技术也基本实现全 IP 化。

5.4.2　智能接入技术

面对现如今复杂多样的通信条件和网络环境，智能接入技术并不单纯指可以接入多种类型的网络，如 Wi-Fi、蓝牙、2G、3G、4G、5G、LoRa、以太网等接入方式。智能接入技术能够建立快速的信息传递通道，保证信息传递的安全性、可靠性，同时兼容多种网络通信接口，还可以根据信息数据流量的大小和接收方的特征，准确判断和匹配其接入的网络和传递方式。最后，在出现问题时，智能接入技术能够对接入的信息数据进行存储或转发，降低信息的丢失率，提高稳定性。

与传统的接入技术相比，智能接入技术融合多种接入方式，传统接入技术只能匹配和支持网络流量与业务；扩充传统接入网的多种功能，实现对网络业务的智能匹配和支持，能够较为轻松地应对急剧增长的网络业务量、访问量和对网络设备的处理量。总而言之，智能接入技术不仅要完成信息的采集，还要完成对业务的匹配和接入设备的管理。

智能接入技术还要根据接入终端发送的信息判断流量大小，根据业务的种类和所规定的逻辑集（协议）判断是否能够正确接入，并且要按照流量大小对传输通道进行分配，如果不能接入网络，就对用户进行反馈。首先，智能接入过程包括对接入信息的智能识别和匹配，对不匹配的信息进行智能存储，或者将其智能分配到相应的接入网络；其次，利用各种算法对流量大小进行智能计算，计算出网络中能够容纳的最大流量，并且利用最短路径等算法计算其传递速度最快的流量分配方式；最后，能够准确判断信息是否正确送达接收方，并向用户反馈接入的信息是否送达，如果未送达接收方，判断其原因，并对信息进行存储或者转接到其他网络。

信息的智能接入技术依靠多种协议进行智能匹配，智能接入技术中应用到的协议不仅包括通信传输协议，而且还包括 CHIP（connected home-over IP）和 HFP（hands-free profile）等协议，他们的应用如图 5-6 所示。CHIP 协议是物联网中智能家居方面应用较为广泛的协议，基于 IP 形成特定网络，实现了多种终端设备的即插即用，极大地降低了运行中的功率损耗，能够有效地延长电池使用寿命，这也就意味着，这些物联网终端设备的成本和设计复杂性将显著降低，同时可实现更小巧、更美观自然的设计。HFP 是蓝牙耳机的常用协议，蓝牙耳机通过 HFP 协议实现对具有蓝牙耳机控制功能的手机接听及挂断电话和音乐播放的控制。汽车内的汽车套件是常见的使用情景。汽车套件将连接至手机并用于拨打和接听电话。将无线耳机连接至手机后使用耳机拨打和接听电话则更为常见，并且对于多种不同的蓝牙耳机设备，HFP 协议能够支持多种设备接入手机，实现智能接入，只是距离有限。

信息具有多维特性，其典型特性为时间性和空间性。时间性是指在不同时间采集到的信息内容可能不一样，这决定了信息具有无法复现的性质，前一秒采集到的数据和后

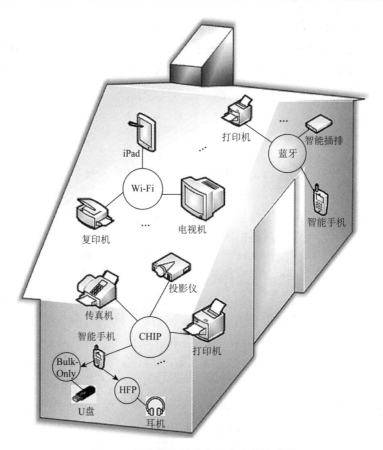

图 5-6　智能接入技术中的多种协议应用

一秒采集到的数据就不一样了，但是在日常生活或者科学研究中，对信息的采集不仅要求实时性，还要求其可以复现之前的信息。例如，通话信息需要及时并实时复现给接收方，如果暂时无法实时传递给接收方，通话质量就会受损，视频通话的画质更模糊，使得用户体验下降。问题在于接入网络中的设备有可能出现故障，需要在通话的请求次数、请求方、通话信息的内容在接入网修复好之后，传送给接收方。智能接入网要负责将未准确传送的信息进行存储，将故障原因反馈给发送方。

　　信息的空间特性体现在不同的空间环境中，接入的信息可能有很大的差别，智能接入要根据空间的变化及时准确地改变对接入信息的处理。在打电话时，通话的地理位置不同，对通话质量造成极大的影响，在电梯间和电梯外边，空间的封闭性导致信息传递方式产生巨大改变；在火车和高铁上的信号质量也并没有让用户满意，问题就在于信息接入网对信息传递的处理方式不同。智能接入技术应该根据位置和空间的变化智能地转换信息的接入和处理方式。

　　信息的多维特性决定了智能接入技术对异构网络的支撑作用，智能接入技术需要根据用户的需求进行动态调整。异构是指两个或多个无线通信系统采用不同的接入技术，或者采用相同的无线接入技术，但属于不同的无线运营商。针对日益复杂的用户需求，互联网可以由多个异构网络互相连接组成。

面对接入信息种类和用户对于通信网络需求种类不断增加的现状，在网络的运行和管理中，智能接入还包括对用户的管理，明确用户的需求，有针对性地提供通信服务，避免资源浪费。智能接入技术的发展是一个漫长的过程，大面积覆盖的网络在将来也有可能发展为全无线接入的方式。

5.5　智能传感路由及资源配置

5.5.1　智能传感路由

路由是指在通信网络中，传递信息时根据数据包中逻辑集（协议）规定的信息，找到定向传输信息的端口，端对端地传递信息的过程。在信息传递的过程中，根据已经规定好的规则或逻辑集，即路由选择协议，一步一步地查找到最终要传送的终端用户。

前面介绍了接入网的分类，分为局域网、城域网和广域网，路由器的主要功能就是连接 Internet 中各个局域网和广域网的设备，提供路由和转发两种重要服务，也就是进行路由器路径控制和数据转发工作。路由器工作原理如图 5-7 所示。

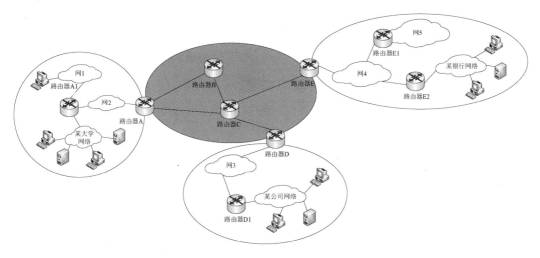

图 5-7　路由器工作原理

路由器在选择路径时常用到的路由协议有路由信息协议（routing information protocol，RIP）、开放式最短路径优先（open shortest path first，OSPF）和边界网关协议（border gateway protocol，BGP）三种。这三种协议在路由器上工作，RIP 和 OSPF 能够实现在同一个互联网络（自治系统，autonomous system，AS）内部的路径选择；BGP 实现不同的互联网络之间的路径选择。

路由选择协议可以根据自主还是手动进行配置，管理方式分为静态路由和动态路由。静态路由的配置由网络管理员手动输入；动态路由通过路由选择协议自动适应网络拓扑或流量的变化。

静态路由的配置较为简单，配置方法为：

Router（config）ip route + 非直联网段 + 子网掩码 + 下一跳地址

Router（config）#exit

动态路由包括之前谈到的常见的内部网关协议，RIP 和 OSPF 分别是一种距离矢量路由选择协议和链路状态路由选择协议。但是 RIP 最多支持 15 跳，第 16 跳就不可达，所以只适合小型网络，而且它每隔 30s 一次的路由信息广播也是造成网络广播风暴的重要原因之一，RIP 的配置方法为：

Router（config）#router rip

Router（config-router）#network network-number

其中，network-number 为路由器的直联网段。

RIP 突破了 15 跳限制的内部网关路由协议（interior gateway routing protocol，IGRP），成为当时大型 CISCO 网络的首选协议。RIP 与 IGRP 的工作机制，均是在所有配置接口上定期发出路由更新，但是 RIP 是以跳数为度量单位，IGRP 以多种因素来建立路由最佳路径，如带宽（bandwidth）、延迟（delay）、可靠性（reliability）、负载（load）等因素，但是它的缺点就是不支持可变长子网掩码（variable length subnet mask，VLSM）和不连续的子网。

OSPF 是一种链路状态的路由选择协议，链路状态是指路由器接口的状态，如 UP、DOWN、IP 及网络类型等链路状态信息，通过链路状态将公告发布到网上的每台路由器，每台路由器通过与地方系统管理局（local system authority，LSA）的信息建立网络拓扑数据库，这种方法适用于大型网络，并支持 VLSM 以及带宽度量值，它具有快速的收敛速度，通过分区实现高效的网络管理。

智能传感路由则要在传统路由的这两个重要功能的基础上进行改进。传统路由的配置比较困难，需要配置路由表和转发表，路径选择的速度慢，还有可能无法实现全部的路由功能。智能传感路由在传统路由的基础上增加了更多的控制功能，不仅有智慧还有执行力，能够远程下载，控制用户的接入数量，为所连接的终端分配网速。智能传感路由的主要功能如图 5-8 所示。

相较于传统路由，智能传感路由可以像个人计算机一样拥有独立的操作系统，能够根据用户需求自定义拓展安装多种应用，能够利用不同的设备对智能传感路由进行配置，便于操作；同时也要保障其可移动性，在不同区域自主切换，使得移动设备能够方便地连接到网络上；还要尽可能保障用户接入后信息的传输距离和信息传递速率，以及信息传输的稳定性，满足大带宽设备的传输需求；智能传感路由应该配置强大的天线技术，以提升其穿墙性能和信号覆盖范围；智能传感路由除了在功能上的扩展，还应该在安全性上对用户负责，提升防火墙的防护功能，保护用户账号和信息的安全，并且能够及时地对异常上网的行为进行提示。

根据信息传递的要求，智能传感路由应该智能地控制带宽、接入和在线人数、可浏览的网页、在线时间等内容，同时应该拥有强大的共享功能，对网络和设备进行智能化管理。智能传感路由不仅能够提供设备升级的服务，在信息传输的过程中，其所规定的逻辑集（协议）也应更加完善，路由选择协议应能根据信息的多维性、时间性和空间性等进行灵活选择，灵活组网。

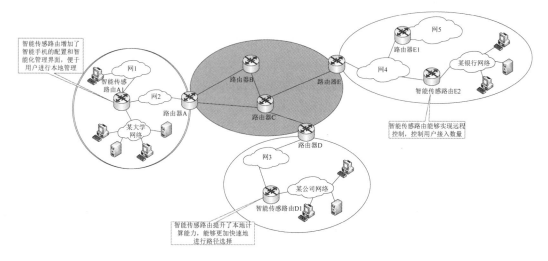

图 5-8　智能传感路由的主要功能

5.5.2　智能传感路由的资源配置

智能传感路由对于传统路由的最大改进主要是路由算法的优化，以及尽可能优化业务资源分配的同时减小对通信网络传输可靠性等方面的影响。

对于路由算法的优化方式主要可以分为基于流量工程的路由算法和基于机器学习的路由算法。目前，学者对基于流量工程的路由算法的研究包括：采用流量等效划分至多条等价的最短路径上的方式，以达到均衡负载的目的；对通信网络中各条路径上可容纳的最大历史流量进行计算，再使路由器根据获取到的信息来进行链路上的权重分配，最后根据权重运行，降低网络拥塞；利用线性规划的方法来分流，但是目前对于网络拥塞问题的解决方法还达不到理想状态。

基于机器学习的路由算法引入了人工智能的思想，在路由算法中利用自主学习来解决问题。目前已经有学者利用监督学习、Q-Learning 算法、深度强化学习算法等对路由算法进行了优化。监督学习方法主要是：结合历史流量需求矩阵进行预测，并利用线性规划方法得到最优的路由方案；Q-Learning 算法在路由算法中应用的主要目的是将端到端的时延降低到最小，能够自主学习判断出最优的下一跳路由，实时根据网络实现信息进行更新；深度强化学习算法根据网络的利用率和延迟信息，学习和计算出路径上的最优流量分割策略，并在此基础上选择路径转发数据分组，以提升网络效率。

5.5.3　智能传感路由的应用

经过前面的介绍，本团队研发了基于自组织网络及透明传输的智能传感路由——自组网融合智能网关。自组网技术用于建立具有多通信方式和自组织性质的虚拟物联感知通信网络，可在物联网中广部署、低可靠等场景实现动态组网和高可靠通信。运用多种通信方式融合技术、通信资源调度、自组织网络技术，使通信终端能智能感知所处的最佳通信环境，并自主选择最佳的通信方式和通信信道，实现多维通信终端的彼此直通、移动中继和自组织组网等功能。

本项目的物联网智能透明传输平台能够充分适配多种物联感知协议、无感知协议的应用场景。例如，本项目通过物联网智能透明传输平台的部署，将普适接入设备汇聚的信息直接转发给协议智能解析服务器，既能够支持有协议的物联网感知数据的传输，也可以支持部分无协议的物联网感知数据的传输。

物联网智能传感路由器利用私有协议将众多普适感知接入设备组成一个透明传输网络，物联网智能传感路由器向下的通信接口负责处理网络内传感器普适接入系统设备上传的各种数据包，同时向上的通信接口利用 2G/3G/4G/5G、Wi-Fi、LoRa、SAT（卫星）、专用数传等通信方式保证可靠通信。物联网智能传感路由器不对数据包做任何处理，将采集终端上传的数据包直接转发至物联网智能协议解析服务器（internet of things protocol intelligence analysis sever），以实现传输过程的透明化。服务器建立可动态智能归集的协议库，采用机器学习的方式实现对协议的自适应检测与学习，能够解析上传的数据包正是基于这种物联网标准协议，利用这种技术使得物联网智能透明传输平台适配多种行业应用场景。协议解析服务器对不同种类传感器的适配性示意图如图 5-9 所示。

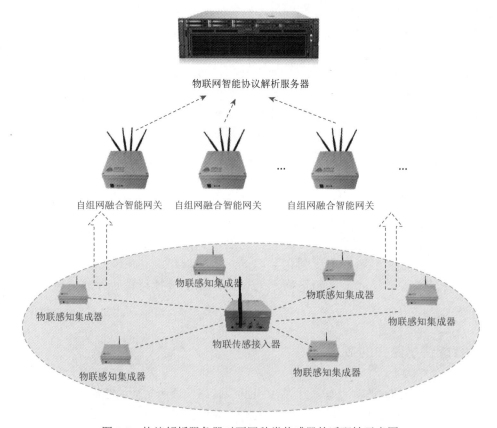

图 5-9　协议解析服务器对不同种类传感器的适配性示意图

5.6 智能交换与虚拟网络

5.6.1 智能交换

若把用户终端和交换设备看作点，那么接入终端后，将两点之间连成一条线，在用户或者用户与交换设备之间进行信息传输的过程就是将点连成线的过程。交换是指在信息传递的过程中，完成对信号的交换、对网络节点相关的边的汇集、转接和分配，以及对数据的转发。交换设备是完成两点之间连线的连接设备，是构成通信网的核心，为网络中各种用户（包括终端用户和服务器等设备）之间构建通信链路。

当世界上出现第一台电话的时候，通信电路中的交换方式就是电路交换。电路交换是一种最基本的交换方式，最原始的电路交换是基于人工拔插的交换方式。话务员根据用户的呼叫请求，将交换机操作平台上的公用线路对应的呼叫端或者应答端插到相应的用户接线孔，为通信用户之间建立一条通路，并且话务员通过手动操作交换机上的应答和振铃按键来和主被叫用户之间进行沟通。这种原始的交换方式虽然简单，但是却清晰地体现了交换的本质和思想，之后交换设备的发展都是基于这种思想，并未改变其本质。

可想而知，人工交换方式有很多弊端，为了解决人工拔插的各种问题，人们发明了步进制交换机和纵横制交换机，进入了机电式自动交换的发展阶段，每台电话机都有编号并能自主向交换机发送号码，交换机要对用户发送过来的号码进行识别；随着计算机技术、数字技术和光纤技术的发展，交换技术从采用模拟方式的机电式交换发展为电子式的自动交换，进入了电子化和数字化的时代。电子式自动交换的典型代表是时分数字程控交换机，将控制部分分离出去，利用计算机控制交换。采用时隙划分的话路、脉冲编码调制的数字信号和计算机控制相融合的方式完成交换，其优越性远远大于传统的交换机。

从整个电路交换的发展历程可以看出，控制部分从人工到机电，再到计算机控制；话路部分从物理线路到电子元件，再到时隙划分的传输方式，交换的发展都是随着技术的进步而得以完善和改进的，但是其思想和本质都是不变的。传统交换方式的种类主要可以分为三大类：电路交换、报文交换和分组交换。

信息的种类也多种多样，包括电子邮件等的数据信息、语音信息、视频图像信息等。数据通信对差错的要求不像语音通信那样对差错的容错性较高，在数据传输的过程中需要进行差错控制，确保数据传输的准确性和正确率；然而，数据传输对实时性的要求就不像语音通信那么高，但是语音通信不能有太长的时延。例如，在发送电子邮件的过程中，即使有几分钟的延迟，用户也不会太在意，但是对于邮件的数据内容要确保完整和准确，不能因为少一位关键数据而使得邮件的内容天差地别；同样，当用户发起浏览网页的请求后，数据的交互可以有一定时间的延迟，但是不能因为在通信过程中传输的数据产生差错，导致用户无法打开网页，或者用户从网页中下载文件或压缩包后，无法打开下载的内容。在数据通信过程中要求提高差错控制，但对时延要求并不高的应用有很多。

针对此类数据通信可以采用分组转发的交换方式，分组转发与报文交换的区别在于分组交换的数据单位并不是像报文交换那样是整个报文，而是把报文分割成长度较短的分组，各个分组中都包含了分组位置信息的分组头，以及目的地址和其他的控制信息。对分组数据进行交换和传输，由于分组数据的长度比较短，并且格式较为统一，所以在交换的过程中易于交换机对数据进行存储和处理。在分组交换的过程中，交换机每收到一个分组就可以发送，缩短了报文交换的时延，对于实时性的要求不高。与固定资源分配的电路交换相比，分组交换是一种动态的资源分配，并不会独占通信链路，提升了链路的利用率，对差错进行控制，增强了可靠性，但是也增加了时延。虽然分组交换的优势比较明显，但是在分组交换中，若分组太短，分组数量过多也会增加成本，因此对每个分组长度的确定是一个重要问题。三种交换方式的比较如表 5-1 所示。

表 5-1　三种交换方式的比较

交换方式	优点	缺点
电路交换	1. 信息传输时延小 2. 信息传输速率高 3. 端到端通信，信息的编码和格式由通信双方协商，不受网络限制 4. 对业务流量的处理不会对已建立的呼叫产生影响	1. 面向连接的通信，可能会花费大量时间建立连接 2. 链路资源的利用率低 3. 不同类型的用户无法建立连接 4. 硬件线路受到破坏后，可能中断通信 5. 当负载过重时，易产生呼叫损失
报文交换	1. 不需要建立连接，易于实现不同类型用户之间的通信 2. 可以进行多路复用，提高线路的利用率 3. 没有呼叫损失	1. 信息传输过程中时延很长，对实时通信非常不利 2. 对交换机存储能力要求比较高，因为有的报文比较长
分组交换	1. 不需要建立连接，易于实现不同类型用户之间的通信 2. 链路利用率高，可靠性好 3. 对交换机的存储能力没有太高的要求	1. 信息传输效率不高 2. 不适宜用在实时性要求高的业务网络中 3. 实现的技术、所需的协议和控制较为复杂 4. "存储-转发"方式还是有传输时延

现如今，伴随着用户生活水平的不断提高，用户对交换网络中的数据安全更为重视，面对越来越多的业务不断得到开发的现状，对于交换网络的要求也越来越高。例如，用户对于游戏的体验需求不断提高，运营商和科技公司不断地对各种各样的应用程序进行开发，交换网络中接入和要传输的信息数据越来越多，压力逐渐增大，使传统交换技术对信息传输的带宽和速率受到限制，然而增大带宽仅仅是传统交换方式中的一种，还需要对网络流量进行管理，同时保证数据传输的可靠和安全。

传统路由器实现了不同网络之间的数据转发，交换机实现了特定网络内的数据交换，其工作形式较为单一，各自既有优点，又有缺点，智能传感路由交换机是传统交换机和路由器的智能结合。表 5-2 展示了传统路由器、交换机和智能传感路由交换机的性能比较。

表 5-2　传统路由器、交换机和智能传感路由交换机的性能比较

类型	优点	未解决的问题
传统路由器	隔离广播 扩展性好 实现对网络的控制 IP 数据包的快速转换	价格昂贵 配置困难 信息传输速度慢 路由功能可能无法完全实现

续表

类型	优点	未解决的问题
交换机	技术相对成熟 价格较低	各产品功能具有不同的标准 需要配置
智能传感路由交换机	应用层管理功能 包括第二/三层交换	庞大的路由表和地址表 线性地实现访问控制

　　智能传感路由交换机结合了传统路由器和交换机的特性和优点,不仅在计算机网络中的数据链路层工作,还会进行各种控制和管理。智能传感路由交换的原理是将传统路由器进行路由选择的结果存储到交换机的路由缓存中,这样传输的数据流中仅有第一个数据包经过路由器,后续的所有数据包直接由交换机查表转发,网络内部的结构更加清晰,便于向用户提供更好的服务。

　　智能交换技术需要对智能接入传送来的信息数据的格式和业务的种类,以及业务流量大小进行判断,若允许接入信息在网络中传输,就将该信息存入交换设备,并向发送方进行反馈;若识别出应该接入链接的其他交换网络的接入信息,则自主地将信息传送到其目的网络,同时进行反馈;或者在识别出不是本地接入网络的接入信息后,将该接入信息存储后,自动地将其原封不动地返回,还要将反馈信息一同返回给发送方,通知其排查接入的网络是否正确;存储错误的接入信息,定期进行自主维护和更新,如果有需要能够便于建立跨区域的数据交互网络,自主学习后,提高网络的兼容性,将所需的交换网络统一构建成一个更大的交换网络。对于接入的不同种类的用户终端以及用户的多种业务需求和不同的应用,智能地进行动态分组,克服分组交换要根据不同应用及面对多种类型的业务建立不同时延和开销的通信链路的困难,使其能够在一条通信链路上进行通信。

　　在现如今智能化和信息化发展快速的时代,各个领域对于数据的交换都有迫切的需求,信息化医疗、办公、教育等智能网络的建立,数据的交换要依靠智能交换来实现安全策略、用户服务策略、访问控制列表(access control list,ACL)和多种业务应用管理等功能。智能交换实现的以上功能间接地解决了部分网络架构建设成本的问题,从而使核心网数据的传输速度得到了提高。

5.6.2　虚拟网络

　　将计算机网络中至少一个或者部分链接是虚拟网络链接的网络称为虚拟网络。虚拟网络链接是指使用网络虚拟化的方式(软件管理)代替物理链接来连接两个具有计算功能的设备。物理链接是指光纤、电缆等线缆和其他硬件连接的方式,虚拟网络使用的是非物理链接的方式,采用软件管理的方式实现不同区域、不同地理位置、不同数据中心位置的多台相同或不同功能的计算机、服务器、虚拟机、虚拟服务器或者其他各种具有通信功能的设备之间的信息相互传递,扩展了采用物理链接的物理网络的功能。

　　虚拟网络为了实现在网络连接过程中的配置更改方式更加简便和快速高效的功

能，将传统网络工具中的交换机和网络适配器等进行网络虚拟化，使其更高效地工作。因此在虚拟网络中，许多位置上的软件设备实现的功能实质上和物理网络中的许多物理设备的功能相同，故而数据中心能够实现横跨 Internet 和不同位置区域的功能，并且极大地方便了网络管理人员对网络的高效管理。一方面，网络管理员能够轻松地根据服务需求的变化对网络进行修改，减少甚至无须更换物理硬件，缩减成本的同时提高了效率；另一方面，可以更加灵活地根据所需服务的具体需求和应用对网络进行调配，以及能够在保证网络服务安全可靠的同时，实现网络基础架构的跨越，对工作负载按照需求进行迁移等功能。虚拟网络极大地提高了网络集中化管理的程度，使得网络管理更加简化，如果需要对网络中某部分进行更新、修改或者测试，可以利用远程访问的方式来访问网络的各个部分，能够有效降低网络管理的成本，复杂性也得到极大简化。

目前最常见的两种虚拟网络形式分为基于协议的虚拟网络［如虚拟局域网（virtual local area network，VLAN）、虚拟专用网（virtual private network，VPN）、虚拟专用局域网（virtual private LAN service，VPLS）等］和基于虚拟设备（如在管理程序内部的网络连接虚拟机）的虚拟网络。

虚拟网络的工作实质上是使用软件连接任意位置上具有通信功能的设备（虚拟机等设备）。与物理网络的交换机和路由器实现的功能不同，虚拟网络将其网络虚拟化，将物理设备上实现的功能转移到软件上。例如，虚拟交换机（VMware）上的软件和虚拟网络适配器等虚拟化软件对虚拟网络跨区域通信设备之间的信息传递做出了大量贡献。虚拟网络的工作原理如图 5-10 所示。

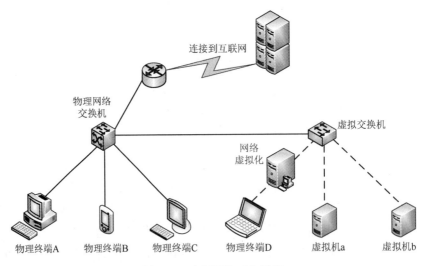

连接到互联网

物理网络
交换机

虚拟交换机

网络
虚拟化

物理终端A　　物理终端B　　物理终端C　　物理终端D　　虚拟机a　　虚拟机b

图 5-10　虚拟网络工作原理

前面接入部分介绍过物理网络通过局域网，采用线缆或者 Wi-Fi 等连接方式连接多个通信设备，使其能够进行网络存储并且共享资源。虚拟网络则采用的是虚拟局域网，通过网络虚拟化的方式将物理通信设备进行软件配置再分组，也就是说，连接到不同网络交换机的通信设备可以像连接到同一网络交换机一样工作，与之相反，连接到同一电缆的通信设备可以组成单独的网络，并不需要通过通信线缆或者其他物理硬件进行连接后才可以传递信息。

虚拟网络的优势非常明显：①它能够利用网络虚拟化的方式，大量地减少物理硬件设备（线缆和交换机等）的购买、维护、更换等成本投入；②网络管理的集中化程度大大提升，降低了网络管理的复杂性以及硬件维护管理成本；③能够更加灵活地对网络中路由的结构管理和配置进行设置，根据具体需要更加高效地完成网络分段和细分选项；④能够实现对网络流量更加精细的控制，对所需要修改的选项更加精密地进行改善，例如，对防火墙的配置可以在虚拟网卡上完成；⑤能够以更加快速的工作效率自动化地完成网络的远程服务激活和性能测试等任务；⑥通过对网络设备和应用的虚拟升级、自动配置及模块化更改，极大地提高了所服务业务的可扩展性和灵活性。

VPN 作为虚拟网络的一个示范用例，在大型企业和学校等场所广泛应用。VPN 可以在整个大的公共网络上建立一个专用的加密通信网络，实现信息的远程传递，用户能够进行远程访问。企业（或学校）采用 VPN 技术，能够使员工（或学生）在远程或者居家等异地进行登录和访问企业（或学校）的专用网络，还可以规避 Internet 的审查以及防止浏览器访问历史被公开在公共的 Wi-Fi 网络上。

虚拟网络的建立为信息的智能传递提供了安全和快速稳定的传递通道保障，使得信息传递的智能技术进一步提升，为网络的智能管理和控制打下坚实的基础。

5.7　网络的智能管理与控制

5.7.1　网络的智能管理

网络的管理涉及对通信网络系统正常运行、工作、日常事务等的管理，包括对网络系统的定期检查、系统修复、隐患排除、及时发现并解决网络系统可能出现的问题和故障，以及对网络故障的准确定位和解决。随着科学技术的发展，网络用户数量不断增加，网络规模不断扩大，网络的复杂程度也在不断提升，网络管理已经成为不可避免的至关重要的问题。然而，网络资源和安全问题多种多样，如何根据应用环境和网络系统的特点，有针对性地对网络实施最有效的管理，尽可能减少人力、物力的成本消耗，研究这些问题对通信网络智能管理的重要意义。

通信网络的智能管理包括对网络资源和服务的管理配置以及对网络安全的管理维护。随着用户需求的改变及科学技术的不断发展，通信网络中充满了丰富多样的资源种类，包括物理资源、逻辑资源、传输资源、存储资源、信息资源等，其特点和工作环境各不相同，网络管理需要将这些资源进行分配和整合，形成一个完整的网络系统，使得不同种类的资源相辅相成来发挥其最大的作用。

网络资源中的物理资源指的是路由器、交换机、接入服务器、主机等用户或管理人员直接接触的物理设备；逻辑资源指的是 SNMP 的管理信息库（management information base，MIB）中定义的和未定义的各种逻辑资源；信息资源是指在网络运行和维护过程中与之相关的维护人员信息、合同信息、网络配置信息、网络技术文档及网络维护人员的经验信息等内容。

SNMP 可以管理绝大部分符合 Internet 标准的设备网络中的物理资源，以图标的方式显示路由器、交换机的带宽使用情况，可以按端口、数据流向等分类；可以采用 Expect 技术汲取中段信息自动登录到相应的网络设备，实现对网络资源的管理；对于信息资源的管理和设置需要通过相关信息的默认赋值或者修改数据库中的资源。SNMP 体系结构参考模型如图 5-11 所示。

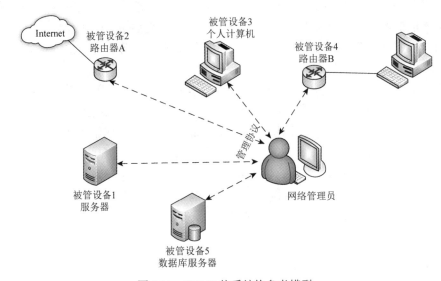

图 5-11　SNMP 体系结构参考模型

现实生活中的用户常用的物理资源信息的配置管理离不开 SNMP，SNMP 体系结构较为简单，主要组成部分是网络管理员和代理（被管设备）两部分，每一个支持 SNMP 的网络设备中都包含一个代理，代理随时记录网络设备的各种信息，包括故障定位、故障诊断、故障解决情况和容量规划等信息。网络管理员通过 SNMP 收集代理所记录的信息，极大地提高了网络资源管理效率。同时，SNMP 可以支持无连接的传输层协议 UDP，根据不同用户的需求进行特定化开发，极大地降低了网络资源管理的成本。

网络管理协议主要有三种：基于 OSI 参考模型的公共管理信息服务和公共管理信息协议（common management information service/common management information protocol，CMIS/CMIP）、基于 TCP/IP 体系的 SNMP、基于 TCP/IP 体系的 CMIP[15]。无网络管理协议的情况是指在异构网络环境里，管理者都要学习从不同网络设备获得数据的方法，使用不方便。因此，需要一个收集计算机网络中所有组成部分信息的一致性方法，管理者使用 ICMP 的 Echo 和 Echo Reply 消息来收集对网络管理有用的有限信息，使用 Ping 应用测试网络连通性、查询网络设备。

CMIP 是 ISO 制定的 CMIP，主要是针对 OSI 模型的传输环境设计的。在网络管理过程中，CMIP 不是通过轮询而是通过事件报告工作的，网络中的各个监测设施在发现被检测设备的状态和参数发生变化后及时向管理进程进行事件报告。

随着计算机领域智能化和集成化的快速发展，智能管理系统也应该在管理信息系统、办公信息系统、决策支持系统的功能集成和技术集成的基础上应用人工智能专家系统、知识工程、模式识别、人工神经网络等方法和技术，进行智能化、集成化、协调化开发，设计并实现新一代计算机管理系统。尤其是应该引入知识工程和专家系统的思想，进行智能构造，模拟决策者的思维过程，形成一个交互式计算机系统，利用数据库、模型库、方法库、知识库、文本库，以及良好的人机对话接口，帮助决策者进行半结构化或非结构化决策。

5.7.2　智能控制

智能控制和智能管理的概念密切相关，二者紧密结合，相互交叉和支撑。在通信网络进行信息传输的过程中，对网络进行控制管理是必不可少的重要环节。网络控制包括网络管理中的控制部分，并且将现有的各种类型的控制技术应用于信息的传递过程中，结合网络的结构、接入、传递和访问控制等内容，进行智能化开发形成了网络的智能控制。

网络控制包括信息采集、反馈、决策分析和实施控制 4 个部分，通信网络中对信息进行采集之后，控制中心以控制系统输出的信息作为反馈内容来对整个控制系统的输入量增减进行调整（增强或者减弱），反馈信息需要根据控制系统将所采集的信息融合和准确判断之后才能够正确反馈；决策分析需要对控制系统中存在的多种预案进行分析，科学准确地评估、判断控制系统的控制效能，最后由执行单元实施控制。

网络控制的工作原理主要是将系统中的输入信息作用于受控对象，然后将产生的行为结果信息反馈回控制系统的控制中心，最后控制系统的输出信息在反馈信息的作用下发生变化，这种循环往复的过程就是网络控制的核心。

实际中常用的控制方式可以分为分级控制、协同控制和最优控制三种。分级控制的原理是将一个大的系统分为若干个子系统，可以分为集中控制和分布控制。集中控制是指每个子系统的决策都是由最上一级的子系统做出的；分布控制是指各个子系统之间相互独立，相互之间协同工作，但是并不互相影响子系统内部的工作，将系统的功能分散开。分级控制将整个控制系统内的信息相互独立，增强信息的吸收能力，使得决策分析更加准确，输出信息更加精练，从而提高控制效率。

协同控制为了实现网络控制的协同化，提高网络管理控制的效率，采用协同式网络控制原理的思想，协同控制原理需要在控制系统中根据给定的协同关系，考虑系统当前的运行状态，自行设定系统内部的参数，使得控制系统工作在相对稳定的工作状态下。

最优控制的目的是解决整个控制过程中为了实现某些网络评价指标的最优化而提出的，例如，网络发挥效用最大、时延最小等问题。最优控制本质上是在网络系统的约束条件下，通过调节控制方法或机制，使网络系统在一定的衡量标准下实现性能最优，可以分为选择过程最优和选择策略最优两种常见的方式。

将网络控制、无线技术及智能管理技术相结合，能够将其应用于智能照明控制系统、智能家居控制系统和绿色城市智能管理控制系统等智能控制系统中。

第 6 章　信息与智能计算

信息的加工、处理、计算是最早与智能联系在一起的技术领域，是人们意识到采用简单的方式无法面对超出想象的信息量时提出的解决方案，使机器去执行人们总结归纳出来的规则和流程，完成信息的处理，称为"人工智能"，也就是让机器具有了将智慧变为行为的能力，称为智能计算，它包含多种技术、多种模式、多种方式及大量的应用领域。

6.1　概　　述

如今社会已经迈入信息化时代，如果以计算机的思维看待事物，那么世界是由 0、1 数据流组成的数字世界。通过计算机，可以将物理世界的信息抽象化，用数据这种人为创造的比特数字流符号形态来表示物理世界。

其实，数据本身不是有用的，必须要经过一定的处理。如今，物联网应用于生活的各个方面，如农业、医学、教育、药学、工程等，每天都在源源不断地通过传感器收集大量数据，数据本身不能直接利用，而数据背后隐藏的知识才是有用的，有了知识，人们就能将这些知识运用到生活实际中，并能利用知识对事物进行感知、分析、判断、升华，形成智慧。有知识并不一定有智慧，例如，很多知识分子学识渊博，可以对发生过的事情从不同角度进行分析，但一旦让他们亲自动手去实践自己的理论，他们却经常会碰壁，并不能将学识转化成智慧。

无信息就没有计算，更没有智能计算。智能计算是对信息的规则处理，知识的抽象、结果的演绎，必须依赖于大量的多维度信息。这些信息也许与现实事物具有良好的对应关系，也许只有"盲人摸象"的片面信息。人们期望的是通过智能计算得到一个更加符合认识和行为的结论。对于一次加法器加法、一次存储器读或写、一次信息传递等都是一次计算，它们都是电子数字按规则的变换行为。而智能计算又是什么？简单来说，智能计算就是智慧与计算的结合。智能计算起源于仿生学思想的影响，生物学界对人类组织、细胞功能等内部规律的探索，改变了如今计算机领域对计算机发展方向的认知。最终，人们利用神经细胞网络理论、细胞学说免疫理论、生物进化理论等诸多机制，用数学语言抽象描述计算机要解决的问题，设计出对应的计算方法，用以模仿生物体系和从底层模拟人类智能行为的机制。其本质是基于数值计算和结构演化的智能，是智能理论发展的高级阶段。

目前，智能计算针对不同领域内出现的实际问题，衍生出越来越多的算法，主要包括人工神经网络、启发式算法、免疫算法、单点搜索、进化算法、模糊计算、混合智能算法等。以上这些智能计算的算法有一个共同的特点，都是不断挖掘总结人类的思维或者动植物的一些行为表现，通过计算机程序化的形式来模拟实现这些行为，用于解决一些实际问题，并取得了很好的效果。当然，针对不同研究领域任务所设计的智能计算算法各具特色，在主要设计思想上都是模拟生物行为，但是在算法实现方式上有很大的差异的。例如，人工神经网络从信息处理角度抽象、模仿人脑的神经元网络，以达到人类思维的目的，是一个模拟人类智慧的过程；模糊计算模拟人类在语言、思维方面处理非线性信息、模糊信息的能力，也是一种模拟人类智慧的过程；进化计算是模拟自然界生物种群自然演化，达到群体智能的过程，是一种模拟大自然智慧的过程。

常见智能计算算法如图 6-1 所示。

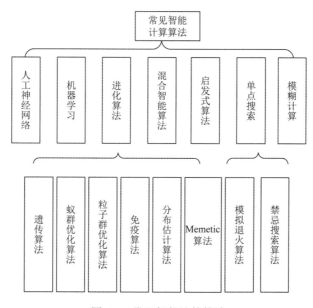

图 6-1　常见智能计算算法

智能计算具有两大特征，即快速性和正确性。快速性又包含即时性、预见性。快速性强调的是智能计算具有很强的计算能力，其算法基本都是通过大规模并行计算，以群体协调方式对问题进行优化求解，可以快速地完成各种复杂场景下的计算任务。同时具有自我管理和升级的能力，能够及时反馈计算结果，其良好的全局搜索能力使得算法不需要依赖问题本身的特点，对问题结果有着很强的预见性。随着深度强化学习算法在解决计算机问题方面的广泛应用，进一步增强了智能计算结果的正确性，通过对大规模数据进行快速分类处理，迅速构建数据模型，并根据当前反馈生成的数据结构即时生成下一步的计算方案，又进一步提升了处理问题的即时性。

6.2　智能计算的原理和构成

6.2.1　智能计算的原理

智能计算的原理是什么？智能计算的原理（图 6-2）必须是以智慧（知识）为基础形

成的规则流程，智慧的表达形式就目前而言是以结构化（0、1 两态）数字为基础，所以现在的智能计算可称为数字智能计算，是否有以非数字为基础的计算或智能计算？回答是肯定的，只是人们尚未发现或发明而已。这里主要探讨数字智能计算。

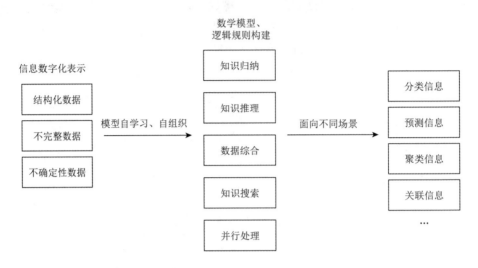

图 6-2　智能计算的原理

智能计算由算法、数据、算力、知识四要素构成[16]。过去数十年，数字孪生、人工智能、物联网等一大批先进技术的井喷式出现，推动了算力和算法的巨大发展，同时促进了传统行业的转型升级。在各行业数字化、信息化转变的同时带来了海量的数据。知识一般是指人类认识与经验的总和，是人们对客观事物与客观世界的认知，以及应对问题的解决方法和策略。通常以高度概括的形式对客观事实与事物之间的联系进行总结。而在智能计算中，知识主要是指对数据进行智能性加工后，形成的对客观世界的规律性认识，以结构化数字的形式为智能计算提供计算规则流程；数据是智能计算的基础，也是智能计算的核心生产资料。

如今，大数据及大数据技术作为知识共享、价值挖掘的认知方法，是构建数字经济、数字世界的核心，可以说没有大数据就没有智能计算的飞速发展；有了大量的数据，就需要强有力的算力进行处理，目前，以云计算、边缘计算为主的基础计算设施建设，为智能计算提供了算力的承载和数据存储，同时为高效、准确地分析大量数据提供了有力支撑；但是，仅有知识、数据和算力依然不够，人们仍需要通过先进的算法去优化解决问题，防止计算资源的浪费。如今，以人工智能、机器智能、仿生智能等为代表的算法技术正广泛应用在日常生活中，辅助人们并提供智能决策支持，而以迁移学习、自主决策为关键特征的深度学习正进一步推动智能计算向更高层次发展。与此同时，第五代移动通信网络、时间敏感网络（time-sensitive networking，TSN）等凭借其高速度、低功耗、泛在网、低时延、万物互联等特点有机地将算法、数据、算力、知识这四大要素紧密地结合起来，让它们有序、协调地运作起来，并不断发挥出作用。

　　总体来说，智能计算的核心仍是算法，知识、数据、算力是数字智能计算的基础。智能计算最大的优势就是很好地利用了人们总结的经验，将抽象为数据模型的经验数据存储在数据库中，依靠着不断提高的快速计算能力对这些数据进行分析、决策，并在实际解决工程问题时不断优化算法，正向能动地吸取、存储大量的经验，促使智能计算算法在各自领域内不断进化。（阿尔法围棋 1）现阶段智能计算算法在各自领域有着很优秀的表现，但缺乏通用性，如果让 AlphaGo 去解决生物领域的问题，显然，它是无能为力的，因为它只是训练了围棋领域的数据。人的思维却能不断总结事物规律，发掘不同事物的相互联系，能够触类旁通。这也是目前人工智能的局限性，可以说目前正处于一个弱人工智能的阶段。

6.2.2　智能计算的构成要素

　　如图 6-3 所示，智能计算构成要素包括算法、数据、算力和知识。

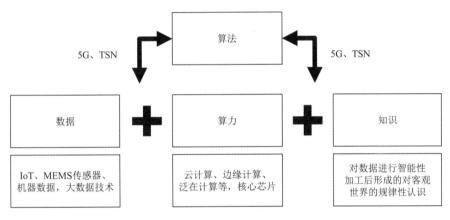

图 6-3　智能计算构成要素

　　（1）知识。知识的表现形式就是符号，对于计算机而言，知识就是符号。不同于人脑能处理的自然语言符号，计算机能处理的是结构化数字符号 0 和 1，其通过产生式规则表示知识，产生式规则系统则能将领域专家的知识进行整理、存储，构建知识库专家系统，运用知识库进行推理、问题求解等智能活动。对知识的表达过程就是将知识编码成某种数据结构的过程，新一代人工智能技术的特征之一是大数据驱动知识学习，而不是传统计算对知识的表达模式。

　　（2）数据。随着物联网、5G 等技术的普及，传统行业（如工业）信息化飞速发展，大量数据源源不断地在生产制造过程中产生，工业数据自动化与信息化的融合造就了如今工业互联网时代的繁荣，海量数据的产生也为提升工业生产、节约成本等方面奠定了分析基础。在未来，各行业的海量数据将不断促进数字经济的发展。

　　（3）算力。算力主要朝着资源的集中化和资源的边缘化两个方向发展。前者主要是以云计算为代表的集中式计算模式，通过 IT 基础设施的云化给用户提供强大的算力。后者主要以边缘计算为代表，与物联网的发展紧密相连。物联网技术的发展催生了大量智能终端，物理位置上处于网络的边缘侧，而且种类多样。

（4）算法。算法是一个有限长度的具体计算步骤，以清晰的指令使输入资料经过连续的计算过程后产生一个输出结果。算法是人工智能和数字孪生等技术的核心。人工智能技术的发展已经走过 60 多年的历程，回顾这段历程，人工智能技术是在螺旋式上升、曲折式向前发展的。近年来，随着 6G、5G、大数据、工业物联网等新理论、新技术的更新迭代，人工智能的发展将迎来新的历史机遇。

6.3 智能计算的模式

6.3.1 模式识别

人类在观察日常生活中的各种事物的时候，一般是从对个别事物的一些部分做出片面认识开始的，对未知事物有一个初步印象，无法对其进行有效认知。经过长年的积累后，随着观察到自然界的事物或者现象不断增加，人的大脑开始慢慢形成一些概念，而这些概念往往是反映事物与事物之间或者事物与现象之间的不同或者相似之处，这些形态特点、自然属性显著的不同，促使人们对事物进行分类。人们对于一些事物或者现象，不需要了解全过程，只需要根据事物或者现象的一些特征就能认识事物。例如，人类见到一个未知事物，通常会下意识地判断事物是动植物还是非生物，是否可以供人类食用……这一连串逻辑思维归类构成了人们对于这种未知事物的整体认知。这就是人类的模式识别，人脑的这一连串逻辑思维能力就是"模式"。"物以类聚，人以群分"，人在日常生活中能够很快识别事物的不同或者相似之处，对计算机来说，这却是非常困难的。

随着计算机技术的发展，根据实际需求，存在很多事物识别的计算任务。模式识别就是使用机器学习算法来模拟人的听觉、视觉等识别能力的技术。模式识别可以定义为基于从模式或其表示中提取的统计信息的数据分类所获得的知识，对数字、文字、逻辑关系等信息进行处理和分析，以对事物或现象进行描述、辨认、分类解释。模式识别的目的主要是利用计算机对物理对象进行分类，在错误概率较小的条件下，使识别的结果与客观物体相符合，达到自动识别事物的目的。例如，将手写或是印刷的数字 0、1、2、3、4、5、6、7、8、9 分到具体的数字类别中；图片中的物体分类识别；不同人物语音的辨识；中英文等语言识别等。

模式识别的重要一面是其应用潜力。如图 6-4 所示，典型的手写体模式识别通过机器学习模型进行学习、测试、验证，能够实现计算机对手写体数字的识别。同时，模式识别的应用领域还包括图像处理、语音和指纹识别、航拍照片解读、合同和照片等扫描文档中的光学字符识别，甚至医学成像和诊断。模式识别也是数据分析背后的技术。例如，该技术可用于预测股市走向。

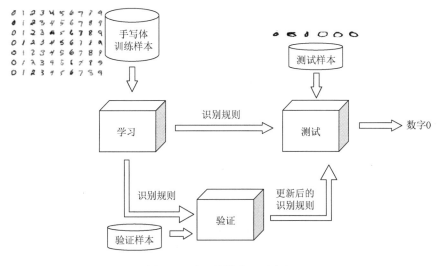

图 6-4　手写体模式识别流程

6.3.2　数据挖掘

20 世纪 90 年代以来，数据库技术从以前只能对一些简单数据进行存储到现在能对计算机产生的音视频、图形、图像、电子档案、Web 网页等进行数据管理，加之数据传播的便捷性，世界上的数据量以指数级的速度增长，累积到无法想象的数量，最终促成大数据时代。除了正在生成的新数据之外，新的物联网和可穿戴设备成为不间断的数据生成机器。据估计，到 2025 年，将有 309 亿个连接单元。如果对这些数据进行深入、可行的研究分析，那么工商业、学术界、医疗生物技术界，以及政府和个人几乎所有社会领域都能挖掘出巨大的信息财富，这对社会发展做出决策具有极高的价值。

然而，就人类而言，数据的数量、数据的复杂性使得人们难以轻松地对数据进行收集与处理，更不用说及时地对数据进行分析与运用。大数据的规模庞大，结构化的、半结构化的，甚至是异构型的数据类型造就了数据多样性，需要自动化工具从大数据中挖掘有用的信息。因为数据本身是没有用的，数据背后的知识才能有效地辅助人们在各行各业做出决策。

概括地说，"挖掘"一词通常是指从地球上挖取一些有价值的物质的过程，例如，矿石开采、钻石开采、煤炭挖掘等。在计算机科学的语境中，"数据挖掘"可以称为从数据中进行知识挖掘和数据考古，也称为数据中的知识发现。它基本上是计算机通过算法从大数据或存储在数据仓库中的数据提取有用信息的过程。在数据挖掘中，提取过程的结果与物理世界中对矿山开采提取出矿石不同，数据挖掘结果是人们在提取过程结束时获得的模式和知识。从这个意义上说，人们可以将数据挖掘视为知识发现或知识提取过程中的一个步骤。

数据挖掘可以应用于任何类型的数据，如数据库、文本文件、万维网、音视频数据、图像数据等。数据挖掘作为一个整体过程，主要包括以下三个阶段，如图 6-5 所示。

（1）数据预处理——进行数据清洗、数据归纳、数据集成、数据变换。

数据预处理一般没有固定、标准的处理流程，往往会根据任务和数据集的不同采取不同的处理方法。常见的数据预处理方法有数据清洗、数据归约、数据集成、数据变换。数据清洗主要涉及缺失值处理、异常值处理、格式标准化等；数据归约主要包括维度归约、值归约等，通过归约处理降低数据量的同时保持接近原数据的完整性；数据集成主要是针对在某些任务中需要将来自不同数据集的数据整合在一起；数据变换是为了将数据规范化，转换成适合数据挖掘的形式，方便处理。由于数据质量对后续数据分析模型起决定性作用，因此，数据预处理往往占数据分析项目的大部分工作，同时也是整个知识发现过程中最耗时、最费力的步骤。

（2）数据提取——精确数据挖掘的发生。

数据提取往往根据数据仓库中的数据信息选择合适的分析工具，建立最能解释、最符合实际商业问题的模型。常用的数据提取方法有机器学习、决策树、模糊计算等。通过反复对数据进行分析与挖掘，最终获得有用的信息。

（3）数据评估和展示——分析和展示结果。

在构建和测试模型之后，需要评估模型在回答业务理解阶段确定的问题方面的效率。从商业角度看，由行业专家验证数据挖掘结果的正确性。经验证明，有效的模型并不一定是正确的模型。

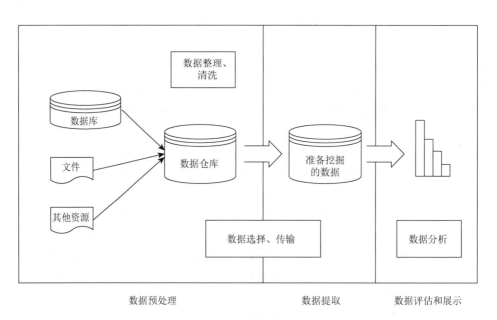

图 6-5　数据挖掘流程

在大数据挖掘中，最终目的是提取有价值的信息，当然，这离不开各种各样的数据挖掘算法。数据挖掘算法一般分为有监督学习和无监督学习两大类，如图 6-6 所示。各种算法模型在不同任务中的表现是不同的，应用简单高效的数据算法解决问题是很重要的，没有必要刻意追求算法模型的完美。

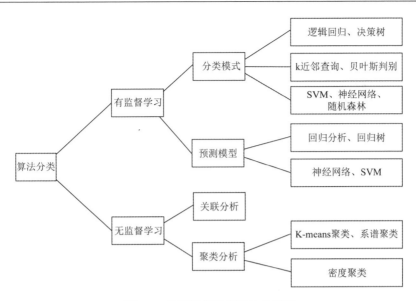

图 6-6　常用数据挖掘算法的类型

　　有监督学习是基于已有的训练样本的模型学习，简单来说，训练样本包含特征和标签信息，而且整个数据已经提前分好类。通过对这些数据训练，得到的最佳模型能够用来对未知实例分类或者对未来值做预测。

　　无监督学习是相对于有监督学习的，其主要区别在于训练样本没有标签信息，数据样本之间是没有内在联系与规律的。无监督学习的目标是发掘这些样本与样本之间的联系，应用最广泛的聚类分析，通过样本之间相似度的计算将相似的实例聚在一起，从而揭示聚在一起的每一类别的含义。

6.3.3　信息检索

　　"信息检索"的概念最早出现在 20 世纪 50 年代，那时人们称作信息存储与检索或者称为情报检索，主要指人们通过计算机将信息按指定的方式存储在计算机的硬件中，并能够根据信息用户的不同需求，快速高效地找出用户所需信息的技术。如今，信息检索定义为处理来自文档数据库的信息（尤其是文本信息）可用以组织、存储、检索和评估的软件程序。信息检索是获取通常可以以非结构化性质记录的材料的活动，即通常从存储在计算机上的大型集合中获取满足信息需求的文本。信息检索模型组成如图 6-7 所示。

　　信息检索有不同的分类方法，针对检索对象的需求不同，可以将信息检索划分为事实检索、数据检索、文献检索。数据检索和事实检索的重点是要检索出包含在数据库文档中的信息本身，而文献检索只需要计算机检索出包含用户所需要的指定信息的文献即可。针对所采用的检索方法不同，可以将信息检索按检索手段划分为计算机检索、机械检索、手工检索。进入信息化时代后，人们重点关注的是计算机检索，也就是如今的网络信息搜索，是指互联网用户可以足不出户，只需用户拥有网络终端，通过一些不断更新迭代的网络搜索工具或是通过浏览的方式来获取想要浏览信息的行为。

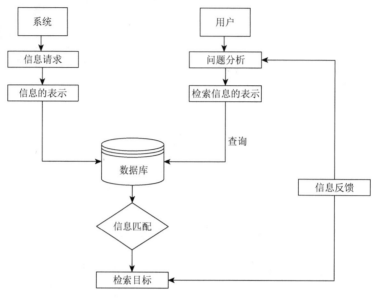

图 6-7　信息检索模型组成

信息检索被认为是信息访问的主要形式。信息检索涉及所有与组织、处理和访问各种形式和格式的信息有关的活动。信息检索系统允许人们与信息系统或服务进行通信，以便找到满足其特定需求的信息——文本、图形图像、录音或视频。信息检索系统虽能帮助用户找到他们需要的信息，但它没有明确地返回问题的答案。它提示可能包含所需文档的存在和文档的位置。

信息检索通常涉及非结构化文档。由于机器学习和改进的处理能力，还可以检索其他类型，如图像、音频和视频。虽然文档可能是非结构化的，但它们通常伴随着结构化的元数据。元数据是关于文档的数据。例如，一封电子邮件包含日期、发件人、收件人、主题和正文字段，这是有用的结构化信息。另一个例子是用数码相机拍摄的照片。有用的元数据包括日期、相机型号、曝光设置和图片尺寸。有时文档是半结构化的，因为特定信息位于启发式算法可以识别的"标准"位置。带有部分和子部分的文本文档也是半结构化的。XML 文档可以看作信息检索系统的半结构化文档。

6.4　人工智能计算技术

人们已经知道的人工智能技术，其实都是基于对信息的处理和计算的。有并行计算、机器学习、深度学习、人工神经网络等计算方式，它们具有各自的特点和优势，但是对于巨量信息的快速计算处理，这些都存在极大问题，应该有智能计算技术和方式不断地被研究出来。

6.4.1　并行计算

理解并行计算最重要的是理解并行性。并行性是指一个计算问题的某些工作可以被分割成若干个同时可计算的部分。这就使得并行计算机处理大型计算任务时，要比普通顺序执行的计算机处理速度快得多，因为对于顺序执行的计算机而言，它会一项一项地顺序执行计算任务。

并行计算在处理计算任务时，同时使用两个及两个以上计算机内核处理器来解决单个计算任务。也就是说，并行计算通过协同并行计算机系统内多个软硬件资源，在同一时间内解决一个计算问题。通常，并行系统可以是一台多核的并行计算机，也可以是并行计算机和混合计算节点组成的联网并行计算集群。

为什么会出现并行计算？随着数据时代的发展，大量计算任务需要在短时间内完成，例如，计算机在处理矩阵运算时，其时间复杂度会导致耗费大量时间。采用并行计算能够缩短计算时间，因为并行计算能调用多个计算单元以专注解决一个问题，这能够大大缩短计算多任务对计算资源占用的时间。除此之外，在处理大型计算问题时，并行计算能赋予更多细节、更高的时空分辨率，也能使人们访问更多的计算机内存，最大化利用计算机的计算能力与资源。

1. 基本条件

要想实现并行计算，通常需满足以下三个条件。

（1）并行计算机。多计算机内核的并行计算机，包含两个及两个以上计算机内核处理器，并且并行计算机能够接入网络，具有互联互通的能力。

（2）所解决的计算问题具有并行度。计算机所面临的计算任务可以被拆解为很多个小的子计算任务，这些子计算任务能够在并行系统中并行地执行。将一个问题拆解成多个子计算任务的过程，称为并行算法。

（3）并行编程。在并行计算机提供的编程环境中，具体实现并行算法，编制并行程序，并运行该程序，从而达到并行求解应用问题的目的。

2. 四种形式

（1）位级并行（bit-level parallelism）：对于计算机处理器而言，字长越短，意味着其表示的信息越少，这就需要通过增加计算机指令量来完成计算任务。因此，增加处理器字长能够减少处理器执行指令量，节省计算时间。

纵观计算机芯片的发展历史，4 位计算机处理器先后被 8 位、16 位、32 位及目前普遍应用的 64 位处理器所替代。可以说计算机体系结构的提速是由计算机字长加倍（即处理器每个周期可处理的信息量）推动的。对于计算机处理器而言，增加字长会减少处理器必须执行的指令数量，以执行大于字长的变量的操作。例如，如果一个 16 位处理器必须将两个 18 位整数相加，则处理器必须首先使用标准加法指令将每个整数中的 8 个低位相加，然后使用加法器将 8 个高位相加。一个 8 位处理器需要两条指令完成一个操作，而一个 16 位处理器能够用一条指令完成操作。

（2）指令级并行（instruction level parallelism）：从编程角度来看，计算机程序中的每一条语句都对应着处理器的执行指令。没有指令级并行性，处理器每个时钟周期只能发出少于一条指令（IPC＜1）。这些处理器称为次标量处理器。这些指令可以重新排序并组合成组，然后在不更改程序结果的情况下并行执行，这称为指令级并行性。从 20 世纪 80 年代中期到 20 世纪 90 年代中期，指令级并行性的进步主导了计算机体系结构，即当指令之间不存在相关性时，它们在流水线中可以重叠起来并行执行。

（3）任务并行（task parallelism）：这是并行程序的一个特征，即可以对相同或不同的数据集执行完全不同的计算。这与数据并行性相反，数据并行性是对相同或不同的数据集执行相同的计算。任务并行性涉及将任务分解为子任务，然后将每个子任务分配给处理器执行。最后，处理器将同时并经常协作地执行这些子任务。任务并行性通常不会随问题的规模而扩展。

（4）超字级并行（super word-level parallelism）：一种基于循环展开和基本块矢量化的技术。它与循环矢量化算法的不同之处在于，它可以利用内联代码的并行性，例如，操纵坐标、颜色通道或手动展开的循环。

6.4.2　机器学习

机器学习是借助概率论、统计学等知识，利用计算机对人类学习过程建立计算模型，主要通过使用不同类型的统计方法，对算法进行迭代训练以理解数据结构，最终对数据进行分类或预测，揭示出数据挖掘项目中的实际现象、规律。因此，机器学习基本上旨在对事物进行分类、发现模式、预测结果，并做出明智的决策。当涉及复杂和不可预测的数据时，可以一次使用一种算法或组合使用算法以实现最佳准确性。

根据数据性质和学习方式的不同，机器学习主要分为监督学习、无监督学习、半监督学习和强化学习。

监督学习，是通过使用带有标记的数据集来训练算法，从而准确分类数据或预测结果。也就是说，在监督学习模型中，使用标记的训练数据和训练示例的集合来推断函数。当某些目标被确定为从一组特定的输入中完成时，就会执行监督学习。例如，假设目标是让机器区分雏菊和紫罗兰。一个二进制输入数据对包括雏菊图像和紫罗兰图像。该特定数据对的期望结果是选择雏菊，因此它将被预先确定为正确的结果。

无监督学习，相对于监督学习，它是采用不带标记的数据集来训练算法。在无监督学习中，输入数据是未经标记和非结构化的。通过数据驱动的方法，机器学习能够获得探索目标、结果分类、识别趋势等能力。最常见的无监督学习任务是聚类、密度估计、特征学习、降维、寻找关联规则、异常检测等。

半监督学习，简单来说就是监督学习与非监督学习的混合。在训练期间，它使用较小的标记数据集来指导从较大的未标记数据集中进行分类和特征提取。半监督学习可以解决没有足够的标记数据（或无力标记足够的数据）来训练监督学习算法的问题。

强化学习，是一种类似于监督学习的行为机器学习模型，但算法不是使用样本数据进行训练的，而是系统经过反馈的结果、经验与奖励来指导期望结果的动态规划。

6.4.3　深度学习

深度学习与传统神经网络不同。在深度学习中，不需要明确地对所有内容进行编程表示[17]。如果将深度学习要运算的大量数据比作水流，把深度学习网络比作一个庞大的城市水系网络，网络的入口和出口则是由若干管道的开口组成的。在这个庞大的水管网络中，这些水管有许多层网络，每一层都有若干控制装置，可以控制水的流量和方向。根据不同的任务要求，水管网的数量和每层的控制装置的数量可以调整。对于复杂的操作，控制装置的数量可能超过 1000 个。在水管系统中，每一层的每个控制阀通过水管与另一层的所有控制阀连接，形成一个前后连接的水流系统。

深度学习就是人类用数学理论知识和计算机算法搭建的一种架构，其本质上是一个三层或多层的神经网络。这些神经网络试图模拟人脑的行为——尽管远不及人脑的思维能力，但它能从大量数据中"学习"。通过尽可能多的数据训练和计算机的大规模运算能力去调节内部参数，尽可能逼近目标，得到人们可以接受的结果。下面将介绍深度学习的三种典型模型。

1. 卷积神经网络

卷积神经网络（convolutional neural network，CNN）通常跨多个完全连接或池化的卷积层应用多层感知器（对视觉输入进行分类的算法）的变体。CNN 的学习方式与人类相同。人们生来就不知道猫或鸟长什么样。随着人们的成长，人们了解到某些形状和颜色共同对应于一个元素。人们一旦了解了爪子和喙的样子，就能够更好地区分猫和鸟。神经网络本质上是相同的方式工作。通过处理标记图像的训练集，机器能够学习识别图像中的特征元素。

图像卷积运算（图 6-8）是通过卷积核与对应像素相乘再加权累积的，循环反复地使用卷积核对原图像进行运算可以得到特征图，在特征图上能够明显地反映出输入

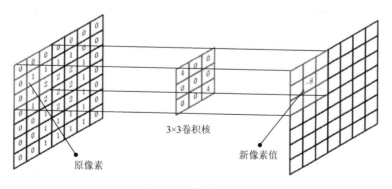

图 6-8　图像卷积运算

图像特征的位置和强度。卷积是一种线性运算，如果过滤器被调整以检测输入中的特定类型的特征，那么在整个输入图像中重复使用该过滤器可以在图像的任何位置发现该特征。

卷积核的中心元素对应在原像素位置。图像卷积计算结果的位置也同时对应 3×3 卷积核中心元素位置，其结果为自身和附近像素的卷积加权和。

例如，设计第一个滤波器来检测某种形状的曲线，第二个滤波器检测垂直线，第三个滤波器检测水平线。其他滤波器可以检测颜色、边缘和光强。连接多个滤波器的输出可以揭示与训练数据中已知元素匹配的复杂形状。

CNN 大体上由输入层、输出层和隐藏层三个部分组成，而隐藏层通常由数个卷积层、池化层、归一化层和全连接层组成。CNN 结构图如图 6-9 所示。

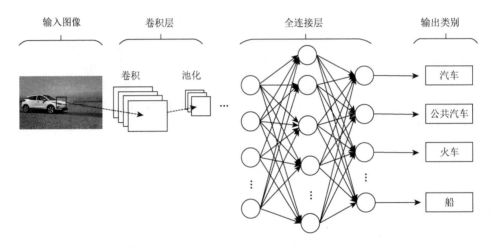

图 6-9　CNN 结构图

卷积层专门用于捕获基本特征，如边缘、颜色、渐变方向和基本几何形状。随着图层的添加，模型会填充高级特征，这些特征逐渐确定一个大的棕色斑点，首先是车辆，然后是汽车，最后是别克汽车。

池化层会逐渐减小表示的空间大小，以提高计算效率。它独立地对每个特征图进行操作。池化操作中常用的方法是最大池化法，通过选择数组中的最大值来减少计算所需值的数量。堆叠卷积层可以将输入分解为基本元素。

归一化层是对数值进行正则化处理以提高网络的性能和稳定性。通常，归一化会将所有输入转换为均值为 0 和方差为 1，使每一层的输入更易于管理。

全连接层的作用在于将相邻两层中上一层的每个神经元都连接到下一层中的所有神经元。

2. 循环神经网络

循环神经网络（recurrent neural network，RNN）是一类常用于对序列类型数据进行建模的神经网络。RNN 能是在前馈网络的基础上发展而来的，其能够表现出与人类大脑功能相似的行为。简单地说，RNN 能在序列数据中产生其他算法无法产生的预测结果。

在前馈神经网络中，信息流只会朝着输入、输出的方向移动，直接通过网络的各个层次结构，并不会在某一个神经元流入两次或者两次以上。因此，前馈神经网络的神经元对它们接收的输入数据是没有记忆的，这使得前馈神经网络无法预测接下来会发生什么。因为在前馈神经网络中，每个神经元只会计算当前的输入值，它没有时间顺序的概念。它只能不停地进行数值训练，根本不记得上一次的计算情况。而在 RNN 中，信息通过一个循环，将输出值再次回馈到当前的神经元，这使得它在做出决策、判断输出时，会综合考虑当前的输入、之前的输入以及以前学到的知识。

图 6-10 说明了 RNN 和前馈神经网络在网络结构和输入输出流程上的不同。

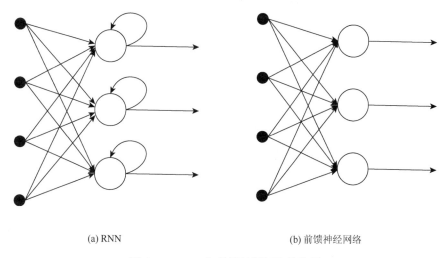

(a) RNN   (b) 前馈神经网络

图 6-10   RNN 与前馈神经网络结构图

循环的机制使得 RNN 内部的神经元节点拥有记忆，能够记住每次输入的关键信息，能够通过对序列及其上下文深入理解，这赋予了 RNN 对未来能够做出精确预测的能力。尤其是在诸如语音、音视频、天气、时序数据等序列数据训练方面，它的预测效果比其他算法要优异很多。

3. 生成对抗网络

生成对抗网络（generative adversarial network，GAN）是一种深度神经网络框架（图 6-11），能够从一组训练数据中学习并生成与训练数据具有相同特征的新数据。例如，在人脸照片上训练的 GAN 可以生成完全虚构且逼真的面孔。GAN 通常由两个神经网络组成，一个生成网络和一个鉴别网络，它们之间有着相互博弈的机制。GAN 一般是通过输入一些噪声向量来训练生成假数据，通过训练鉴别网络来区分生成器的假数据和真实数据。在这个过程中，如果生成器生成了鉴别器可以轻松识别为不可信的虚假数据，例如，明显不是人脸的图像，则生成器将受到惩罚。通过不断训练，生成器会学习生成更合理的示例，最终达到纳什均衡。

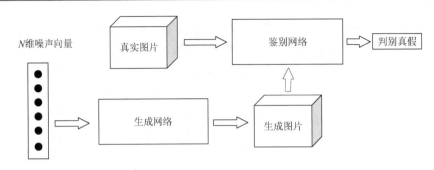

图 6-11　GAN 模型结构图

GAN 应用如下。

（1）合成训练数据的 GAN。GAN 可用于为训练数据稀缺的机器学习应用生成合成训练数据。为许多机器学习应用程序收集训练数据通常既耗时又成本高，因此使用 GAN 生成随机人脸有时是一种有吸引力的选择。

（2）用于音频风格迁移的 GAN。将 GAN 应用于音频数据，需要将音频信号转换为频谱图，其中时间在 x 轴上，频率在 y 轴上，给定时间点和频率的声音强度由"颜色"表示。由于录音有不同的长度，因此频谱图被切割成恒定长度的块。通过这种预处理，将音频信号转换为多个固定大小的图像。使用的生成器架构类似于图像生成中使用的 CNN。使用这种技术，可以将音频从一个扬声器的声音转换为另一个扬声器的声音，或者将一段音乐从古典音乐"转换"为爵士风格。

（3）用于图像风格迁移的 GAN。除了生成类似于训练数据集的随机图像的示例之外，GAN 还可以用于图像风格迁移。目前，有一种名为 StyleGAN 的 GAN 架构，可用于将图像从一种风格转换为另一种风格。该网络可用于将人脸从一种性别转变为另一种性别，或改变面部方向。例如，它还能够用斑马代替照片中的所有马，或者将一幅画变成莫奈的风格。

（4）深度学习的优缺点。深度学习的优点在于以下四个方面：①学习能力强，从结果来看，深度学习表现出的性能是优于传统神经网络的，这得益于对特征提取的深度。②覆盖范围广，适应性好。深度学习采用了大量的神经网络层数，学习面广。理论上可以映射到任意函数，所以能解决很复杂的问题。③数据驱动，上限高。深度学习模型的表现优劣很大程度上取决于数据量，数据量越大，训练出的模型准确度往往越高。同时，通过对深度学习模型调参的方式进一步提升模型精度。④可移植性好。目前越来越多的深度学习模型框架，诸如 TensorFlow、Pytorch 拥有很好的兼容性，方便人们将深度学习模型移植到各个平台。

当然，深度学习的缺点也很明显：①计算量大。训练一次，深度学习模型会处理大量数据，需要大量的算力，这使得成本也相应增加。②硬件配置要求高。由于深度学习需要大量的算力支撑，而 CPU 已经难以满足深度学习的需求。GPU 和张量处理器（tensor processing unit，TPU）已逐渐成为主流的算力支持，所以深度学习对计算机硬件的要求很高。③模型设计复杂。深度学习的模型设计非常复杂，需要投入大量的人力、物力和时间来开发新的算法和模型。④可解释性差。由于深度学习极度依赖数据，当训练数据中正负样本出现缺失，整体训练数据不平衡时，使用这样的数据进行模型训练，会导致模型表现出"歧视""偏见"等无法解释的现象。

6.4.4　人工神经网络

1. 人工神经网络的概念

人工神经网络（artificial neural network，ANN），通常简称神经网络（NN），是受生物学中人脑神经元网络启发，模拟生物大脑对复杂信息处理的复杂数学模型。人工神经网络通过将生物大脑中的神经元节点、连接单元抽象成计算机符号，对神经元节点、连接单元组成的符号集合进行建模。每一个连接就像大脑中的神经突触一样，信号能够通过神经连接从一个神经元传递到相邻的神经元。每个神经元节点都代表着一种输出函数，而这些神经元之间的连接则对应着一个加权系数，即权重。通过这种神经元相互连接的网络模式实现人类的记忆功能。

人工神经网络通过检测数据中的模式和关系来收集知识，通过经验而不是编程来学习（或训练），这就是人工神经网络与其他经典计算机程序的基本区别。人工神经网络软件和其他计算机程序之间的另一个显著区别是用于数据分析的算法是灵活的。它们可以在分析过程中随时更改。人工神经网络的显著特征是它们能够有效地处理多维问题，包括数千个特征。一个人工神经网络由数百个单元组成，即人工神经元或处理元件，这些单元与系数（权重）相连，构成神经结构并按层组织。神经计算的能力来自连接网络中的神经元。神经元在网络中连接得越好，作为输出的预测就越好。神经网络的活动由其神经元的传递函数、学习规则和架构本身决定。

2. 前馈神经网络

前馈神经网络（图 6-12）通常称为多层神经元网络，之所以这样称呼，是因为所有信息仅在前向传播，节点之间的连接不会形成循环。在这个网络中，信息仅向一个方向移动，即信息流首先会进入输入节点，穿过隐藏层，最后通过输出节点输出，得到所需要的结果。因此，前馈神经网络很显著的特点就是不存在将输出节点输出的信息反馈回网络的连接。

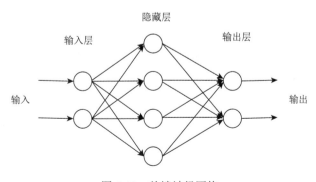

图 6-12　前馈神经网络

单层感知器是前馈神经网络的重要模型，常用于分类任务。前馈神经网络结构很简单，它以一种最简单的神经网络形式运作，通常视为一种单层感知器。在这个模型中，一系列信息流先进入输入层并乘以初始设置的权重。然后将乘以权重后的值加在一起，得到加权输入值的总和。如果加权相加后的值高于设置的阈值（通常设置为零），则最终输出的结果通常用 1 表示，而如果加权相加后的总和低于这个阈值，则最终输出值用–1表示。除此之外，神经网络可以将其节点的输出与预期值进行比较，从而允许网络通过训练调整其权重，以产生更准确的输出值。这种训练和学习的过程产生了一种梯度下降的形式。在多层感知器中，更新权重的过程几乎是类似的，但是这个过程被更具体地定义为反向传播。在这种情况下，网络中的每个隐藏层都会根据最后一层产生的输出值进行调整。

3. 人工神经网络的应用

人工神经网络可以执行对人类来说很容易但对机器来说很困难的任务，例如，在航空航天领域，可以使用人工神经网络实现自动驾驶飞机、飞机故障检测；在汽车安全驾驶领域，可以实现汽车引导系统；在军事领域，可以实现武器定向和转向、目标跟踪、物体识别、面部识别、图像识别；在电子领域，对代码序列进行预测、IC 芯片布局、芯片故障分析、机器视觉、语音合成等的人工神经网络正被广泛应用。

4. 人工神经网络的优缺点

人工神经网络的优点在于它具有比较强的容错性，当人工神经网络的一个或多个单元出现故障时，不会影响最终结果的输出；在知识不足的情况下，具有自主学习的能力，通过人工神经网络的训练，即使输入的信息缺失、不完整，也能通过对自主学习得到最终的输出结果；可以并行处理计算机问题，人工神经网络可以同时执行多个计算任务，以提高解决计算问题的效率。同样，人工神经网络也存在很多缺点，例如，极度依赖计算机硬件，人工神经网络根据其结构需要大量的算力来支撑其运算，需要具有并行处理能力的处理器；对输出结果的可解释性差，这也是人工神经网络最重要的问题。当人工神经网络给出一种解决方案时，有时很难根据上下文信息，结合实际情况去解释输出的结果。这也降低了人们对网络的信任度，需要不断调节人工神经网络参数，通过经验和反复实验来确定参数，以达到最好的计算效果。

6.5 智能计算的表现形式

智能计算的表现形式可以是集中式、分布式和混合式。分布式体现为网络化，具有很强的空间属性。智能计算具有时间属性，信息随时间变化而变化，影响着智能计算的实施。唯物辩证法指出，事物的发展总是曲折、循环往复，并在波浪中不断前进的。智能计算的表现形式也不例外。在过去的数十年里，智能计算的模式也不断在集中式和分布式的模式中反复发展。

6.5.1　集中式

最初的计算机没有单独的终端，它们的原始输入、输出设备是内置的，而且早期的计算机非常昂贵，并占用大量的地面空间，后来人们发现共用一台计算机非常节约成本和资源，是非常方便、有用的。集中式计算（图 6-13）的想法诞生了。早期的文本终端使用机电式电传打字机，但后来这些被晶体管显示器取代。文本终端模型从20 世纪 60 年代开始主导计算，直到 20 世纪 80 年代家用计算机和个人计算机占据主导地位。

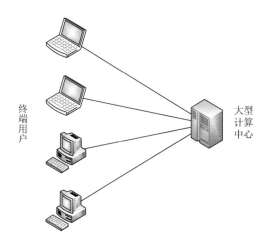

图 6-13　集中式计算

多年来，为了实现相互通信和交互，独立的计算机系统通过网络技术连接在一起。如今，人们可以观察到这种在地理上分散的配置模式，称为集中式计算。集中式计算主要是指一种计算模型或少量的主流服务器存在于一个共同的位置，以满足大量用户的计算需求。早些时候，集中式计算是唯一的计算系统，因为通常只有一台计算机在工作，为了完成工作，所有用户都必须来到唯一的中央系统，而没有本地处理能力的终端通过直接连接到计算机的方式，让用户无须亲自到机器上服务即可与中央计算机连接。

集中式计算是一种计算架构，其中所有或大部分处理、计算都在中央服务器上执行。集中式计算能够部署中央服务器的所有计算资源。反过来，中央服务器负责向连接的客户端提供应用程序逻辑、处理和提供计算资源。集中式计算类似于客户端/服务器架构，其中一台或多台客户端个人计算机直接连接到中央服务器。通常，每台客户端计算机都是没有计算能力或计算能力非常有限的客户端。它们通常具有显示器、基本输入设备和具有网络功能的精减 CPU。客户端个人计算机通过网络连接到处理其计算的中央服务器。中央服务器部署了主应用、海量计算资源、存储等高端计算密集型特性。所有客户端节点都完全依赖于中央服务器进行应用程序访问、计算、存储、互联网访问以及提供安全保障。此外，集中式计算基础设施中的管理员从中央服务器接口管理所有客户端节点。

集中式计算是位于中央的计算机系统处理数据的过程。为了快速访问此过程，需要一个强大的系统，所有数据都存储在集中式数据存储器中。采用集中式计算处理数据有以下三个优点：

（1）集中式计算处理减少了支出，因为它不涉及额外的机器和硬件。

（2）通过集中式计算处理可以获得有效的数据安全性。

（3）单个信息系统上可用的数据取决于附加的信息系统。

当然，集中式计算处理的缺点也很明显：

（1）中央信息系统需要存储大量的数据。

（2）对信息请求的及时响应能力降低。

（3）数据传输成本高。

6.5.2　分布式

分布式计算（图6-14）是相对于集中式计算的。在以大型主机流行为代表的时代，计算资源稀缺，很多人共用一台主机。但大型主机也因其集成完善的硬件系统，有着卓越的计算性能和良好的稳定性，其在单机处理能力方面的优势非常明显。从20世纪80年代以来，计算机系统向网络化和微型化的发展日趋明显，传统的集中式处理模型越来越不能适应人们的需求。随着个人计算时代的到来，价格低廉、硬件设备小型化的个人计算机开始进入千家万户。人们可以很容易地拥有自己的计算资源。互联网的出现，又使得连接调用所有这些拥有限制计算资源的计算机系统成为现实。

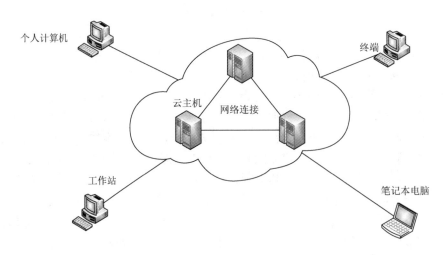

图6-14　分布式计算

分布式计算就是在两个或多个软件上共享信息，这些软件既可以在同一台计算机上运行，也可以在通过网络连接起来的多台计算机上运行。这些计算机可以从物理上分开，

分布式计算就是通过紧密协调分布在广泛区域内的多台计算机来完成待处理的复杂计算任务。由于计算机物理分离，分布式计算机硬件之间无法使用共享内存，因此参与的计算机往往通过网络交换消息和数据。

在分布式计算中，计算始于特殊的问题解决策略。分布式计算将一个大型计算任务分解成多个小任务，每一个任务交由一个计算单元处理。将一个大型任务分散在计算机网络中的多台计算机上，采用分布式应用程序处理，最后将结果综合起来。这样可以节约整体计算时间，大大提高计算效率。

分布式计算有很多优点。分布式计算的出现使得人们使用带有微处理器的廉价计算机而不是极其昂贵的大型计算机来构建负担得起的高性能基础设施。大型集群甚至可以胜过单个超级计算机并承担复杂且计算密集型的高性能计算任务。许多分布式计算解决方案旨在提高灵活性，这通常也会提高效率和成本效益。为解决特定问题，可以集成数据库服务器等专用平台。例如，面向服务的体系结构（service-oriented architecture，SOA）架构可用于业务领域，以定制解决方案，优化特定业务流程。供应商可以在全球范围内提供计算资源和基础设施，这使得基于云的工作成为可能。同时，分布式计算的灵活性还意味着临时空闲容量可用于大型项目开发。人们也可以灵活地购买硬件，而不限于单个供应商。另一个主要优势是它的可扩展性。人们能够在短时间内快速扩展硬件，以满足逐渐增长的计算能力。

尽管有许多优点，但分布式计算也有一些缺点，例如，实现和维护复杂系统架构的成本较高。此外，必须解决分布式实例之间的时间和同步问题。在分区容限方面，分布式计算方法确实比单个处理实例具有一定的优势。然而，分布式计算方法也带来了安全问题，例如，数据在公共网络上传输时容易受到破坏和黑客攻击。分布式基础设施通常也更容易出错，因为在硬件和软件级别有更多的接口和潜在的错误来源。基础设施的复杂性也使问题和错误故障排除变得更加困难。

6.5.3　混合式

在 5G 智能互联时代的复杂场景下，智能计算的方式是多样的，并不是单一的某种形式。集中式计算与分布式计算的交替发展，并没有互相取代，而是共同发展，以各自独特的优点在不同场景给人们带来了便利。如今，集中式计算与分布式计算的融合是智能计算发展的大势所趋。混合式计算（图 6-15）主要是指根据应用场景不同、计算业务需求不同，灵活地在整体采用集中式计算（分布式计算），而在局部采用分布式计算（集中式计算）。例如，在传统的银行、电信、交通等行业，主要采用了集中式计算的方式，保障了业务的稳定性，计算资源可以灵活调度。由于集中式计算设备数量少、架构简单，这使得其全局的数据集中存储和处理，无须多个节点之间分布式协作，所以具有系统响应快、数据可靠性和一致性好的优点。但随着数据量的日益增大，在局部采用分布式计算能很好地解决集中式计算在单机不可用就会造成全局不可用的问题，能够以很低的成本去灵活扩展集中式计算的硬件计算资源，有力地支持了大数据分析等创新应用的加速发展。

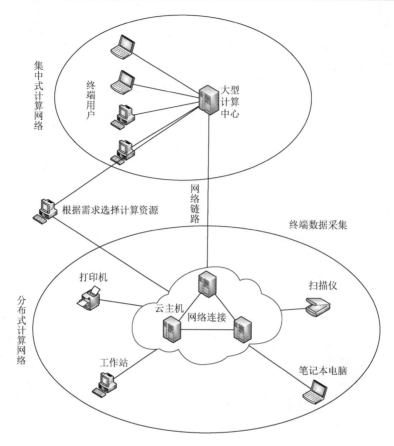

图 6-15　混合式计算

6.6　智能计算的应用

智能分为生物智能和人工智能，人工智能又分为仿生智能和机器智能，与计算方式和模式有着密切的关联关系。

6.6.1　仿生智能

仿生智能的飞速发展离不开人们对自然界的深入理解，伴随着摩尔定律的突破和计算机技术的发展，仿生智能的应用也广泛出现在人们的视野中。仿生智能强调对人类和其他生物智能行为的模仿，同时也注重从自然中学习和总结自然规律。虽然如今计算机硬件性能越来越高，这为人类完成各类智能计算任务提供了强有力的硬件平台支撑。然而，在实际计算机建模过程中，有许多困难的问题导致需要搜索的解空间异常庞大，如果没有一个好的算法，即使用一台硬件性能足够强大的计算机也解决不了现实问题，而且要花费很长时间。这促使人们积极探索和设计良好的算法，就像计算机工具被不断改良一样。为此，人们从自然甚至人类社会的角度去思考问题，希望受到大自然和人类社会的启发。

　　生活在地底的鼹鼠为适应恶劣环境，在鼻孔四周进化出星状触手，这些触手很好地将嗅觉与触觉结合在一起，以帮助其在黑暗的地底环境捕猎、生存。在应急救援领域，研究人员借鉴鼹鼠的这种生物特性，将气体传感器、触觉感知传感器与机器学习技术相结合，研发出触嗅一体化仿生智能机器手臂，帮助救援人员快速感知周边环境，如氨气、二氧化硫、硫化氢等气体识别，通过触觉传感器对周围瓦砾等物体进行硬度、轮廓局部信息采集。仿生智能机械臂（图 6-16）的应用很好地帮助救援人员快速定位被困人员，救援人员可以更加灵活地搬运物品，最大限度地确保自身安全的同时，防止救援不当对被困人员造成二次伤害。

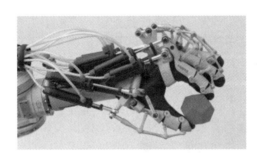

图 6-16　仿生智能机械臂

　　再如，在海洋领域，科学家设计的仿生机器鱼（图 6-17）能够像真的鱼一样，灵活摆动躯体和尾部，模仿得惟妙惟肖，能够在海底连续工作数月，搭载的摄像头、声呐、多波束测深仪等设备使得其可以拍摄生物、进行水下污染检测及海底测绘，甚至能够轻松地潜入地方港口进行侦察活动。因此，仿生机器鱼不仅可以作为科学考察工具，也可以广泛用于军事侦察，极大地提升了人们对海洋信息的获取能力，其发展与应用前景十分广阔。

图 6-17　仿生机器鱼

　　同样，仿生四足机器人，如机器狗，在消防救援、反恐、排爆等场景为人们提供了智能化的解决方案，代替人工进入危险环境工作。灵活的四肢赋予了机器狗在复杂、险恶环境的运动能力，甚至在铁路巡检、驮负重物等场景减轻了人力负担，为用户提供帮助。

6.6.2 机器智能

机器智能（machine intelligence，MI）在悄然发展。纵观历史性事件，从围棋冠军李世石惨败于 AlphaGo，到全自动驾驶汽车的首次上路，机器智能带来的新变革刷新了人们的认知，让人很难预估计算机控制系统在将来还能带来哪些变革。

机器智能是新一代自动化的延伸，用来辅助人类，改变工作的性质，让工作变得更加高效。机器智能可以定义为基于机器系统感知、计算、学习、分析等的独特能力，通过泛在状态感知、信息交互、大数据和云计算的综合通信处理分析可以让机器系统自主学习，自主分析，自主决策，不断迭代升级。在很多方面，当前的机器智能已经超过了人类智能。机器智能的基础是计算，核心是会学习的机器，它将人类带入智能化社会。机器智能模仿了人类的多种能力：①"感知力"，如人工智能的视觉功能，对图像的识别能力；②"行动力"使机器像人一样行动，如处理多种不同情况下的物体搬运任务；③"人的智商"在网络模型与算法研究的基础上，利用人工神经网络组成实际的应用系统，使机器具备人的智商，像人一样思考和处理问题，也是人工智能的高度体现；④"创造力"其实就是学习能力，机器要想像人一样具备学习创造能力，也是需要学习的，称为"深度学习"。机器智能的动机在于建立可以模拟人脑进行分析学习的神经网络，它模仿人脑的机制以解释数据。总的来说，机器智能是基于机器系统的感知、行动、思考、创造、分析等能力，采用各式各样的传感器件不断对周围环境进行感知，通过物联网实现机器集群的信息互联互通、交互，并采用大数据与云计算的处理分析，最终让机器系统可以自主学习，自主分析，自主决策，并能不断迭代升级。

目前，机器智能的其中一个典型应用场景是制造业，以工厂货物智能分拣为例，工业机器人在分拣货物（图6-18）方面的广泛应用不仅大幅度提高了分拣效率，还大幅度

图6-18 工业机器人智能分拣

降低了人工成本。通常，机器人通过摄像头可以看到货物，但却不知道如何才能将货物成功捡起来。机器学习技术使得机器人不断训练分拣动作，通过多次训练之后，机器人能够学习到这次动作是能否成功抓取，抓取哪个位置会有更高的成功率，如何以合理的分拣顺序提高成功率。经过不断的学习，机器人的分拣成功率能够达到 90%，足以顶替一个熟练工人的操作。

同样，无人驾驶车已经出现在人们的日常生活中，其也是机器智能的典型应用。无人驾驶车普遍配备先进激光雷达、毫米波雷达、摄像头等装置，用于感知周围复杂路况信息。无人驾驶车内部的自动控制驾驶系统集成了障碍物检测、碰撞检测、卫星导航、加速与制动等功能，其拥有高度智能的智能计算单元，能够快速对所采集到的信息进行智能化处理，并进行交通路况建模，其能够按照交通规则，安全驶过附近街道，又能避让行人和车辆。

第 7 章　信息与智能存储

　　信息的存储贯穿整个人类发展历史，信息存储越发达，人们的生产生活就越高效。自文明诞生以来，人类便想尽办法存储信息，信息的有效、永久存储决定着未来的发展，信息是客观世界的虚拟表示，存储就是对客观世界特征的记录，优越的存储机制是文明进步的基础。

　　信息存储的方式随着时代的发展一直在更替，如何更快速、更安全、更智能地存储海量的信息对人类的发展越来越重要。但由于各种信息及网络技术发展和应用的普及与深入，信息量的膨胀速度极快，是否需要将人们面临的全部信息存储起来呢？其次如何存储它们，是同等重要还是区别对待？怎样在保证全面性、准确性的前提下快速获取信息呢？除此之外，限于当前存储资源，如何解决存储的误差和冗余呢？本章通过分析信息的价值、存储的发展历史、信息的存储和读取技术，提出信息存储的冗余与误差等问题，与读者一起探讨智能存储的含义和发展方向。

7.1　信息的价值和存储历史

7.1.1　信息的价值

　　"信息"在我国古代用"消息"来表示，英文单词为"information"，日语则为"情报"，而对于现代来说，不同研究领域代表的含义各不相同。信息作为科学术语最早出现在《信息传输》一文中，它是由哈特莱（R.V.Hartley）于 1928 年撰写的。而信息论的创始人香农在 20 世纪 40 年代给出了信息的明确定义：信息是用来消除随机不定性的东西。创建宇宙万物的最基本单位是信息。信息价值的判断标准如图 7-1 所示。

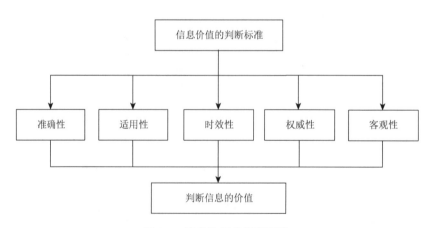

图 7-1　信息价值的判断标准

信息的准确性代表的是信息的内容是否真实且有效，其内在是否具有逻辑，涉及的相关事物是否是客观存在的，一般情况下可以从事物发展的规律与其他准确的消息间的矛盾等方面来判断信息的准确性。

信息的适用性表示的是该信息是否能够解决问题以及对于解决问题起到的作用，可以从信息是否能达到使用者的需求和对于解决问题是否提供了帮助等角度来考量。

信息的时效性指的是该信息在某个特定的时期是否能起到作用，一般通过考察信息内容的发布是否及时、是否最新、是否有效来进行判断。

信息的权威性表示的是该信息是否能够令人信服，是否具有一定威望，由于信息的提供者会根据自己已有的经验对信息进行判断，所以信息的权威性通常通过信息提供者的资质、背景和工作经验等进行考量。

信息的客观性表示的是信息所代表的含义不带有主观的臆断与偏见。带有主观的意图会影响信息的客观性，因此可以沟通信息提供者的目的来考虑信息是否有客观性。

信息的价值通常可以通过信息的准确性、适用性、时效性、权威性和客观性五个角度来进行判断，但并不是所有的信息都需要从这五个角度进行考量，要根据实际情况选择其中的某方面对信息的价值进行分析和思考。

7.1.2　古代信息存储的发展历史

1. 结绳记事

在文字还没被发明前，人类使用结绳记事的方法来存储和传播信息。结绳记事即在一条绳子上打结，根据结的大小及颜色等来计数或者记录历史。有文献记载："上古结绳而治，后世圣人易之以书契，百官以治，万民以察，盖取诸夬。"其结绳方法，古书记载："事大，大结其绳；事小，小结其绳，之多少，随物众寡。"

2. 壁画

壁画出现在旧石器时期，原始人类最早住在岩洞中，岩壁自然成为当时人类存储信息的载体。初期壁画只记录一些简单的动物形象，后壁画开始记录更为复杂的信息，如部落的移民历史、生活场景及祭祀等。利用岩石存储信息的方式在史前各地区较为普遍，壁画遍及世界各地，且由于其载体非常坚固，其存储时间也非常久。

3. 文字及纸张

中国文字的起源是象形字，起初人类通过观察山、川、日、月等形状，形成了复杂的文字，后来越来越简化。甲骨文是中国发现的最早的文字，其载体多为兽骨或者龟甲。后文字的载体又有金石、竹简、木牍等。西汉初期，中国人发明了造纸术，纸的出现使信息的存储与传播更为快速与方便，促进了人类文化的传播。

7.1.3 现代信息存储的发展历史

1. 打孔卡

1725 年，法国人 Basile Bouchon 发明了打孔卡，借此来控制纺织机进行图案的织造。打孔卡是由薄片纸板制成的，用孔洞位置或其组合表示信息，在预定的位置通过打孔或者不打孔来表示数字信息，它是最早的机械化信息存储形式。1846 年，打孔纸带被用于电报的发送，到 1890 年，Herman Hollerith 发明了打孔卡制表机，它用全新的方式存取和理解信息，使信息的处理速度得到了极大提升，迅速应用到了各个行业。1896 年，Herman Hollerith 成立了制表机公司，这就是 IBM 的前身。

2. 磁带

随着时代的发展，传统的信息存储方式已经不能满足人们的需求。自计算机出现后，信息存储的方式发生了极大的改变，将信息数字化后进行存储的方式已成为信息存储的主要形式。1928 年，Fritz Pfleumer 发明了录音磁带，可以用来存储模拟信号，其原理是：随着音频电流的变化，磁力线与之具有相同的变化规律，故可以将声音信息存储到磁带中。磁带于 1951 年开始应用到计算机中，商业计算机史上的第一台磁带机由此诞生。

3. 磁鼓

1932 年，Gustav Tauschek 发明了磁鼓存储器，它是最早依靠磁介质并利用电磁感应原理存取信息的信息存储设备，也是计算机所用内存的早期形式。磁鼓筒是一个高速旋转的精密非磁性材料圆柱体，外表面涂有磁铁记录材料，磁鼓上也有磁头，按照磁鼓表面与磁头保持的间隙，可以分为静压式浮动磁鼓和动压式浮动磁鼓。磁鼓旋转的速度很快，因此存取信息的速度也相对较快，但是磁鼓只有表面一层用于信息存储，相比于之后的磁盘，利用率较低，其原始磁鼓存储容量约为 500000bit（62.5KB）。

4. 计算机

1942 年，John Vincent Atanasoff 教授和他的学生 Clifford Berry 成功开发出世界上第一台电子数字计算机，他们第一次采用二进制的形式表示信息。需要注意的是，许多书上写的世界上第一台计算机 ENIAC 问世是在 1946 年，这并不准确，ENIAC 其实是第 11 台计算机，其设计者盗窃了 Atanasoff 的设计，1973 年，美国法院已经取消了 ENIAC 的专利。这台具有历史意义的机器并没有被保存下来，1997 年，爱荷华州立大学重建了其复制品。

5. 随机存取数字存储器

1946 年，Jan A. Rajchman 团队发明了静电记忆管（Selectron Tube），这是第一个随机

存取数字存储器，其原理是在真空管内以静电荷的方式存储数据，但其存储时间较短，只能存储大约 4000B 的信息。

6. 延迟线存储器

1947 年，J.Presper 发明了延迟线存储器，它是用于改良雷达声波的装置。之后，J.Presper 又参与了通用电子计算机 ENIAC 的设计，并在其中使用了汞延迟线存储器，它的工作方式为顺序存取且可以重新刷新存储器。

7. 磁芯存储器

磁芯存储器于 1947 年首次出现，1948 年，美籍华人王安博士研制了"脉冲传输控制装置"，其原理是在每个铁氧体磁环里穿三根导线，两根相互垂直，还有一根斜穿的读出线。导线中流过方向不同的电流时，磁芯可以产生两个相反方向的磁化，以此作为 0 和 1 的信息存储到磁场中。两个垂直的导线可以作为 X、Y 两个不同方向的寻址。此专利被以 50 万美元卖给了 IBM，王安这位传奇人物的个人财富在 1986 年已达 20 亿美元。

8. 硬盘

硬盘于 1956 年由 IBM 公司推出，原理是磁盘表面有一层磁记录介质，其磁化状态随外界磁场的变化而变化，且外界磁场移去后，磁化状态不改变，从而可以存储信息。起初其体积庞大、价格昂贵且容量仅有 5MB，但在当时 5MB 算是非常大的存储量。在后来的发展中，硬盘体积越来越小，且价格越来越低，它替代磁带成为数据备份的主要设备，在 1998 年更是进化为闪存被普遍使用。

9. 软盘

第一台个人计算机出现后，最大的问题便是计算机一旦关机其操作指令会被抹去，于是软盘被开发出来，这种设备容易更换，价格低廉且携带方便。随着工艺的进步，虽然软盘的尺寸被设计得越来越小且容量越来越大，但是软盘的缺点也日益明显，由于读取内容时，磁头必须接触磁盘，所以其很容易受到温度、湿度等外界的影响，使用寿命并不长。另外，软盘存储的稳定性不好，速度和容量也不理想，在光盘、闪存盘、U 盘等出现后，软盘逐渐被淘汰。

10. 光盘

1982 年，为了代替软盘，Philips 和 Sony 发布了商用 CD 音频播放器，其存储量可达 700MB，远远超过软盘，光盘开始被广泛使用。1995 年，Digital Versatile Disc（数字多用途光盘）诞生，其存储容量大大增加。2000 年，蓝光光盘进入市场，其容量再次增大近 10 倍，而且存取速度也有极大的提升，蓝光光盘在存储大容量数据和高品质影音方面有着优异的表现。

11. 云存储

在万维网出现后，数据可以通过网络在线存储，即利用万维网的上网服务，将信息进行备份和存储。随着数据的快速增长，普通的网络存储已经不能满足数据存储的需求，在云计算的概念上延伸出了云存储模式，它是将信息存储在网络中不同地域的、数量庞大的、不同类型的存储设备中，这些设备集合起来协同工作，为用户提供服务。

12. 全息存储

全息存储是利用光的干涉原理将信息和数据存储在感光介质上的存储技术，传统的存储仅利用了存储介质的表面，而全息存储是将信息以图案的方式存储在介质的内部，大大提高了利用率。另外，全息存储读写的单位是页，不同的页面可以同时进行信息的存取，其存取速度也有非常大的提高。全息存储的存储方式为非接触式，所以其保存寿命也非常长。

7.2　信息的存储和读取技术

直到今天，世界上还没有一种材料可以称得上是"永久存储材料"，自然界也许有，但是人类的技术和手段还不足以使信息永久存储。永久存储可以依赖材料，也可以利用系统或网络实现。本节介绍几种有希望延长存储时间的信息存储介质及存储技术。

7.2.1　磁存储

磁存储的原理是磁致电阻效应。磁存储由感应磁头完成，读取由磁致电阻磁头完成，其核心是一种会根据当前磁场的强弱改变其自身阻值的金属材料。

存储时的感应磁头利用平版印刷工艺，采用磁感应强度非常高的薄膜材料印刷出的磁头结构，即感应式薄膜磁头。为了降低由于介质不均匀产生的噪声，其磁头结构的道密度和位密度差别较大，且道间距和磁头宽度也较宽。磁头的切向记录长度低于 $0.076\mu m$，缝隙低于 $0.1\mu m$。在已有的基础上想要进一步增大硬盘的记录密度，需要进一步提高制造技术将缝隙长度和磁道宽度按比例缩小。此外，为了保证高密度纪录时的稳定性，还需提高记录介质的各向异性常数。

读取过程采用的是磁性自旋阀和磁性隧道结构，磁性自旋阀第二层是非磁性的材料，第一层和第三层是低矫顽力磁性层。磁性层为自由层，用来固定磁性层的反铁磁层称为固定层。在磁性隧道结构中，有一层绝缘层夹在自由层和固定层之间，用以将绝缘的非磁性材料分割开来。

7.2.2　半导体存储器

半导体存储器是计算机的重要部件，它的优点有体积小、存储容量大及存取的速度快等，它是由半导体集成电路工艺制成的，每个存储单元有"0"和"1"两个表征态的存储器。半导体存储器的外围逻辑电路和存储单元阵列可兼容，能制作在同一芯片上，简化了输入、输出接口。因此，磁性存储器在计算机存储方面已经完全被半导体存储器代替。半导体存储器的性能提升主要靠工艺的进步，但是器件尺寸的缩小有着诸多限制，缩小到一定程度后，其工艺技术变得非常复杂，成本也不成比例地增加，故继续研究具有普遍性的半导体存储器变得不合时宜，于是出现了适用于各种领域的不同类型的半导体存储器，其大体可以分为三类，即 ROM、串行存储器和 RAM。

ROM 只能随机读取而不能写入信息，若断电不会影响其数据的存储状态，故适合用来存储一些不需要更改的信息。常见的有可编程 ROM（programmable ROM，PROM）、掩模式 ROM、可擦除的 PROM（erasable PROM，EPROM）、电擦除的 PROM（electrically erasable PROM，EEPROM 或 E2PROM），其中 PROM 只允许一次编程，一旦编程完成，后续不可进行更改；掩模式 ROM 在出厂时需要设定好，一旦出厂，用户不能对其再次进行编程；可擦除的 PROM 则可以对其信息进行多次更改，更改时先用紫外线对原内容进行擦除即可；电擦除的 PROM 能够以字节为单位对其内容进行擦除和更改。

串行存储器犹如磁带一般，其中的单元结构是一维排列的，因此需要按顺序通过整条磁带，故首尾的读取时间相差较大。半导体串行存储器中的单元也是一维排列的，其中的数据按照列的顺序进行读取，如电荷耦合存储器和移位寄存器等。

RAM 既可以读取，又可以写入，通过 CPU 将其内容随机地进行读取和写入，但是在断电后，RAM 中的信息会立刻丢失。RAM 按照工作方式可以分为静态 RAM 和动态 RAM。静态 RAM（static RAM，SRAM）可规定 A、B 两个晶体管中的一个导通，可以表示状态 "0" 或者状态 "1"，其触发器在电源足够高的状态下可以保证导通状态保持稳定。所以存入每一个单元的信息，如果不 "强制" 改写，只要保持足够高的电源电压存在，信息便不会改变，故不需要任何刷新。这种存储器的速度快，使用方便。动态 RAM（dynamic RAM，DRAM）的单元由一个金属-氧化物-半导体结构（metal-semiconductor structure，MOS）晶体管和一个 MOS 电容组成，数据以电荷的形式存放在电容之中，一般以无电荷代表 "0"，有电荷代表 "1"，反之亦可。单元中的 MOS 晶体管是一个开关，它控制存储电容器中电荷的存入和取出。

7.2.3　光存储器

光存储器已有近百年历史，它的基本原理是：激光与介质相互作用，导致介质的某种属性发生变化，属性的不同状态映射到不同的存储数据，从而通过识别介质的不同状态来获取存储的数据。普通的照相术就是采用光存储技术，它不仅可以拍摄静止物体，也能使动态场景重现。采用光存储器的拍照技术无论是感光度、分辨率、鲜明度还是物理设备都有了极大的提升，但其也存在着一些不足之处，比如在存储容量、存储密度和传输速率等方面受到了一定的限制。

随着信息社会的快速发展，特别是激光的出现和计算机的普及，数字光存储技术逐渐兴起，数字光盘的诞生成为存储技术的重大突破。光盘存储器有耐热性高的优点，使其记录面不易被破坏，从而保证了数据的稳定性。光盘存储器的工作原理是通过激光从凹坑处开始扫描介质，由于入射光和反射光的相互抵消，入射光基本不返回，但是在其他区域会有大部分入射光被返回，通过反射光强度的不同，就能得到光盘存储的二进制数据，最终通过二进制译码得到初始信息。光盘存储已逐渐成为音像信息存储的首要载体，但其存储容量有限，加上受到材质的影响，其保存的数据容易受到外界干扰。不同种类光盘性能的比较如表 7-1 所示。

表 7-1　不同种类光盘性能的比较

光盘类型	基本吞吐量/(Mbit/s)	最大吞吐量/(Mbit/s)	容量/GB
CD	1.17	65.62	0.737
DVD	10.55	210.94	4.7
BD	36	432	30

注：BD：blu-ray disc，蓝光光盘。

7.2.4　相变存储器

相变存储器在 1968 年被 Stanford Ovshinsky 提出，它是基于相变理论来存储信息的。相是理化上的一个概念，如水就有气态、液态和固态的状态，不同的状态代表一个不同的相，而相变就是物体从一个状态变化为另外一个状态，相变存储就在于相变的过程中物体的电阻特性和光学特性会改变，利用物质不同的状态表示"0"和"1"可以用来存储信息。但是想要利用物质的相变存储信息就必须保证每个相的稳定性，还有相变的可逆性，当前主流的做法是利用晶体和非晶体之间相互转换时其物质的导电性具有稳定的差异来存储信息。

相变材料从晶体状态变为非晶体状态，电阻率极大地提高，呈高阻态，为逻辑"0"，通过迅速给材料一个强大的电流，并快速的冷却后即可实现这种转变，此过程称为 RESET 状态。而非晶体变为晶体时电阻率降低，为逻辑"1"，通过给材料一个弱电流，相变材料渐渐结晶，此过程称为 SET 状态。这两个状态稳定且迅速，故可以用来存储信息。而读取状态时通过给材料一个较低的电压，测量材料的电流值，若电流在一个较低范围，则是逻辑"0"，若电流值在一个较高的范围，则为逻辑"1"，并且在施加电压时要保证不会改变存储的数据。

相比于其他的存储器，相变存储器具有诸多优势和更好的发展趋势。

相变存储器具有存取速度快和可靠性高等优点，有比其他存储器更广阔的应用空间和更好的发展趋势，有望替代传统的存储技术，如应用于 U 盘的可断电存储的闪存技术，又如，应用于计算机内存的不断电存储的 DRAM 技术等。虽然人们渐渐地认识到了新存储技术的优越性，但如何将其应用在实际中却各有差异。从目前的研究可以看出，相变存储器主要可以用来替代计算机主存、硬盘和闪存。

（1）相变存储器访问时间短，并且具有字节可寻址特性，其写延迟约为 DRAM 的 10 倍，因此其在固件代码的直接执行上显现出优势，并广泛用来作为 DRAM 的替代品。传统的 DRAM 存储方法在计算机断电后，主存的数据会全部丢失，计算机重启需要重新从外存读取操作系统数据，消耗较多时间，之前部分研究者将 NOR 闪存作为主存，可以解决计算机掉电数据丢失问题，但是闪存有擦写次数有限、随机写性能较差、写延迟较大等的缺点，而采用相变存储器或者基于相变存储器的异构主存方法可以更好地解决上述问题。

（2）相变存储器的随机读写性能能够有效地突破大规模科学计算中小粒度随机 I/O 对磁盘访问所造成的 I/O 瓶颈，用相变存储器代替传统的硬盘具有很大的优势。

（3）闪存和相变存储器都是新型非易失性存储器，没有机械装置，并且可随机读写，但是和相变存储器相比，闪存的读写性能略显不足，特别是写入前需要整块擦除的缺陷，导致闪存只能通过一系列更加复杂的技术才能替代存储系统的部分功能。

相变存储器还有其他方面的应用，适用于固线和无线通信设备、消费电子、个人计算机和其他嵌入式应用设备。例如，应用在航天器领域的嵌入式系统中，用在智能电表中可以对其储存构架进行进一步整合等。另外，根据相变存储器存在的一些不足，在提高存储密度、降低成本和提高耐写能力方面需要进一步的研究，才能更好地推动相变存储器的应用与发展。

7.3　网络存储系统及云存储

7.3.1　直连式存储

直连式存储（direct-attached storage，DAS）采用一种与主机系统之间直接连接的架构。例如，长期作为服务器的计算机硬件驱动，所以 DAS 又称为直连式存储。DAS 架构中的存储设备是通过电缆直接连接到服务器，I/O 请求直接发送到存储设备。DAS 结构如图 7-2 所示。

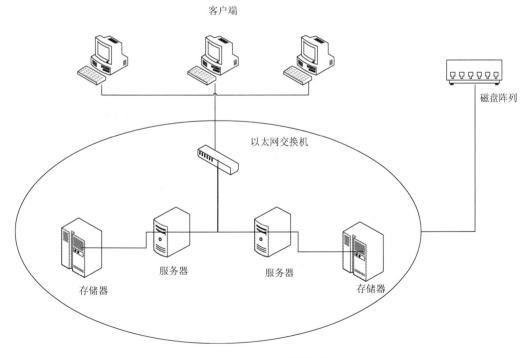

图 7-2　DAS 结构示意图

　　DAS 结构有很多优点，包括设备的购置成本低、系统的配置简单、在使用过程中与使用本地硬盘存储相类似、系统中的服务器仅仅需要提供一个外接的小型计算机系统接口（small computer system interface，SCSI）等，因此很受一些要求成本低的企业的欢迎。

　　DAS 与服务器主机之间的连接通道通常采用 SCSI，随着服务器 CPU 的处理能力越来越强，存储硬盘空间越来越大，阵列的硬盘数量越来越多，SCSI 通道将会成为 I/O 瓶颈；服务器主机 SCSI ID 资源有限，能够建立的 SCSI 通道连接有限。

　　无论是从服务器主机的扩展，还是从一台服务器扩展为多台服务器组成的群集（cluster）或存储阵列容量的扩展，都会造成业务系统的停机，从而给企业带来经济损失，对于银行、电信、传媒等行业 7×24 小时服务的关键业务系统，这是不可接受的，并且 DAS 或服务器主机的升级扩展，只能由原设备厂商提供，往往受原设备厂商限制。

　　DAS 架构也存在诸多问题。例如，存储空间的利用率低；这种架构不利于系统后期的可扩展性要求，如果发生存储空间不足的现象，其很难进一步扩展；数据共享困难；管理复杂，在运行过程中管理员必须每天为机器进行备份和恢复等管理工作。

7.3.2　网络附接存储

　　提供存储空间的硬件设备、操作系统和文件系统等几部分共同构成网络附接存储（network attached storage，NAS）服务器。各个设备之间由一个标准化的网络拓扑连接起来，同时这种组合方式避免了设备对服务器的依赖，可以不通过服务器连接网络。NAS还包含一个专门为使用者开发的、服务于数据存储的简单内置化操作系统软件，并且包含与外界网络连接所采用的各种协议。NAS 是真正即插即用的产品，不局限于地理位置的因素，可以将其放置在工作组内，也可以将其放在其他地点与网络连接。

　　NSA 系统通常会和以太网相互连接，这是最典型的使用方式，再配合一些提前设置好的磁盘容量、存储管理软件，共同形成一个集成化系统。如图 7-3 所示，NAS系统拥有专门的服务器，运行提前配置好的文件系统和操作系统，这个操作系统的作用就是为外界各种文件请求提供服务。NAS 并不包含规范的 UNIX 和 Windows NT文件系统服务器，因此可以说，它不是一个完备的总控式文件服务器。NAS 产品与客户间的通信使用 NFS、通用互联网文档系统（common internet file system，CIFS）协议[18]，或同时使用两者，运行在以太网和互联网所采用的 IP 上，其目的是交换计算机间的文件。

　　从 NAS 的运行机制和架构上可以进一步探讨其优势和缺陷，优点有如下几个方面。

　　（1）NAS 的结构简单，部署方式简便。

　　（2）它的成本较低，只需要一台 NAS 服务器，而且 NAS 服务器的价格也是符合中小企业费用要求的。

　　（3）NAS 的管理非常简单，有一套基于 Web 端的系统管理软件，对负责网络管理的运维人员来说，对其进行维护非常简单。

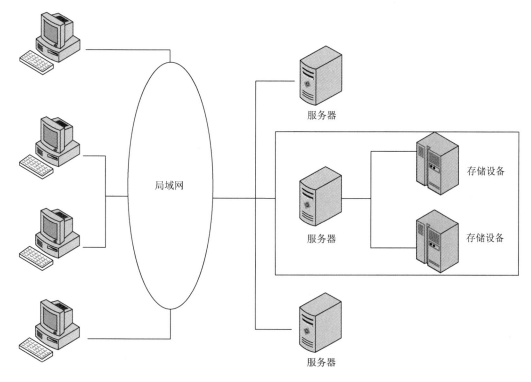

图 7-3　NAS 架构

与此同时，在简单易用的背后，NAS 也有些明显的缺点。

（1）从系统的整体性能上看，由于存储系统与应用使用同一网络，在数据访问量很大时，可能会造成网络拥塞，相应地，这些成为限制 NAS 性能的因素。

（2）考虑数据的安全性，NAS 通常只能提供两级用户安全机制，虽然带来了使用方便的优势，但是为了提升安全性，通常还需要额外增加文件安全手段。

7.3.3　存储区域网

存储区域网（storage area network，SAN）的拓扑结构如图 7-4 所示。从整体上，SAN 可以看作一种专用的网络，将存储设备和多个系统及一些子系统连接起来。也可以把 SAN 表述为一个采用特定互联方式连接起来的、由存储服务器组成的独立数据网络，它可以为客户提供企业级数据存取服务。

如今的 SAN 解决方案通常会采取以下两种形式：光纤信道（fiber channel，FC）和互联网 SCSI（internet SCSI，iSCSI），或者基于 IP 的 SAN，也就是 FC-SAN 和 IP-SAN。首先利用光纤信道连接磁盘阵列，数据与硬件设备之间通过 SCSI 命令进行通信，整个系统的速率将会大大地提升；然后是关于 FC-SAN 的应用环境，为了达到在存储设备和服务器之间传输大量数据的目的，FC-SAN 架构应运而生，所以这也决定了 FC-SAN 的应用场景。

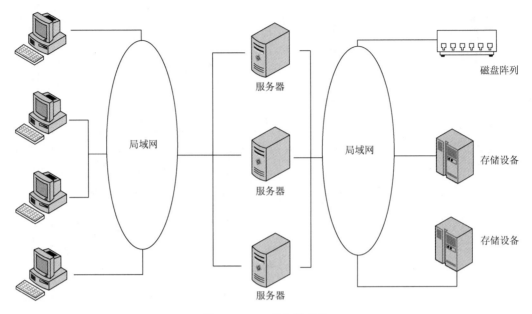

图 7-4   SAN 的拓扑结构

（1）FC-SAN 应用在一些集中式的存储备份系统中，用于保证数据的一致性，它的性能优势和可靠性的优点可以保证数据的安全性。

（2）FC-SAN 应用在可扩展的存储虚拟化系统中，达到解开存储与主机之间连接的目的，同时也可以做到动态的存储分区。随着当今社会信息技术的飞速发展，产生的数据量也在迅猛提升，由于 FC-SAN 的一些优势，现在有越来越多的企业和网络存储服务提供商选择网络技术设施时采用 FC-SAN 网络架构。与其他一些传统的存储架构相比，FC-SAN 有很多明显的优点。

（3）在传统的存储架构中，服务器连接存储在动态添加或者更新存储时是很困难的，同时在集中化管理方面也比较困难，在增加存储时要停机，这必然要停止为终端服务，而 FC-SAN 动态地增加存储的过程中不会中断系统服务。

（4）可以利用光纤通道技术更加有效地传输数据，所以对于数据的备份系统，SAN 将会是一种更加有效的方式，同时也会大大降低网络备份所需要的带宽。传统架构中，与 SCSI 相连接的线缆有距离的限制，而 FC-SAN 弥补了这种缺点，大大增大了服务器与存储设备之间的距离。

IP-SAN（IP 存储）服务器与存储设备之间的连接是采用 IP 通道的方式，其中的标准，除了已获通过的 iSCSI，还有正在制定的 FCIP、iFCP 等。这些标准中 iSCSI 发展最快、最好，已经逐步成为 IP 存储的主流标准，同时还有大量的网络管理软件和服务产品可供用户使用。

7.3.4   云存储

"云"这种理念的正式提出最初是在"Google101"计划中，将"云"与计算相结合得到云计算，云存储是在云计算概念基础之上逐渐发展起来的一个新理念。云计算是在分布式计算（distributed computing）、并行计算（parallel computing）和网格计算（grid computing）进一步虚拟化的基础上发展而来的。云计算可以通过网络将各种软硬件和平台虚拟化之后供用户使用。对于用户来说，他们可以像使用生活中的水电一样使用各种计算机软硬件资源。

云存储是指将网络中存在的不同的存储设备通过一个云管理软件集中起来协同配合工作，其中用到的技术主要有集群应用服务、网格计算和分布式文件系统等，这些集中起来的存储系统对外提供可靠数据存储和业务访问服务。云存储是由许多不同部分组成的一个复杂系统，主要组成部分有网络设备、服务器、存储设备、应用软件、接入网以及客户端应用程序等。存储设备是整个系统的核心，对外界来说，最终整个系统是通过运行在云上的应用软件来最终提供可靠的数据存储和业务访问服务的。另外，云存储也没有根据存储设备的性能和容量特性划分存储设备的服务级别，实现数据的动态分布，从而响应不同负载特征的数据访问需求。通常，从云存储的技术底层的实现层次结构上看，从底层向上可以分为存储层、管理调度层、访问接口层、业务应用层等 4 个层次，如图 7-5 所示。

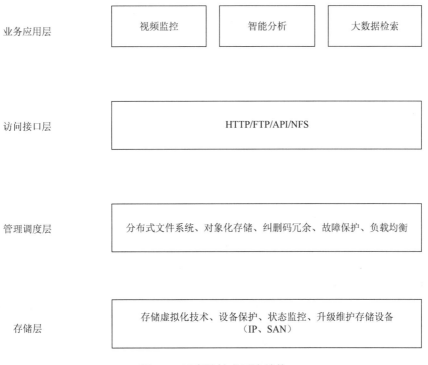

图 7-5　云存储技术层次结构

存储层是云存储的最底层，也是云存储的基础，在系统中的每个节点都能安装 24 个以上的硬盘用来存储数据。这些存储设备之间通过 IP 接口连接起来，共同构成一个存储设备资源池。在通常情况下，系统中的底层物理存储设备的数量非常庞大，所采用的设备形态也各异。在存储设备的上层是存储设备管理层，该层用来实现对物理存储设备的逻辑虚拟化管理、状态监控和维护等功能。

管理调度层主要有以下功能：将用户的数据进行分片处理，用户可以设定不同的数据保护策略，将分片后的数据保存多个副本或者采用冗余纠删码技术分散保存到不同的存储资源上，同时还可以在下层的存储资源上部署分布式文件系统。在读写数据时可以在下层存储设备之间做负载均衡调度，以及在数据存储设备损坏失效时做数据调度和恢复工作，以便保证系统始终提供高性能、高可用的访问服务。

访问接口层位于业务应用层和管理调度层之间，起桥梁作用，提供上层应用服务需要的各种接口，对于云存储系统来说，一般会给用户一个专用的 API 或客户端软件，其他的基于云存储的业务应用可以直接调用这些 API 或者采用云存储系统客户端软件对云存储系统进行读写访问。

业务应用层只提供各种面向用户的访问接口，支持各种丰富的业务类型，如大数据检索、视频监控、智能分析等。在此基础上，有些云存储系统还支持在应用平台上实现系统的整体管理调度功能。通过将数据的负载均衡、故障保护恢复、冗余编码等功能和业务紧密地联系起来，形成丰富的具有业务特色的云存储系统。

7.4　网络化存储系统

7.4.1　集中式存储系统

分布与集中是相对的存储方式，是存储中时空条件的折中，是针对信息需求和处理的不同时空要求，没有绝对的优劣之分。

集中式存储系统的发展时代是随着大型化主机的诞生而到来的，与此同时，集中式的计算机系统架构也逐渐成为主流。大型化的主机具有稳定性高、性能好的优点，同时单个机器的处理能力也很强，这些因素促使 IT 系统很快进入集中式存储处理阶段，其对应的计算机系统称为集中式系统。集中式存储基于一个可以存储庞大信息的数据库，数据库中可以录入各种信息。系统功能模块围绕信息库的周围同对信息库进行录入、修改、查询、删除等操作。简而言之，集中式存储系统既支持基于文件的 NAS 存储，包括 CIFS、NFS 等文件协议类型，又支持基于块数据的 SAN 存储，如 FC、iSCSI 等访问协议，并且可由集中式界面进行管理，是结构化数据和非结构化数据存储的温馨港湾。

集中式存储系统的优点是部署简单，系统结构复杂度低，底层基于性能较好的大型化主机，所以不用考虑在多个主机节点上进行部署，也就避免了多个节点之间协同工作的问题。

伴随计算机系统的小型化和网络化，以及普通个人计算机价格的下降，传统的集中式存储系统越来越不能适应人们的需求，具体表现在以下几方面。

（1）大型主机设备复杂，不仅在于操作方式的学习成本较高，后期的维护成本更加庞大。所以，对于操作人员的培养成本较高，一个运维人员通常难以掌握整个系统的技术细节。

（2）大型主机售价昂贵，购买一台性能较好的大型主机需要上百万美元甚至更高。所以，在其发展历史上只有政府部门和一些电力、金融等超大型企业才有能力购买。

（3）集中式存储系统会带来单点故障问题。大型主机即便稳定性好也有可能发生故障。一旦发生故障，其维护难度就很高，整个系统可能崩溃，造成非常严重的后果。随着时间的推移和业务的扩展，数据量和用户量不断增加，往往存在需要扩容的情况，这在大型主机上是很困难的。

（4）小型化的个人计算机性能不断提升而且快速普及，可以改用小型机和普通个人计算机服务器搭建分布式计算机系统。

7.4.2 分布式存储系统

由于集中式存储系统的一系列缺点，其逐渐不能满足当今计算机系统、大型互联网系统快速发展的要求，越来越多廉价的个人计算机成为各大 IT 企业架构的首选，分布式处理方式越来越受业界的青睐。

分布式存储系统，顾名思义，是将数据以分散的形式存储在服务器上。传统的网络存储系统采用集中式存储方式来存储数据。随着数据量的增加，集中式存储不易扩展且数据太多不好管理，所有数据集中在存储服务器上很容易导致数据安全问题，而且一旦出错就会严重影响系统性能。而分布式存储系统采用可扩展的系统结构，同时利用多台存储服务器对数据进行存储，利用位置服务器定位存储信息，这种结构和方式不仅提高了系统的存取效率、可靠性和可用性，而且还易于扩展，给后期维护工作提供了不少便利。分布式存储系统具有以下几个优良特性。

（1）高可扩展性。分布式存储系统的集群是具有可扩展性的，根据不同的应用需求可以扩展到成百甚至上千的集群规模，集群数量不断提升的同时，整个系统的性能也呈正比增长，而且提升优势明显。

（2）高可靠性。众所周知，可靠性基本上是所有系统设计的重点。分布式环境更加需要高可靠性，用户将信息保存到分布式存储系统的基本要求就是数据可靠。分布式存储系统通常都有自动化的备份、容错以及负载均衡策略。

（3）低成本。目前的分布式存储系统可以做到仅依赖廉价的个人计算机建立起来，分布式存储系统的自动容错、自动负载均衡机制使其非常可靠。此外，系统的线性扩展能力也使得增加或减少设备非常易于操作，且可以实现自动运维，花费的人工维护费用将大大降低。

（4）高性能。分布式存储系统中的每个存储服务器都可独立操作和管理，避免了数据集中而导致的数据安全问题和系统性能下降的风险。

（5）易用性。分布式存储系统能够提供易用的对外接口，另外，该系统也要求具备完善的监控、运维工具，这样便于与其他系统更好地集成。

分布式文件系统或网络文件系统是一个可以通过计算机网络来访问和获取存储在不

同主机中数据的系统，这使得在多用户和多应用之间可以共享数据和存储资源，有效地解决了数据存储和管理的难题。

分布式存储系统的整体架构如图 7-6 所示。该系统由两大部分组成：首先是数据仓库模块，由数据层和配置运维中心组成，数据仓库是提供数据存储服务的核心部分；其次是辅助系统，辅助系统的作用是维护和监管整个系统的运行，提升系统的可靠性，主要由负责运维的备份系统、监控系统、运维管理系统、用户运营系统组成。

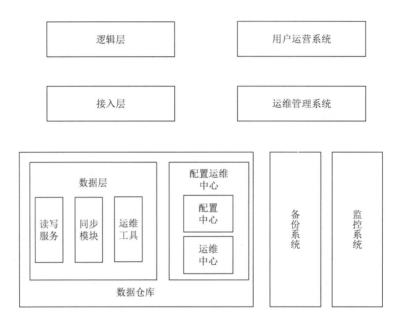

图 7-6　分布式存储系统的整体架构

2000 年以后，分布式存储系统得到了更多的关注和发展，其中 GFS（google file system）最为著名。GFS 的整体架构包含唯一的主机节点，也叫元数据服务器，以及多个数据服务器和多个客户机（运行各种应用的客户端）。通常在可靠性要求不高的场景下，客户机和数据服务器可以位于同一个节点上。每个节点都可以看作普通的 Linux 服务器，GFS 的工作总体来说就是协调成百上千的 Linux 服务器为上层的各种应用程序提供服务。

数据服务器用来提供存储数据的功能，GFS 首先会将需要存储的数据文件划分为一个个长度固定的数据块，这些数据块在生成的同时都附有一个全局唯一而且不可更改的 ID，数据服务器用来存储这些数据块，在存储时就像是存储普通的 Linux 文件一样，同时为了提升数据存储的可靠性，每个需要存储的数据块都会存储多个副本，这些副本分布在不同数据服务器上。GFS 中的主机节点也称为 GFS 的元数据服务器，具体功能是维护文件系统的元数据信息。元数据信息通常包括数据的命名空间、数据的访问控制权限、文件块之间的映射、块地址，以及控制系统级活动，如垃圾回收、负载均衡等。主机会定期与数据服务器进行交流，通常称为跳检测，用来确定数据服务器各个节点的状态是否正常，以便向数据服务器发送各种指令。

GFS 通常包括一个主服务器和多个块服务器，这种结构带来的优点是可以进行异域扩展，可以扩展成多个块服务器，同一个 GFS 可同时为多个应用程序客户端提供不同的应用服务。在数据存储时，大的数据文件会被分割成固定大小的数据块，不同的数据块可能会被存储到不同的块服务器上，这些都是由主服务器决定的。同时，主服务器和块服务器之间是通过心跳机制进行通信的，主服务器通过这种机制周期性地与各个块服务器进行消息交互，达到监视系统运行状态或下达各种指令的目的。

主服务器和块服务器之间通过信息交互来实现对应用数据的读写，为应用程序提供服务，而且其中的控制与业务相互分离，应用与主服务器之间的交互仅限于元数据，也就是控制数据，其他的数据操作直接与块服务器交互。

7.5　智能存储的含义及发展方向

存储未来的发展方向在哪里？用户未来到底需要什么样的存储？面对这个问题，"智能存储"是目前业界普遍共识的答案。但是什么样的存储才能称为智能存储，智能存储的下一个发展阶段又有哪些趋势？这是目前研究者都在极力思考和探索的。作者认为智能存储的含义在于不用人为干预，存储可实现智能的读、写、备份、恢复和存储空间的合并，让存储的使用、管理和运维更加自动化、智能化。智能的读写在于从信息的维度与冗余方面进行考虑，通过存储的时空属性解决信息孤岛的问题。智能的备份、恢复和存储空间的智能合并则是引入人工智能技术，通过分析历史数据，根据需求进行自动备份与存储空间的合并。数据所有的流动也会类似自动驾驶等级一样，按照业务需求制定不同级别的流动策略。下面将从以下四个方面对智能存储进行讨论，如图 7-7 所示。

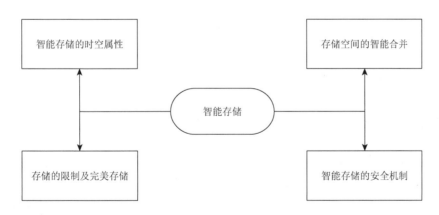

图 7-7　智能存储的四个方面

7.5.1　智能存储的时空属性

存储追求速度是一个永远绕不开的话题，读写速度自然也是智能存储的一部分，但与目前提高读写速度的方式不同的是，智能存储更多关注存储底层的信息的维度与冗余。数字信息的存储具有冗余特性，特别是在网络系统中，信息冗余特性主要体现在认知系统中的重复性，相同的信息重复出现就会造成信息价值的大幅度降低。下面依次介绍信息的维度、数字信息的时空冗余，并通过分析信息的时空属性提出了智能读写可能的发展方向。

1. 信息的维度

信息的维度可以帮助人们更好地理解信息的内容，维度是一种抽象的概念，它代表着信息的关联性和完整性，从信息的架构上来看，信息的维度可以分为两大类，即信息的组织维度和个人维度。信息的组织维度是从信息的架构方面进行区分的，大体可以看作一个四面体，四个方面分别为信息的流动性、信息的颗粒性、信息的内容和信息的价值性，如图 7-8 所示。

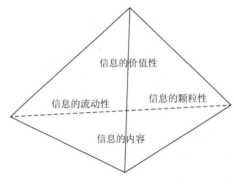

图 7-8   信息的四个维度

信息的流动可以有多个方向，不同的方向代表的信息也各不相同。例如，在一家公司中，信息向下流动是指领导层向下级传达命令，而信息向上流动是指基层向上级汇报工作。信息还可以平行流动，如公司各部门之间配合和协调信息。除此之外，信息还可以向内流动和向外流动，信息向内流动是指公司收集的各种外部环境的信息，如客户的喜好和需求等，信息向外流动可以理解为公司的对外宣传和沟通等。信息的流动性表明了信息的组织结构是相关联的，信息不是孤立的。信息的颗粒性是指信息的具体化程度，颗粒性越高表明信息的内容越具体，其信息的价值也越高，颗粒性越低的信息则反之。另外，信息的组织维度还包括信息的内容及其价值，信息的内容具有不确定性，越主观的信息，其不确定性越高，信息价值的准确性也相对越低。信息的内容还有内外之分，内部信息的内容是对组织内部已知信息的补充，外部信息则是对组织外部未知环境的描述。

信息的个人维度的主体是人，从人们对信息的需求来分解信息的维度，可以分为信息的时间属性、空间属性和信息的形式。①信息的时间属性首先表明人们在任何时间都需要信息，且必须是合适的，即此信息不过时，在当前还具有可用的价值。其次，人们获取的信息要与需要的信息具有相关性，即使信息的价值不高，也可以依据此条信息推断出与需求相关的信息。②信息的空间维度是指信息首先是可以获得的，得不到的信息便没有空间维度，例如，某些公司的保密信息，其他人不可能获取到，所以这些信息对他人来说便没有此空间维度。人们不管在哪里都可以获取到的信息具有普遍意义的空间维度，目前来说，大部分具有普遍空间维度的信息是通过网络得来的，即网络中公开的信息。另外，还有特定条件下的空间维度，例如，某学校或者企业内网中的数据，需要连接其内网，这些信息才具有空间属性。③信息的形式维度便是指获取信息的方式和信息的误差率，首先信息要以合适的形式展现，如音频、视频或者图片等。其次，因为非结构化的信息为了适应存储的限制，会牺牲部分信息的价值进行存储，人们再次以某种形式获取这些信息时会存在误差，但其误差率不能太高，例如，人们在网络中浏览某些名胜古迹的照片，其分辨率不能太低等。

2. 数字信息的时空冗余

信息的冗余是指在存储信息时，相同的信息进行重复地存储就会出现信息的冗余。但信息冗余也分为两个方面：一方面是必要冗余；另一方面是非必要冗余。必要冗余是指在存储信息时，为了提高信息的安全性、正确性和联系性等所必须产生的冗余。例如，在保证数据安全时，为了防止数据丢失、破坏等情况，在存储时要对数据进行备份所产生的重复信息。又如，在核查信息正确性时不得不添加的校验位等。此部分冗余虽然也降低了信息的价值，浪费了宝贵的存储资源，但却大大提高了信息的安全性与准确性。非必要冗余则是单纯产生的信息重复存储，不但没有提高信息的某些属性还浪费了资源，非必要冗余大致也可以分为两类：一类是限制性非必要冗余；另一类是时空性非必要冗余。

存储时的必要冗余可以保护信息的某些属性，建立信息之间的联系，从而提高信息存储的效率和存储质量。大部分信息并不是孤立的，而是有联系的，在存储时需要把信息之间的联系也考虑进去，此时产生的冗余就是必要冗余，例如，存储两个表格信息或者存储公司人员之间的上下级及小组成员关系。另外，由于存储的信息是有可能丢失或者损坏的，为了保证信息的安全性，在存储时要建立备份，这样在信息丢失后可以进行信息的恢复，使得存储更加安全。信息在传输和存储时是会出现误差的，为了保证信息的准确性，必须为信息添加一些"保障"，在存储时进行一些必要的检查，从而保证信息存储的准确性。除此之外，为了方便读取存储的信息，从而补充的一些查找标识等冗余也属于必要冗余。必要冗余虽然也占用了存储资源，但其表现的价值是远远高于本身占用的资源的，可见并不是所有冗余都是无用的。

限制性非必要冗余是指在受到当前存储机制和存储资源的限制下无法识别的重复性信息，包括第一类限制性非必要冗余和第二类限制性非必要冗余。第一类限制性非必要冗余是指在同一台设备中的多余的备份和人为操作产生的数据叠加存储等。第二类限制性非必要冗余是指在不同设备中存在的大量相同数据重复存储。前者虽也是非必要的冗余，但其重复性并不高，浪费的资源也较少，但后者却是当前存储中的一个特大问题。例如，同一个音频文件，若有成千上万台设备将其存储，那么其重复性将非常之高，信息的价值也会因此一降再降，造成存储资源的大量浪费。

时空性非必要冗余是指由于时间和空间的差异，相同的信息被重复地存储从而产生的冗余。例如，在某段视频中播放完全相同的画面，或者两帧之间只有少部分信息不同，那么大部分的信息就会一直被重复地存储，这是由于时间的差异产生的非必要冗余。又如，存储一幅图像时，大部分图像的颜色是相同的，如一大片海洋，其每个像素的数据是完全相同的或者是近似的，若将每一个像素点都进行存储，虽然各个像素点不是重复的，但由于其具有相关性，也会造成非必要性冗余。

3. 智能读写可能的发展方向

现在的存储绝大多数针对结果或结论进行存储，忽略了时空过程信息的存储，同时丧失了大量的关联关系，这是信息孤岛的另外一个很少有人提及的含义。面向事件的存储、时空关联存储是一个非常重要的存储问题。通过对存储的数据进行管理，提高读取数据的速度。通过保存每一条存储和读取动作信息，分析其内在联系，并预测动作及反馈，不断动态地更新其数据存储的位置空间，以此来节省读取数据过程中数据转移浪费的时间，做到要读取的数据"自动"甚至"提前"送达。信息并不是独立的，尤其涉及信息的时空属性时，解决时空性非必要冗余问题，可以通过数据信息间的关联性，在存储时将数据相同的部分添加"时空关联标识"，在读取时通过分析此标识来还原信息数据，以此来节约大部分的存储资源。解决第二类限制性非必要冗余问题，可以通过相同信息存储在一个位置和设备只读取不存储的特点，使用智能识别技术将相同数据信息进行动态整合与备份，借助网络实现所有数据资源一体化。

7.5.2　存储空间的智能合并

不同的信息需要不同的存储时间，如日常的聊天数据和银行账户的余额信息所需要的存储时间是明显不同的。一般数据可以分为永久性的存储数据和临时性的存储数据。对于临时性的存储数据，可以把它们想象为计算机上面的临时性的文件，一般都有一定的存储周期，这样就有过了存储周期之后的数据清理过程，所以对于临时性数据可以选用存储时间短但是容量大的存储设备。对于需要永久性存储的信息，要选择可以长时间保存数据的存储设备，同时还要考虑到存储空间合并的问题。

存储空间是一种逻辑存储结构，它对上层应用提供寻址空间和相应的逻辑存储单元，提供操作集用于存取其中的数据。现实中应用的一个存储系统通常情况下由许多子存储资源构成，其中，每种存储资源都可以看作一个独立的空间。通常，这些子存储空间可能具有相同的存储结构，当然也可能不同，所以对用户来说，为了可以通过一种统一的方法存取数据，就必须要在它们之上重新建立新的存储空间，使得用户在存取数据时感觉不到底层的这些差异。同时，不同存储空间的合并方式会对产生的新存储空间的性能、可用性等产生非常大的影响。

空间直接相加是最简单的方式，两个或者多个子存储空间如果具有相同的组织形式，可以把每个子存储空间通过叠加或简单地扩展成为一个全局的地址空间。如果各个子存储空间结构是相同的，也就是对外提供的操作是相同的，则在父存储空间的入口处增加子存储空间入口点的标识。由于子存储空间完成具体的数据请求，这种方式不用改变子存储空间的结构和操作。这样做的优点是，不用改变底层子存储空间的内部结构，同时原有的存储地址转变也不大，与此同时，系统可扩展性也比较好，某个子存储空间出现问题不会影响其他的子存储空间。当系统中有新的子存储空间加进来时，只需要在父存储空间的入口处增加路由信息即可。

在变换合并技术中，父存储空间的每个存储单元和子存储空间的存储单元不存在简单的映射关系，它们之间必须经过特定的变换。变换过程可以是简单的地址函数，也可以是复杂的寻址，如 RAID（redundant array of independent disks）系统，父存储空间的一个存储单元实际对应着两个或者多个存储子空间的存储单元。变换合并方法的缺点是扩展时需要空间的重构，所以扩展性相对较差，同时一个子存储空间的失效有可能引起系统整体失效。变换合并方法的优点是可以定制父存储空间的结构，这样可以满足不同应用的需要。这种变换在线性子系统中比较容易，只需要把父存储空间的一个存储单元划分成几个子单元，然后映射到不同的子存储空间存储单元，而在树形空间中较为复杂，必须使用一个复杂的数据结构记录这种变换关系。

智能存储空间的合并则是利用人工智能技术来量化存储空间饱和度指标，并且可以根据饱和度指标进一步分析和优化数据服务等，通过深度学习等技术实现全球每台存储空间的互联，通过日常的监测、管理、分发、部署等情况，感知存储空间的变化规律，构建起全局化、可视化的管理模式，并为存储空间提供预警、优化建议。

7.5.3　存储的限制及完美存储

信息的存储为了适应存储资源的限制，就需要信息具有结构化特性，但其结构化是牺牲信息的维度而建立的，这并不是信息的简化，而是一种可能会致使信息产生误差的行为，其中非常多的有价值的信息可能是非结构化的，但是为了适应其资源存储的限制，就必须牺牲信息的某些维度。由于信息的结构化属性增加了信息的误差，从而引出了智能存储的读写要解决的完美存储的问题。

信息表现形式数不胜数，某些形式的信息具有可结构化的属性，但大部分形式的信息不可结构化，或者说不可完全结构化。例如，超市中有许多食品，要把食品的名称和价格等信息记录下来，则这些信息具有可结构化的属性，在现有的存储资源下要存储和读取这些信息也非常方便，但是若要记录这些食品的口感和味道等信息，则这些信息是不可完全结构化的，因为这些信息并不能以某个属性来准确记录，为了适应现有的存储资源，只能通过某些方式将其表述出来再进行存储，例如，将其甜度值分为 1～10 分等，这些非结构化的信息在存储时就会存在误差，从而降低了其信息的价值。

可结构化的信息是指某些信息经过特定的处理和分解后可以分为多个部分，每个部分之间有准确的关联性、独立性和特定的操作方式，并且这些部分进行重组后可以将原来的信息完美地还原出来，其在重组期间不存在任何误差及冗余。这类数据大部分是记录信息，其信息的量值和位置是固定的，并且可以以行列形式完美地存储且能够精确地定位。目前，结构化信息标准促进组织正在大力推进构建结构化的信息社会，倡导社会中各种活动以结构化的信息为基础，在各种信息有序的互动中进行。但在信息领域中，非结构化的信息才是重中之重，大部分有价值的信息限于当前的存储资源，是不能做到完全结构化的，在当前的存储技术下存储这类信息时将会损失部分信息的维度，甚至损

失的将是价值最高的一部分信息维度，于是如何突破存储限制，将所有信息都可以进行
完美存储和读取便成了人们未来努力的方向。

7.5.4　智能存储的安全机制

有效信息的存储量是智慧的基础，更是智能的基础。智能存储的重点不仅仅是考虑
信息量和存取速度，随着信息的不断增加和存储时间的推移，还应考虑存储的安全机制，
要对存储进行保护和管理，其中包括数据的备份和恢复机制。但不同的是，智能存储的
安全机制引入了人工智能技术，通过分析历史数据，根据需求进行自动备份与恢复，并
通过对所有存储系统状态、使用情况的不断学习，既能够优化备份与恢复模型，又能够
不断将最优的存储建议反馈给不同的存储系统。数据所有的流动，也需按照业务需求制
定不同级别的流动策略。

对信息的安全性要求进行评估，信息的安全性涉及是否要做信息的存储备份机制和
备份机制选择的问题。信息安全的目的以及实质要求就是使信息避免各种外界的威胁，
这些威胁也包含一些人为的破坏和干扰等。信息安全囊括信息的完整性、可用性、保密
性等，在存储规划之前估量信息的安全级别，选用合适的技术来提高信息存储的可用性
和保密性等。通常存储系统提升信息的安全性，需要进行各种投入。当然，这种投入也
是需要权衡各种因素的。现实中使用的存储系统很少有多余的存储资源，同时企业内部
通常没有足够的资金来满足备份、复制、镜像、保管及分布式存储等需求。基于存储网
络的备份系统的总体框架如图 7-9 所示。

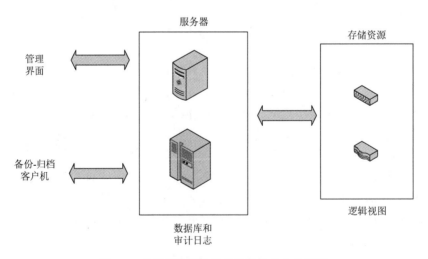

图 7-9　基于存储网络的备份系统的总体框架

数据备份机制是网络存储系统最重要的应用之一，是用来保护用户数据的一种重
要手段。虽然很多在线冗余技术能够有效地提高用户数据的可用性，但实际上，如果
用户选择了删除或者修改数据后，这些在线冗余技术就显得无能为力了。因此，冗余
技术是在空间的维度上提高了存储数据的可用性。那么，备份系统则是能够进一步在

时间的维度上保证系统数据的可靠性。数据备份有很多具体实现形式，可以对备份进行不同的分类。

　　从备份策略上看，可以分为完全备份、增量备份、差量备份[19]。最为简单的是完全备份，完全备份的思路是将整个数据文件复制到备份存储系统。但是，这种策略有两种弊端：一是对整个存储文件数据进行读写操作，会消耗很长的时间；二是进行数据完全复制需要消耗另外一份同样的存储空间。增量备份是一种速度快、需要备份的数据少的策略，它要依赖上一次备份，在此基础上复制新生成的或者新修改的文件数据进行备份。差量备份就是复制出所有新生成的数据，这些新生成的数据是在上一次完全备份之后产生的数据或更新之后产生的数据。增量备份和差量备份的主要区别在于：前者需要记录上一次备份之后再次更新的数据；后者需要记录从上一次完全备份以来的所有的更新数据。

　　其实，数据恢复机制和备份机制是分不开的，数据快照技术可实现数据的快速备份，但从恢复的角度看，它只能恢复一些事先选定的点，而无法保护任意时间点的数据。另外，如果时间点之间的数据量较大，恢复时间就会较长，难以满足一些对可用性要求较高的场合。备份的目的是恢复，目前以更细目标恢复点和更短目标恢复时间为目标的连续性数据保护（continuous data protection，CDP）技术日益受到人们的重视。

　　CDP 是一种更加细粒度的备份和恢复技术，它可以自动、连续捕获和跟踪数据中所有的变化，并将变化后的数据存储在与主存储地点不同的独立地点。CDP 的结构形式可以分为基于块的、基于文件的和基于应用的三种形式。

　　（1）基于块的结构形式工作于物理存储设备或逻辑卷管理层之上。当数据写入主存储器时，写入数据副本被 CDP 系统捕获并存储至一个独立地点中。

　　（2）基于文件的结构形式工作于文件系统之上。它可以捕获文件系统数据和元数据事件（如文件创建、修改或删除等）。

　　（3）基于应用的结构形式则直接位于受保护的特定应用中。这类应用可以提供深层的集成，并且作为应用自身的内置功能，也可以是利用特殊的应用 API，在发生变化时赋予其连续访问应用内部状态的权限。

　　智能存储的备份机制在此基础上引入人工智能技术，通过分析大量的历史备份信息，实现对全局资源的调控与分配、任务的分发与管理、全局智能数据备份的流转。过去，用户创建一个备份任务，往往需要自己判断备份存储在哪里、规划多少资源给它，完全是凭借经验行事，备份之后有可能因为各种因素无法满足需求，需要第二次规划部署备份，而智能存储的备份机制则会主动推荐最合适的备份存储，帮助用户进行规划，将备份的数据部署在最理想的位置。

第8章 智慧互联网

互联网是随信息的传递、积累以及交互需求应运而生的。它是将大量且各种各样的网络相互连接起来，构建一个庞大的跨时空的信息空间或者说是信息社会，也为人们构建一个具有智慧的"第二大脑"。如何让互联网提供足够的智慧是一个从多个角度研究多年的问题，从信息获取的快捷、全面到安全、准确，事务咨询到信息推送等，都需要智能计算、智能传输以及智能存储等多个方面的技术支撑，将其合理地应用，以满足人们对互联网日益提升的各种需求和要求。

8.1 互联网与智慧互联网

互联网是指不同的网络相连所形成的庞大网络，通过互联网实现用户间的通信以及各种形式的信息交换。智慧互联网使得互联网不再是独立、只关注信息传播的体系，而是以人为中心，同时结合了各种新兴技术的新领域，但智慧互联网缺乏一定的执行力，因此智慧互联网更多的是将有效数据直观地呈现在人们面前。在智慧化、信息化时代的今天，互联网向更加智慧的方向发展，相比数字互联网，智慧互联网突出其"智慧"特性，通过多媒体技术，向用户提供多样的互联网服务。并且这些服务是"投其所好"的，根据用户的个性化标签能够高效准确地为每位用户提供个性化的信息服务。相比于传统互联网为用户提供海量数据，智慧互联网凸显"第二大脑"特性，为每位用户提供定制化的服务，能够使用户迅速了解自身专业相关的深层次的知识。智慧互联网的形式体现在对信息的智能化运用当中，通过对信息的加工，能够让用户得到更加人性化的服务。智慧互联网是一种应用广泛的互联网技术，随着信息的不断增多和人工智能技术的发展，智慧互联网必将与人们的生活紧密相关。

8.2 互联网的发展

互联网始于 1969 年，又称因特网。由于时代的发展，互联网主要向着规模越来越大、速度越来越快的方向前进，而随着智慧信息时代的到来，互联网还向着智慧化方向发展。互联网发展历程大致可以分为以下几个阶段。

1. "点对点"通信阶段

从本地局域网到远程局域网，在这个阶段之前的计算机都是独立工作的个体，彼此没有通信交流，通过 TCP/IP 等技术实现计算机之间的互联，而多台计算机相连则组成了一个局域网；在这个阶段前，计算机仅仅用于计算数据，而计算机之间的数据交换是通过"点对点"进行的，这种通信方式简单固定，不需要其他中间设备，且不具备扩展性，因此很难将信息传播出去，所以"点对点"通信很难组成网络。TCP/IP 技术就是个体与个体间数据交互的一种方式。"点对点"通信示意图如图 8-1 所示。

图 8-1　"点对点"通信示意图

2. 局域网通信阶段

多个个体间的交互产生了局域网。局域网的出现解决了一定范围内主机相互通信的问题。局域网是在同一子网下的主机所组成的网络。在这个网络下，各主机可以自由通信，这种通信方式可以是某两台主机之间进行通信，也可以是多台主机间广播通信，在局域网中，信息传输速度快。局域网所能够覆盖的范围有限，想要实现远距离的通信，采用局域网的方式是不可取的。于是提出了利用电话线路来传递特定信号的方法，并且取得了成功。通过这套方案实现了远距离的通信和共享数据，但随着计算机技术的发展，人们需要寻找一种友好的人机交互模式。局域网结构图如图 8-2 所示。

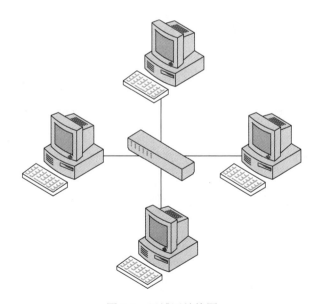

图 8-2　局域网结构图

由于应用场景不同，局域网可分为星型、树型、环型以及总线型。每一种类型的局域网都有自己的优势，因此局域网的出现打破了传统"点对点"固定、单一的通信方式，丰富了网络拓扑结构，为互联网的出现奠定了基础。

3. 个人计算机发展阶段

个人计算机发展阶段主要是微软公司和苹果公司促进了个人计算机行业的发展，个人计算机告别了黑白命令行界面，而发展出更加优秀的图形操作界面，以及可兼容的个人计算机操作系统；在此之前由于 IBM 的行业地位，其几乎垄断整个计算机市场，而后苹果公司和微软公司推出了自己的图形操作界面，这对当时造成了很大的冲击，因为个人计算机开始流行，用户则不得不使用命令行来操作计算机，这就对计算机的普及造成了很大的影响，也影响了互联网规模的发展。因此，这两家公司分别提出了自己的操作系统，这套新的操作系统采用彩色图形界面，简化了计算机的操作过程，使得计算机开始真正走进千家万户。由于用户数量的激增，网络规模进一步扩大，网络不再像从前一样是某个机构内或某几个机构间的通信，而是诸多用户通过网络进行信息的传递，因此网络向着更复杂、更巨大规模发展，但人们在这个时代没有运用浏览器技术，信息传递上呈现出单调、简单的特点。

4. 互联网阶段

互联网诞生后，实现了所有个人计算机之间的数据联通，并且利用 HTTP 协议，使用户间可以分享图片、文字等信息。互联网技术并不是突然出现的，而是经历了漫长的发展过程。互联网的前身是 ARPNET，得益于分组交换技术，ARPNET 做到了计算机远距离的信息传输。ARPNET 的出现打破了当时通信距离上的局限，用户开始利用这项技术进行远程信息交换，这一技术开始改变互联网发展的格局。随着计算机标准化网络的出现，人们利用 OSI 网络模型对计算机网络进行分层整理，这为互联网的诞生奠定了基础。1986 年，在美国国家科学基金会的研究下，利用 ARPNET 发展出 TCP/IP 通信协议，这是互联网发展中的里程碑，同时为互联网提供了技术支持。为了能让更多用户接受互联网技术，必须采取一种良好的交互方式。由于个人计算机的图形操作界面系统发展已趋近成熟，因此可以基于个人计算机的操作系统设计一款应用来让用户快捷地使用互联网。网络浏览器就这样诞生了，用户只需要通过浏览器就可以浏览互联网上的各类资源。不过受限于当时的通信技术，有线网络只能接到比较固定的设备上，这样的网络不具有移动性和灵活性，所以用户不能随时随地连接互联网进行信息交换。有线互联网结构如图 8-3 所示。

无线网的带宽有限，因此所能够接收的信息类型受到了一定的限制，在遇到大文件和多媒体文件传输时，就会出现问题[20]。在早期，服务器配置受到限制，如果在用户需求量较大的情况下，就会造成拥塞的情况，并且互联网技术是一项发展并不成熟的技术，因此在网络安全方面也存在很大的问题。一些不法分子就利用分布式拒绝服务（distributed denial of service，DDoS）、DNS 劫持等手段来危害网络，给用户造成一定的威胁。网络上"黑客"的存在，也改变了互联网的发展方向。网络安全的建设成为互联网发展的重点。在后来的互联网发展中，互联网不仅更快、更庞大，而且在网络安全上也有了突破性的进展，如路由器以及个人计算机上的防火墙技术，可以有效避免 IP 地址被暴露在公网环境下。同时，在浏览器上采用超文本传输安全协议（hypertext transfer protocol secure，HTTPS）来保证在网络环境的安全与稳定。

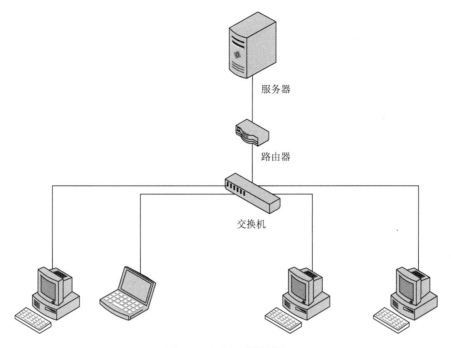

图 8-3　有线互联网结构

5. 移动互联网阶段

由于移动终端的兴起，人们使用互联网更加便捷，并且互联网的运用场景更加广泛。互联网不仅被运用在固定设备上，而且还追求便捷和经济。因为固定设备的互联网需要固定的网口来连接主机。在一些特定场景中，这种通信方式十分不方便，因此无线网络诞生了，通过 Wi-Fi、蓝牙、ZigBee 等无线接入方式，在同一网络中的设备实现无线通信。由于 Wi-Fi 良好的穿透性能和较大的负载能力，Wi-Fi 成为千家万户中无线网的主要接入方式。通过 Wi-Fi 模块，用户使用终端连接路由器 Wi-Fi 就可以连接互联网。无线网的广泛使用极大地丰富了互联网的拓扑结构，并且从用户的角度降低了上网成本，相比以前终端拨号上网，变为路由器拨号，而多个终端连接路由器 Wi-Fi 即可联网。但 Wi-Fi 仅仅是一种无线接入方式，如果想要上网，则需要在路由器的广域网口接入宽带网络。由于手机等移动设备不能够随时连接 Wi-Fi，需要移动通信系统出现解决这个问题。移动通信系统起源于数字通信系统，发展于蜂窝通信，在第二代的移动通信系统出现后，移动通信开始普及，而到了 4G 时代，移动通信已经是人们不可缺少的通信技术之一。移动通信系统不同于 Wi-Fi 有限的覆盖范围，而是采用基站的方式，几乎覆盖了城区大部分区域，另外，由于其良好的穿透性，因此在室内使用的时候，也能够在互联网上享受到各类多媒体服务。随着移动设备的普及，互联网的重心也开始向移动端发展。为了减少移动端的存储问题而开发的云缓存的方式，将移动设备上所存的多媒体文件存储到服务器上，这样可以减少存储不足的问题，同时由于移动通信网络快捷、方便，设备不会给网络带来太大的负载，因此用户可以做到即存即看。

6. 智慧互联网阶段

在"互联网+"阶段，随着数字化和信息时代的来临，互联网不再是单独起作用，而是结合其他数字信息技术，从而产生了一个新的领域，即智慧互联网。智慧互联网并不是一个新的概念，智慧互联网的重心是有效的资源整合。例如，一个喜欢收藏书籍的人，在他们的购物推荐中大多是各类书籍，而其他人由于自己的兴趣爱好，推荐又会有所不同。比起以前简单的价格优先推荐或者人气最高推荐，这个新式的推荐方式更具有个性化。在一个互联网中，信息是庞大的。不同人群所关注的信息是不同的，但繁多而复杂的信息会让用户感到枯燥，因此如何让每位用户看到的信息都是自己感兴趣的内容，成为当前互联网的发展重点。随着人工智能技术的兴起，这种想法也逐步实现并被运用在生活当中。智慧互联网就是结合人工智能和互联网大数据的产物。通过人工智能算法的良好学习性，将每位用户的搜索记录以及浏览器记录作为信息凭借，再在整个互联网中搜索相关的信息内容，反映在用户终端上。通过这样的方式，用户可以体验到个性化定制的互联网服务，并且这些个性化定制的过程不需要其他冗余的操作，完全在用户日常上网的过程中进行收集和学习。这种个性化定制的互联网服务首先被运用在互联网的信息搜索上，然后凭借这种技术，互联网购物成为热门且主要的购物方式。随着多媒体技术的发展，互联网上各类多媒体资源也采用了类似的技术，对用户的浏览器或其他应用进行个性化定制。相比起传统互联网将种类繁多的内容全部展现在用户面前，智慧互联网展示的信息都是每位用户感兴趣的内容，增强了交互性，同时提高了互联网资源的利用率。另外，在互联网安全上，智慧互联网可以更好地监测网络环境。

8.3 互联网的应用

1. 互联网资源分配

互联网的重要应用之一就是资源分配，互联网资源并不是一种单一的网络资源，包括 IP 资源、带宽资源、流量资源和信息资源。由于互联网每位用户所需业务的资源是有所不同的，因此互联网不能简单地对资源进行平均分配，这样会使部分用户的业务无法顺利进行，而部分用户拥有了过剩的资源，导致资源的浪费。因此用户通过互联网发起业务请求时，互联网会针对用户的业务种类分配合适的资源。传统互联网主要依赖于各种业务所占资源的多少对用户进行资源分配以保证整个互联网能够正常运行。

2. 互联网安全审计

互联网安全审计是指互联网为防止恶意节点或漏洞的防护机制。由于互联网过于庞大，以及互联网的传播性，一些不法分子利用互联网传播恶意信息或掠夺互联网资源，这样的恶意侵入会造成互联网瘫痪。因此互联网为防止这样的恶意事件，加入了登录、请求、返回信息的一系列安全审计。在用户登录互联网时，会记录用户的 IP 地址、请求的发送频率等信息，同时互联网端针对网站加入安全证书、安全套接字层

（secure socket layer，SSL）等，防止用户请求的网址被恶意劫持。如果互联网的安全机制发现有传播恶意信息的行为，就会对该 IP 进行封锁，阻止该用户对互联网造成破坏。由于互联网的恶意行为也是不断更新的，因此互联网的安全审计机制也会随着互联网的发展进行更新。

3. 互联网信息检索

互联网最重要的作用就是信息的检索。由于人们在日常生活中获取信息的途径有限，互联网成为最大的信息获取工具。互联网用户通过关键词搜索的方式能够检索到自己想要获取的信息，一般用户通过浏览部分信息就可以获取自己想要的内容。互联网在一定程度上改变了人们获取信息的主要途径，在日常生活中，人们除了询问周围的人、查阅书籍获取信息，更多的是利用互联网检索自己想要的信息。为了能够方便用户筛选信息，信息检索系统通过时间、相关性等特征对信息进行了排序。但用户很难第一时间在互联网庞大的信息量中找到自己需要的信息，因此传统互联网的信息检索还存在着较大的问题。

8.4 智慧互联网的概念及特点

8.4.1 智慧互联网的"智慧"

智慧互联网相比起传统互联网，突出了"智慧"的特性。传统互联网仅仅提供一种网络服务和资源以供用户交换信息。智慧互联网以"智慧"为核心，以"智能"为表现形式，以信息作为服务的内容。随着信息时代的到来，互联网大数据像海洋一样庞大，一般用户无法接收如此庞大的信息，并且对于一般用户来说，用户需要的信息仅占大数据中的一小部分。如果互联网能够针对每位用户的特点进行学习和记忆，为每位用户提供准确的信息，那么互联网服务将发展得更具"智慧"。这样的"智慧"并不是对互联网信息量的提升，也不是对互联网架构的扩展，而是结合目前热门的人工智能技术，针对每位用户的习惯、特点进行自学习，形成一种个性化定制的互联网服务，这在无形之中提高了人们通过互联网获取信息的效率，并且互联网的自学习过程是动态的、即时的，自学习的过程不需要人为干预，用户通过互联网技术能够实时获取信息，互联网随用户的需求变化而升级。

8.4.2 智慧互联网是人的"第二大脑"

智慧互联网是一种以"互联网＋"为基础，同时结合诸多新兴数字信息技术，并且突出以"人"为主体。传统互联网可以看成一种网络技术，而智慧互联网不仅是一种新的技术，而且是一种新的模式。传统互联网最基本的商业模式所能提供最多的领域主要是广告和娱乐。智慧互联网则是提供全社会所有的产业和服务模式。互联网技术通过与不同领域相融合，给人们提供一种更便捷、更开放、更人性化的网络服务。这种智慧互联网技术可以使不同的人群根据自己的需求定制自己所偏好的服务内容，就像人的另一个大脑，能够辅助人们快速、全面地了解需要的信息。比较典型的就是目前流行的"推送服务"。这与传统互联网不同，传统互联网是根据每日更新的信息，推送一些比较热门的新闻或服务等，而智慧互联网通过收集每位用户平时浏览的数据，进行行为学习，逐渐形成个性化的推送，如何全面地、动态地、准确地给每位用户推送信息是一个长期的自学习过程。当然，推送技术只是智慧互联网的冰山一角。在现阶段，智慧互联网已经取代了传统互联网，甚至不知不觉中已经成为人们不可缺少的技术。如果说传统互联网解决的是远程主机的通信问题，那么智慧互联网则是解决了主机个性化网络服务问题。传统互联网带给人一种死板、固定的印象，这是因为传统互联网的服务单一，内容冗余、设备固定，而智慧互联网更加灵活多变，并且以人为主导进行拓展，提供各类多媒体服务。总而言之，互联网技术为人带来了互联网服务，而智慧互联网则致力于研究如何更人性化地为用户服务。

智慧互联网结合当下热门的大数据和云计算技术，将终端、人以及云端结合起来。在这个过程中进行了信息的智能采集、处理和分析，最终反映成为各类应用层服务。在智慧互联网中，首先大数据是构建整个网络的基础。大数据是在一定时间内，无法人为收集的海量信息，大数据为智慧互联网的构建提供了数据依据。而云计算则是利用远程托管技术，通过远程服务器对大数据进行有效计算，用户就可以从中筛选出对自己有用的数据，而这个过程是在远程服务器上进行的，因此不会耗费本地主机资源。人是网络的主体，一切的服务都是围绕着用户展开的。终端则是人与互联网交互的工具，人通过各类终端接入互联网来享有各类网络服务。云端则是互联网的核心，因为信息的处理是在云端进行的，如何在大量用户连接的情况下，保持精确的信息计算就是云计算考虑的重点。

智慧互联网是一种革新性技术，并且这项技术正处于蓬勃发展的阶段，因为互联网的发展潜力是无限的，未来的互联网必定会更快、更稳定，同时互联网更趋近于人性化。以前，互联网是属于相关专业人士的应用技术，而随着智能化、多媒体化时代的到来，越来越多的用户、越来越广的使用人群、越来越宽泛的行业开始使用并依赖智慧互联网，人们生活中的吃、穿、住、行等也会受到其影响而发生巨大改变。这种改变无疑是一种革新性的良好发展。因为智慧互联网技术通过网络实时服务，解决人们生活上的问题，节约了人们生活的时间成本。

智慧互联网的智慧服务对象是用户，而服务内容则是信息。通过信息来延展互联网业务从而提升互联网的服务质量，智能搜索、智能推送，以及信息的智能处理均是智慧互联网的表现形式，而这些表现形式与信息的智能计算、智能传输和智能存储是分不开的。互联网仅仅是信息的载体，只有对信息进行了智能处理，才能使互联网具有智慧，从而构成人的"第二大脑"。

8.4.3 智慧互联网的特点

智慧互联网中的智慧主要表现在信息汇聚上，而信息的汇聚主要包含三个方面：人的输入、物的感知接入和自我学习。

1. 人的输入

人的输入主要指信息并不是自动产生的，而是用户将自己已知的信息发布于互联网上，实现消息的互通。每个发布信息的时间、地点都有所不同，所得到的信息时间维度和空间维度都有不同，因此不会存在完全一样的信息。通过信息的融合可以组成一条完整的信息链，互联网用户可以通过这条信息链了解到这条信息的前因后果。这是一个信息不断完善、修正的过程，用户的输入不仅完善了信息，同时对信息中一些冗余、偏差的地方也进行了修正，从而提供信息的真实性。信息的传递如图 8-4 所示。

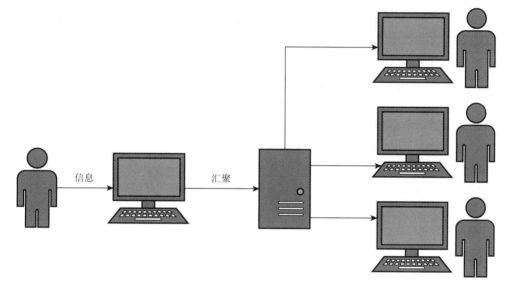

图 8-4　信息的传递

2. 物的感知接入

物的感知接入是指智慧互联网将接入各种终端设备作为其硬件层。互联网是一种虚拟网络，如果用户想要使用智慧互联网则需要依赖计算机、智能手机等终端设备。因为每个终端设备的使用场景不同，智慧互联网不仅需要满足组网的多样性，而且要满足同一设备不同接入方式的联网方式。终端设备的感知接入不仅如此，互联网还会实时收集终端设备的时间、空间信息，确认是哪一终端在何时何地接入到网络当中收发数据的，通过这种方式便能精确地对信息进行溯源，如图 8-5 所示。

3. 自我学习

自我学习是智慧互联网的重要特点，这是智慧互联网自我完善、自我发展的方式。由于互联网错综复杂，安全问题、服务质量问题都是互联网的关注热点。若要保证互联网安全、用户隐私安全，同时保证互联网服务质量，则需要不断更新互联网，这种更新不是人为规定，而是互联网根据用户需求、安全需要进行自我学习。智慧互联网通过自我学习能够完善自己的架构以提升信息交互质量和效率。

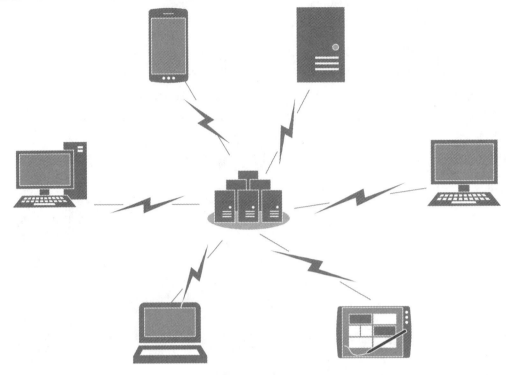

图 8-5　设备的感知接入图

8.5　智慧互联网的表现形式

　　智慧互联网的智慧并不简简单单是一种技术概念，而是体现在与用户交互的智能当中。在这个过程中，信息作为服务的内容，互联网作为传递的机制，围绕用户的体验感，结合人工智能将互联网的信息以一种更为人性化的方式展现给用户。智慧互联网如何体现其智慧呢？主要表现在互联网对信息的智能运用上，不同于传统互联网将海量数据一览无余地展现给用户，智慧互联网会"思考"给用户最有用的信息，因此智能搜索技术、智能推送技术、自我学习技术以及信息智能处理技术成为智慧互联网的典型表现形式。

8.5.1　智能搜索技术

　　智能搜索技术是一种依托于互联网与大数据结合产生的新技术。它不同于传统的精确搜索和模糊搜索两种方式。智能搜索技术更具主动性、更人性化。举一个简单的案例，如在传统搜索引擎中搜索：重庆哪里有好玩的地方？得到的结果则是围绕这句话本身进行的搜索，每条结果则是有关"重庆哪里有好玩的地方"的。而在智能搜索引擎下，则会针对输入的问题进行搜索，得到的结果则是针对搜索的问题的解答，根据话题的相关程度、用户点击量对结果进行排序，并且搜索引擎还会根据用户输入内容对其语法语序进行识别和判断，如果用户输入错别字、生僻字，搜索引擎会提示用户输入内容是否正确，是否有其他含义。同时，在当今多媒体技术和人工智能的发展下，搜索方式不再简单局限于输入汉字识别，考虑到用户文化程度或使用方便程度，目前搜索引擎支持语音搜索、图片识别功能，能够更加人性化地搜索用户提出的问题，并且随着互联网交互技术的逐渐成熟，在遇到一些需要实时解决的问题时，能够在线问答，为用户提供了便捷的问题解决方式。

　　智能搜索技术主要依托于大数据应用、互联网技术以及人工智能技术等多种新兴技术的结合。首先来源于各个媒体或互联网用户的大数据将被记录在互联网当中，当搜索引擎进行搜索时通过互联网对整个网络上的数据进行挖掘和检索。利用神经网络、关联规则、模糊聚类等人工智能模型将用户搜索的结果呈现在浏览器上，如图 8-6 所示。相比传统搜索方式，智能搜索技术的突出优势是通过大数据和人工智能将互联网技术智慧化，并通过多媒体技术将智能搜索技术生动地呈现在用户眼前。这种方式结合语音识别和图像识别技术对用户输入内容进行识别，并将其转化成文字内容，再对这些文字内容进行识别，根据用户组词造句，需要识别内容中的单字、词语以及同义词，再进一步转化成计算机能够处理的内容，通过人工智能算法进行识别和匹配，在互联网大数据库中将符合要求或者相关的内容进行归类整理，呈现给用户。这种搜索方式的特点是智能化、个性化、移动化、主动性和交互性。因为在今天，搜索引擎不再是简单搜索文字的相关内容，而是将互联网终端作为用户的知识库，帮助人们更高效地进行生产的人性化工具。

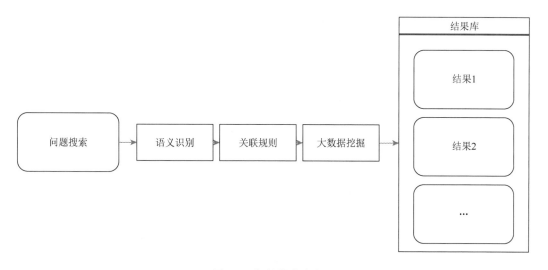

图 8-6　智能搜索流程图

　　同时，智能搜索技术是一种不断成长的技术。随着数据的增多，未来互联网存储的信息也将越来越多，用户就可以得到更多的信息。同时随着多媒体技术的发展，未来搜索方式将变得更加复杂多样，更重要的是人工智能技术会与大数据和互联网结合得更加紧密，在未来，智能搜索技术将更加智能化，对于用户来说，搜索引擎不只是工具，而是一个能够分析用户情感、习惯、兴趣的人工智能管家。

8.5.2 智能推送技术

智能推送技术同样依赖于大数据和互联网技术，但不同于智能搜索技术，智能推送技术的大数据来源是当前用户的历史记录、感兴趣内容等，通过数据挖掘将这些内容存储下来，进而通过互联网将这些内容放到"云端"进行识别和分类，同时根据关联分析，用户下次使用相关软件时就会收到与上次搜索内容相关的内容。例如，当一个用户某一次搜索过上衣款式后，程序会在后面主动推送不同季节、不同款式的衣服，甚至也会有裤子、鞋子款式的推荐。这些服装来自互联网上提供这些物品信息的用户，通过这种方式大大提高了人机交互度。在过去，互联网上虽然有各种各样的信息，但是大部分信息得不到有效的利用，而用户需要进行烦琐的操作来串联自己需要的信息，而今天随着互联网的发展以及人工智能技术的兴起，智能推送技术解决了这一问题。通过人工智能技术分析人的行为和情感，如用户在搜索游玩的地方后，必然会关心周围适合吃饭的地方，智能推送技术就是在用户搜索游玩地方后，对这些数据进行记录，分析当前用户的需求，然后推送附近适合吃饭、休息的地方。这样的技术减少了搜索信息所花费的时间；作为信息提供方，增加了盈利；而对于整个平台来说，得到了供需双方的供需信息，能够有效维护平台的运行。智能推送技术示意图如图 8-7 所示。

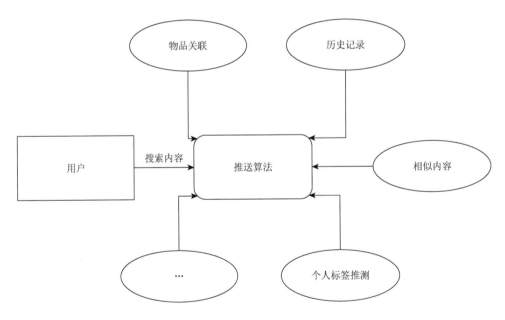

图 8-7　智能推送技术示意图

智能推送技术常用于购物平台、娱乐休闲推荐，通过这种方式大大提高了平台的成交率，因为通过对用户平时兴趣的学习，形成了面向用户的个性化推送，因此增加了用户的购买欲望，并且这样的推送是动态更新的，因为用户每个时期的需求是不同的，智能推送技术不断学习用户的兴趣，形成用户的"个性化画像"。对于用户来说，拥有只要提供一条搜索记录就能够得到与信息相关的所有内容的一条龙服务，为用户获取数据节省了时间，减小了用户获取信息的难度。信息提供方在提供信息时，平台会结合图像识别、语音识别记录信息的类别，将信息打上标签并归类到相应的信息库中，当其他用户搜索到相关标签或者智能推送技术分析到有用户需求，该标签信息就会即时将信息推送给有需要的用户，通过这样的方式加快了互联网大数据的运转周期，解决了互联网中用户间因信息不通造成的数据孤岛问题。

在未来，智能推送技术会发挥巨大的作用，这项技术不再简单地根据历史记录来学习用户的兴趣，而是结合用户的年龄、性别、身份等有效信息来构建用户的专属化推送模式，可以说，互联网上每个用户不会有雷同的推送内容。同时，这项推送技术将线上、线下相结合，让用户在互联网和现实生活中都能够享受到智慧互联网带来的好处。

8.5.3　自我学习技术

互联网自我学习技术是目前一种常见的技术。结合人工智能技术对互联网上的资源进行整理、归类，并对不断出现的新内容进行学习，实现网络的自我更新。互联网错综复杂，有些不良信息在互联网上会对社会造成较坏的影响，同时还会给互联网用户带来困扰，因此互联网各大平台需要一种能够有效识别信息内容的识别机制，并且这种识别机制并不是一种固定、静态的技术，而是能够紧跟时事、动态更新的自我学习技术。由于互联网的庞大难以想象，对于互联网内部很难进行人为更新，并且如果只通过人为排查敏感词汇、敏感语句等各类敏感信息，会消耗大量劳动力和时间，而互联网信息本身就是为加快信息的传递，因此如果能够通过后台算法让平台自我检测和识别信息内容，就会让互联网更具效率。

因为现实世界每天都会发生新闻，所以自我检测技术在对原有的内容检测的同时需要对每天的时事进行自我学习，从而形成互联网的动态资料库。互联网通过自我学习分析出当前信息的性质，如果下次收到相似的信息就会对这些信息进行判断，是紧急的、私密的、违法的还是普通的，这样的自我学习和自我判断方式已经运用在电子邮箱等信息收发平台上。在平台上，某种形式的信息内容可能遭到许多用户举报，平台的后端就会对这些信息进行自我学习，当后来有用户收到这些类似的信息时，平台就会自动将这类信息归集到垃圾邮件当中，并且结合多媒体技术，后端对信息内容和所包含链接进行搜索、学习和判断，如果涉嫌危害互联网用户身心健康和财产安全，平台会将信息打上标签，同时建议用户不要访问该链接。智慧互联网自我学习机制如图 8-8 所示。

同样，互联网自我学习技术还被用于互联网的协议

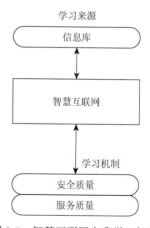

图 8-8　智慧互联网自我学习机制

识别和故障诊断上。因为互联网上包含诸多协议，并且各个厂家有自身的专属协议，当涉及保密信息的传输时，需要采用数据包加密、解密的方式，同时互联网需要采用自学习的方式对当前协议进行识别和归类，如果是新的协议标准，则创新协议识别规则。而互联网的故障诊断则是对互联网各个节点连接情况展开测试，如果某一节点发生故障，则对当前问题进行记录和学习，当网络再次出现问题时，互联网就会分析故障问题的表现形式，如果类型相似，就会采用相同的办法来解决。

在未来，自我学习技术会成为互联网技术中最为重要的技术之一，越来越大的互联网难以通过人为进行更新和维护，因此自学习技术能够让互联网具备自我升级功能，对网络拓扑结构的优化、网络稳定性的加固以及信息类型的鉴别和保护，使用户处于一个高速发展且高度安全的网络环境之下。

8.5.4 信息智能处理技术

互联网与大数据息息相关，互联网的发展离不开大数据的支撑。用户的行为为互联网提供了数据信息，而万千用户的信息构成了互联网大数据。互联网不仅会将这些数据向用户展示，还会对这些信息进行处理以获得新的信息。

今天的互联网得力于信息智能处理技术，以此对互联网大数据进行归类、存储和应用，构成了开放、智能、安全的互联网平台。目前，信息的处理不再是简简单单地解析信息本身，同时互联网会对信息的来源进行溯源，针对时间信息和空间信息进行记录。当数据结合时空信息后，就会成为多维度信息，用户在查询这些信息时可以得到超越该信息本身价值的内容。例如，气象局发布天气信息后，如果不及时公布时间和地点，那么用户无法及时对气象信息进行利用，当气象局公布天气数据的时空信息后，才能够让互联网上众多用户利用这些信息。互联网上信息的智能处理不仅让数据更加有序，而且能够针对信息的来源得到互联网信息与现实的映射。信息智能处理技术概念图如图 8-9 所示。

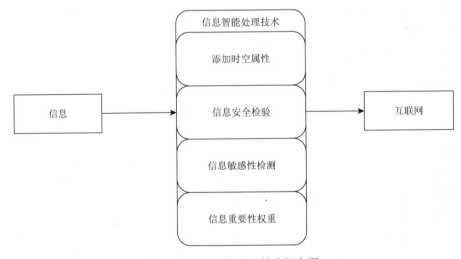

图 8-9 信息智能处理技术概念图

同时，在互联网上，这些信息还会被进一步地智能抽取，不同于传统数据需要人为地将数据分成几个类别，智能抽取会根据信息所提供的特性将这些信息分为多个种类，并且会给这些信息赋予多个属性，这样互联网信息能够交叉分类和使用。同时针对不良信息和虚假信息，不仅需要封禁，同时对这些有危害的信息也需要进一步的处理，对信息内容进行核实，对信息发布者是否涉嫌违法进行调查，对于散布互联网不良信息的人需要给予警告。此外，对于一些机密信息在互联网中传输时需要进行加密，如用户的密码等，互联网的信息智能处理技术不仅保证这些信息能够被相应的平台所识别，而且需要保障这些数据不会因此被泄露，从而造成用户个人信息的曝光。互联网的信息智能处理技术能够为互联网数据运作提供一套高速、安全的数据传输到应用的方案。

8.6　智慧互联网的应用

智慧互联网广泛运用在各个领域当中，因为智慧互联网带来了一种便捷、智能、安全的互联网模式，在提供优质服务、个性化信息的同时能够保证用户的信息安全，这使智慧互联网能够运用于军事、商业、日常生活等多个领域当中。

8.6.1　军事上的智慧互联网

1. 军事智慧互联网概述

冷兵器时期，战争主要打的是以人的体能为中心、依靠搏击制胜的"体力战"；工业化时代，战争打的是以机械化的武器平台为中心、依靠机械能和化学能制胜的"火力战"；而信息时代，战争打的是以网络为中心、以信息为主导、依靠网络与信息制胜的"网络战"。互联网技术在军事上的运用最为广泛，通过应用于部队的装备研发、信息保存、数据传输以及军事教育来构成以互联网技术为基础的作战体系。这种新式的作战方式，根据战术平台担任角色的不同，而形成不同的"平台"。在每个"平台"上都可以上传和下载信息，同时由于依赖于互联网技术，这种"平台"具有所占资源少、运行成本低、容错率较高的特点。另外，不同平台间通过互联网技术进行沟通，可以即时并安全地交换信息，以此"运筹帷幄之中，决胜千里之外"。因此新时代的军事战役必然是以信息战为主。

互联网技术的兴起打破了传统的指挥作战的总体局限性和信息滞后性的弊端。古代乃至近代在进行大型指挥作战时，军事指挥一般利用沙盘、棋盘作为指挥作战的模拟手段，但由于对真实地形、队伍分配的信息分析不够准确，因此这些手段具有很大的局限性。另外，古代的战报和重要战略信息依靠情报官传递，烽火狼烟中也能够简单地传达信息，到近代开始用电报传递信息。以上三种信息传递方式都有很大的滞后性以及不安全性，因为战报信息要求即时并且机密。烽火的方式很容易被敌人发现并反利用；情报官传递则类似于现在的快递，因此信息很难做到即时传递，此外还会有被截获的可能；近代随着通信技术的发展，电报成为一种主要的战略信息传递手段，电报相比前两种传递更加迅速且安全，但为了保障信息不被截获，电报信息往往进行了编码操作，接收方需要进行破译，整个传递周期就较长。如今，随着互联网的迅速发展，通过智慧互联网更加有效、便捷地管理和存储信息，传递信息更加即时、迅速，做到了真正的即时传输，而智慧互联网的安全技术则为传输安全提供了保障。接下来，将具体阐述智慧互联网如何为军事领域进行服务。

1）信息的管理

传统制造业采用移动互联网、云计算、大数据等信息通信技术，改造原有产品及研发生产方式，其本质是开放和融合，将彻底改变以装备型号研制为中心、单一群体研制为主力的发展思维和建设模式，取而代之的是开放式平台集思广益、模块化组成设计、"云"端传感的节点设计。

在互联网的帮助下，许多互联网开发者可以通过自建或借助现有的"众包"平台来发布自己的开发需求，通过开源社区的帮助来收集专业人士的创意和意见，极大扩展了创意来源，通过这类平台，节省了开发者在开发项目中收集资料与总体构思的时间，并且思维上得到了拓展，而另一方则通过这类项目增长了自己的项目阅历。互联网就是连接这些创客的创新能力与项目开发者创新需求的"绳索"。智慧互联网的目的就是为企业开展网络"众包"提供可靠的第三方平台。对装备研发单位而言，它们需要承包相关的业务来提高自己的知名度，而军工企业、科研院所通过自建或借助现有的"众包"平台来发布自己的开发需求，因为军工企业往往人数有限，有些环节需要更专业的人士来主导开发，所以需要通过平台广泛收集客户和外部人员的想法与智慧以扩充产品的生产需求以及开发建议。另外，在装备试验产品上增加了网络软硬件模块或者预留接口，这样设备可以成为联网的网络设备，再利用"云服务"对设备进行管理。这样的好处是不需要耗费资源对设备进行单个管理，而是在服务器上对各类设备进行统一管理。装备研制企业可以将机器等生产设施接入互联网，构建网络化物理设备系统，进而使各生产设备能够自动交换信息、触发动作和实时控制。因为军工设备往往不是单独起作用的，需要多种不同设备构成整个系统。对于用户来说，这套系统还需要具备良好的交互性以确保操作人员能够很快上手使用。通过智慧互联网技术可以简化整套系统，根据操作人员的等级以及所属工种来制定专属的系统功能。另外，这套系统需要实现用户远程操控、数据自动采集分析等功能来体现整个系统的智慧性。此外，需要实现对装备性能的检测、改进功能并能解决仿真在真实环境下所遇到的问题等。

在这个延迟即失败的信息化战场上，需要极大地减少信息的延迟，因为哪怕极小的延迟也会导致巨大的损失。保障领域的"互联网＋"会使信息化的触角、网络的末梢变成战场主角，构建以智慧数据传输为主要特征的"互联网＋"保障模式，从而进一步保障军事上的信息传输。

2）信息的保障

作为信息化的新阶段、升级版，智慧互联网的保障模式的主要功能是将新一代信息技术以及互联网这种前所未有的便捷工具、互动平台与保障实体无缝连接起来，形成一个具有智慧和"云服务"特征的虚拟组织。在网络传输中最受人们关注的是传输的速率和安全性。一方面，速率关乎信息的即时性，如果信息延迟较大，那么信息就失去了本身的价值，因此在传输过程中必须保障信息的传输速率；另一方面，信息必须有相应的安全保证。因为信息是私密的，所以不能被敌方所截获，即使被敌方获取，敌方也不能正确解读信息背后的含义。因此在保证信息传输速率的同时需要保证链路的安全性。

由于网络独特的跨界特质，一旦汇集所连接实体的信息形成大数据，生成的这个虚拟组织不仅可以自由驾驭实体空间的一切，而且还可以不受现有兵力资源的编排、地域和组态所限制，通过服务端的控制来打破军种、战区、部门间受地理限制的实体障碍，并且这样的通信链路可以将装备制造企业、保障部门、后勤供应机构与作战部队远程对接，实现军事指挥、管理一体化。这样能以比实体空间组态更好的方式来配置和应用资源，装备企业可以利用网络平台为部队提供人员技能培训、装备检测维修等服务，为后勤供应商实现精确实时的点对点保障，逐步形成了从保障实体到保障对象的全程无障碍直达链路。服务端根据远程客户端的请求筛选传输信息给各终端。这样大大降低了信息的复杂度，也缩短了信息传输所需要的时间。另外，在访问外网时，信息经过了加密，并且有防火墙机制保障信息安全。同时，服务端通过学习可以快速地识别对方的 DDoS 等网络攻击，并且会迅速隔离这类 IP 地址，以保护整个网络正常运行。

3）信息的存储

信息及一些重要战略数据都需要进行存储，对存储器的要求是每个作战单位都能够上传和下载信息，方便重要信息的传递。显然，传统硬盘或 U 盘是不能满足要求的，首先这类离线存储设备在存储时需要离线存储，而这个过程是随机不定的，而信息的有效性会随着这个过程逐渐降低，想要解决这个问题，就需要减少信息存储的不确定性，最好能够做到信息即存即用，因此云存储诞生了。云存储是一种运用智慧存储技术的网络存储方式。相比起传统的存储设备，云存储搭载可操作系统并利用云服务器进行远距离信息传输。另外，云存储的操作系统可以提供文档归类服务，以及支持各类文档格式的在线查看工具。可以说，网络存储设备已经不像传统存储设备只是一个存储器，而是一台主机设备。

相比传统存储设备，云存储更具灵活性，云存储在有网络的环境下，往往只需要一个客户端就可以将信息上传到云端，或者从云端下载信息到客户端。另外，云存储往往规定了账号、密钥等保障措施来保障信息安全；云存储更具即时性，例如，传统的存储想要在部队中分享设备，必须定期转移存储器到各个部队中，这样就延长了传递信息的时间，在递送过程中可能会发生存储器遗失、损坏等情况，造成战略信息的丢失，而云存储则是将存储设备放在阵地后方，作战单位间仅需要一个局域网就能支撑起整个信息共享网络，可以做到信息的即时传递。云存储设备具有许多传统存储设备不具备的功能，这是因为云存储设备搭载了操作系统，可以自动备份、同步和通知等，还可以结合当下热门的多媒体技术进行动态观察，分析重要数据并得出结论。云存储技术也可以根据部队职能对各部队的存储权限做一定的要求，这也增加了整个部队的规范性。智慧存储的应用就是这样，信息的计算和存放在云端解决，这样可以大大节约本地客户端的资源。此外，不同权限的用户可操作的功能也是不同的，降低了一个组织内的复杂性，只需要根据自己的职能进行操作即可。

4）信息的传递

教育，尤其是在军事教育上，不仅需要为新一代年轻人传授知识，更需要在思想上提升军队整体素质。教育资源的问题需要严谨地统筹，因为在教育资源上，如果都采用线下的方式，那么必然会造成教育资源的浪费，另外，上课时间和地点的固定会给部分学生带来不便。因此，如果课程采用平台发布的方式，将教学内容在平台上发布出来，学生只需要通过自己的计算机随时随地进行学习即可，并且在平台上有多种课程可供选择，学生可以根据兴趣进行学习，这样有效地整合了教育资源，同时为教育模式开启了一个智慧新导向。

学生通过一台计算机就可以学习各个学科的名师课程，这就是智慧化"互联网＋"教育。这种新的教育模式是真正以学生为核心进行拓展的，收录国际、国内知名高校的教育资源，通过人才、资源和技术网络共享，形成教育大数据，学生只需要根据自己的偏好进行筛选。网络课程并非单纯地将教师的课程进行录制播放，而是借助互联网技术，将课堂教学、学习体验、师生互动等环节完整地在线实现，因为一个完整的课堂必须要有良好的师生互动性。智慧课堂不仅有着海量的教学资源，而且针对每堂课都设置有相应的互动环节。为了更好地帮助学生吸收知识，还在线上平台上设置随堂测试、单元考试，模拟真实学校的上课环境，学生足不出户也能够学习知识。在大数据时代，为了更好地整合社会资源，也为了让更多的人成为智慧互联网的用户，智慧教育模式的兴起是必然趋势。

多年来比较成熟的网络远程教育和视频课程模式构成了"互联网＋"教育模式的发展基础，主要包括高质量的编目视频、数据采集与分析、带有授递式教育功能的"云传播"平台，这种"云传播"平台如今既代表着一种新型技术系统，也蕴含着一种新型的教学范式。如果说传统远程教育模式打破了教室的"围墙"，那么新的教育模式则打破了学校的"围墙"，让优质的教育资源不再有时间和空间限制，使有能力的学生可以自由选择更好的资源，不再局限于单一院校提供的教学条件。通过"云传播"平台实现远程授课、在线自学、网上辅导、互动交流和课程考核，可以将教学视频、教案教材、参考书目等实现资源共享，在课程阶段中，通过线上学习、线上测验、线上考试等方式实现教育模式的传承。同时将智慧互联网技术用于创新，各军事院校任职培训的基础理论知识教学、官兵职业技能鉴定与认证、函授教育和自学考试等都能依托这样的平台来实现，为推进军事职业教育发展提供了新的途径。

2."军事大脑"技术

在今天，为了掌握战争先机，迅速打击对手，实时信息至关重要，智慧互联网技术将庞大的战略信息实时且精准地推送到各个军事部门，军事上将这样的智慧互联网技术称为"军事大脑"。各种传感器和军事探测设备构成了"军事大脑"的视觉、听觉、嗅觉系统，此外"大脑中枢"对上传的数据进行汇聚和整理，再依据这些数据的保密程度和重要程度进行类别划分，最后将信息传递到不同的部门和用户手中。"军事大脑"技术结构如图 8-10 所示。

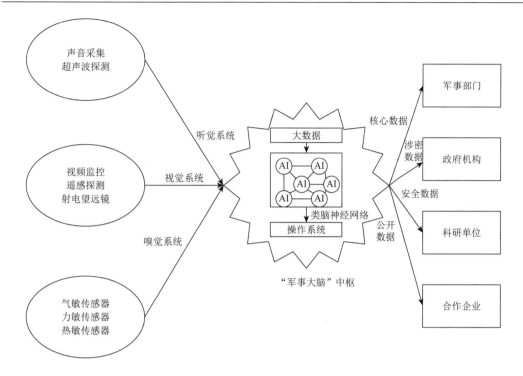

图 8-10 "军事大脑"技术结构图

　　"军事大脑"的分析与决策依赖于各个系统提供的数据支撑,"军事大脑"中枢会依据数据的重要性和保密性进行分类,从而实现不同用途:核心的数据只能在军事部门内部流通,这些信息具有较大的军事意义;对于涉密数据,"军事大脑"中枢会通过加密网络通道将其推送到政府相关部门进行进一步的分析;安全数据和可公开数据则通过互联网直接推送给科研单位和合作的企业。"军事大脑"技术依赖于智慧互联网对海量大数据进行筛选、分类和分析,通过网络进行信息的传递,一方面降低了信息泄露的风险;另一方面提高了信息的利用率。

8.6.2　商业上的智慧互联网

1. 商业智慧互联网概述

　　随着数字信息时代的到来,电子商务成为一种热门商业模式,电子商务是指以信息网络技术为手段,以商品交换为中心的商务活动;也可理解为在互联网、企业内部网和增值网上以电子交易方式进行交易活动和相关服务的活动,是传统商业活动各环节的电子化、网络化、信息化;以互联网为媒介的商业行为均属于电子商务的范畴。电子商务通常是指在全球各地广泛的商业贸易活动中,在因特网开放的网络环境下,基于客户端/服务端应用方式,买卖双方在线上进行各种商贸活动,实现消费者的网上购物、商户之间的网上交易和在线电子支付,以及各种商贸活动、交易活动、金融活动和相关的综合服务活动的一种新型的商业运营模式。新时代智慧互联网下的电子商务运用新技术为人们的购物提供了更加智慧化的服务。

电子商务的发展与互联网是紧密相关的，在过去，互联网发展不够成熟，同样也限制了电子商务的发展，使得电子商务只在少数用户中得以应用。而随着智能化、信息化时代的到来，电子商务逐渐成为人们主流的商务模式。由于电子商务可以有效地节省时间，同时提升交易的效率，并且网络安全技术的兴起为电子商务提供了可靠的安全保障，所以电子商务成为一种新潮且热门的商务形式。随着互联网和电子商务的门槛越来越低，越来越多的用户使用电子商务网络购物。当智慧互联网时代来临时，电子商务也更加人性化，通过对大数据的掌握，网络安全的应用以及各类多媒体服务的发展，电子商务成为一种立体且全面的商业模式。网络购物因为其推送、支付、物流等技术的高速发展，成为一种新型的智慧购物方式。

1）智能选货

消费者在购买物品时，常常会货比几家，但在同类型商品比较时，如果每次都需要人们进行搜索，那其实是十分麻烦的。另外，如果一名消费者在购买上衣后，那他可能也会对裤子或其他服饰感兴趣。因此需要推送技术对消费者感兴趣的物品进行推送，既方便了消费者，也促进了消费。

推送技术是智慧互联网的简单体现，但推送技术的实现确实值得思考，因为推送技术是基于大数据进行数据分析所得到的。推送技术的主要依据是用户平时的浏览记录、收藏记录以及购物车中的商品种类。另外一个非常重要的因素是成交记录中商品的标签，每次购买商品时，后台会记录当前商品的标签。这些标签将作为平台针对用户喜好进行学习的依据。将这些依据整理成一个独有的数据集，可以预测到用户未来可能会购买的商品。另外，在用户购买记录、购物车的记录以及收藏记录中会有一个权重值。因为成交记录中的商品是用户已经购买且明确了购买意向的物品，而购物车中的商品是用户想要购买但没有明确是否立即购买的商品，收藏记录中仅仅是用户对其感兴趣的商品。依靠这个权重值，推送技术可以更准确地找到用户的偏好商品。通过这些标签，平台可以为用户构造出一个"画像"，通过这个"画像"可以得到用户的偏好与不感兴趣的商品，另外，根据用户目前喜好的一些商品能够推测出用户感兴趣的物品类别。平台上的标签一般可以分为两类：一类是固定标签；另一类是动态标签。固定标签主要根据用户的年龄、性别以及职业来构成；而动态标签则是由上面所述的用户的浏览信息等构成。基于这些因素就能够大致推算出个人的个性化推送化服务。而对于商家而言，他们希望自己尽可能在推送首页中，因此在同等条件下，店铺的流量十分重要，因为平台的推送机制是在同类商品中推荐流量较大的店铺，所以一些不法商家为了提高店铺流量，采用"刷单"的方式来提高店铺流量，这样就会破坏商品原有的标签属性，而平台在不断更新和升级中。为后台增加检查功能，能够将大部分"刷单"商品纳入黑名单当中，另外，用户也可以手动将不感兴趣的商品删除，这样推送服务就会减少诸如此类的商品推荐。因为诸如像淘宝这样的购物平台的推送技术是一种不断更新迭代的技术，所以用户的每一次行为都会改变推送内容，也会使得自己的"画像"越来越清晰。推送技术示意图如图8-11所示。

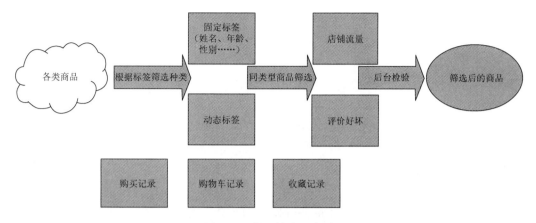

图 8-11　推送技术示意图

　　推送技术主要运用人工智能领域的机器学习。机器学习可以理解为人类试图让机器具有智能。20 世纪 50 年代，人工智能的发展经历了"推理期"，通过赋予机器逻辑推理能力，使机器获得智能，当时的人工智能程序能够证明一些著名的数学定理，但机器缺乏知识，远不能实现真正的智能。因此，20 世纪 70 年代，人工智能的发展进入"知识期"，即将人类的知识总结出来教给机器，使机器获得智能。在这一时期，大量的专家系统问世，在很多领域取得了大量成果，但人类知识量巨大，故出现"知识工程瓶颈"。

　　无论是"推理期"还是"知识期"，机器都是按照人类设定的规则和总结的知识运作的，人力资源成本太高。于是，一些学者就想到，如果机器设备能够像人类一样通过学习提升自己的功能，那么将改变人们的生产方式。机器学习方法应运而生，人工智能进入"机器学习时期"。"机器学习时期"也分为三个阶段：20 世纪 80 年代，连接主义较为流行，代表工作有感知机和神经网络；20 世纪 90 年代，统计学习方法开始占据主流舞台，代表性方法有 SVM；进入 21 世纪，深度神经网络被提出，连接主义卷土重来，随着数据量和计算能力的不断提升，以深度学习为基础的诸多人工智能应用逐渐成熟。

　　如今机器学习已经是一种成熟的人工智能技术，其通过与大数据结合可以得到非常准确的模型，并且可以对未来的情况进行预测，如天气、流量、类别等。推送技术同样运用这种技术，基于 word2vec 词向量训练模型可以得到用户行为的均值。整个模型是一个非线性模型，所以一般会采用神经网络来构建整个模型。在数据的处理上，需要根据权重值来提取特征。一般采用 SVM 对商品评价进行分类。根据网购评语的内容，以及贴图和打分可以判断该条评价的好坏。关乎好坏的数据又会被送到平台的后端，作为推送中的重要属性集对用户商品进行预测。当然，由于机器学习依赖于数据集的分布、数量的问题，用户在体验中会很明显地感受到推送服务一开始并不是很准确，需要用户在不断使用中，不断迭代数据以使推送变得更加准确的。

　　2）智能购物

　　消费者在网络上进行购物时，往往需要几个阶段，首先是将感兴趣的物品加入购物车。针对用户订单，系统必须做好实时更新的服务，另外，网络购物并不是使用的虚拟货币，而是日常生活中所用的真实货币，因此购物系统需要在后端连接银行等支付渠道，才可消费。网络购物并不是"货物"和"货币"立马交易的过程，需要消费者进行购买，支出相应的"货币"，但这些"货币"不会立刻交到商家手上，而是先交给购物平台暂时保管，当"货物"到达消费者手上时，通过"收货"服务，"货币"才会交到商家手中。

网络购物与虚拟货币交易不同。虚拟货币往往在特定的程序或环境中才能够流通使用，当不具备这个客观条件时，虚拟货币不能像真实货币那样进行流通，而网络购物则是利用电子商务将真实货币放到互联网上流通。电子商务的发展可以追溯到 20 世纪 60 年代，在最早的时候，人们仅仅利用网络来传递商务电报。随着经济全球化趋势以及计算机技术突飞猛进的发展，电子商务开始成为一种购物形式，但由于其安全性没有得到保障，所以许多人对网络购物持有质疑的态度。随着人们越来越重视网络安全的发展，防火墙、加密技术以及 SSL 技术有力地推进了网络购物的发展。随着信息时代的到来，网络购物已经成为人们不可或缺的购物方式。因为网络购物可以节省在线下挑选商品所花费的时间，网络商家没有实体店面的成本费用，所以商品的价格普遍偏低，同时，网络中可以买到生活中不容易买到的物品，所以越来越多的人喜欢采用网络购物的方式。

在智慧互联网时代，网络购物系统具备了更好的交互性。用户不需要像过去一样记录下自己购买商品的型号、参数，然后在订单中进行填写。如今的购物系统主要采用数据库对用户各个状态下的商品进行管理，如在购物车中的商品、待付款的商品、待收货的商品。每一个状态单独进行管理，同时会有不同的操作栏，为用户提供了一个明确而简洁的购物界面。在付款的时候，不需要像过去一样每次都提供开通了网上银行的银行卡账号和密码，这种付款方式烦琐且不安全，而现在的购物系统连接了银联等网络支付平台，网络支付平台绑定了银行卡等，因此可以直接在支付平台上进行消费。平台一般有暂存、理财、消费等功能，同时为用户提供了可靠的资金保管服务。用户在购物平台付款后，款项首先会交给第三方购物平台看管，这时一般由支付平台支付给第三方平台，这样可以有效地保护消费者，避免可能发生的消费问题。支付平台会对支付对象进行识别，当进行转账、支付时，会识别对方身份，是第三方平台，还是个人转账服务，而如果对方信誉度有问题，支付平台也会在转账前将此信息发送给付款方。购物平台提供给用户的可靠保障则是支持用户收到货品后根据验货情况来判断是否给商家款项。为了规避用户没有执行收货操作，购物平台为购物方提供了一个试用期，试用期过后，如果没有其他问题，平台会自动收货。

在传统互联网中，应用层的各个应用一般是单独起作用的，因此在过去，购物系统和网络支付平台没有办法直接连接使用，所以在网上购物时，操作会十分复杂。同时，传统互联网重视应用的基础功能，因此应用中的服务较少，在对用户的信息安全和财产安全保障上还有所欠缺。智慧互联网最大限度地简化了购物支付的流程，同时为用户提供了可靠的安全保障服务，所以在如今的时代，网络购物成为人们重要的消费方式。

3）智能取货

在货品运输过程中，消费者往往想知道货品目前所在的位置，同时根据物流位置可以大致知道送达日期。在这个过程中，物流通过互联网技术对货物的物流信息进行实时更新。另外，通过对物流信息以及位置信息的智能化处理，物流平台可以推测出货品的大致达到时间。当货品到达目的地后，一般先被存放在当地的快递暂存处，等待当地快递管理员粘贴取件码并通知消费者。消费者可以根据这个到达时间对日程进行安排，在合适时间到本地快递暂存处取出货品。

网络购物不像线下购物能够立即拿到货品，网络购物中会存在一段快递期，而且随着用户和商家的地理位置差异，快递期充满了不确定性。因此用户不仅会关注商品什么时候到达哪个快递点，而且会关注快递所经过的中转处。利用地图信息将物流的过程透明化，为商品的运输过程提供了有效保障，同时减少了购物双方可能出现的纠纷。

物流过程中的地图信息一般采用 GIS（Geographic information system，地理信息系统）获取，GIS 是一种具有信息系统空间专业形式的数据管理系统。在严格的意义上，这是一个具有集中、存储、操作和显示地理参考信息的计算机系统。例如，根据在数据库中的位置对数据进行识别。实习者通常也认为整个 GIS 包括操作人员以及输入系统的数据。GIS 能够应用于科学调查、资源管理、财产管理、发展规划、绘图和路线规划。例如，GIS 能使应急计划者在自然灾害的情况下较容易地计算出应急反应时间，或利用 GIS 发现需要保护不受污染的湿地。在物流服务中，用户可以通过 GIS 查看包裹的当前位置，商品的位置信息被实时跟踪着，所以物流的位置信息服务是完全透明的，也为用户购物提供了有效保障。同时，GIS 可以分析标记出一个城市中所有的快递点，还有用户提供的地址，根据这些点，再利用最短路径图算法，可以得出距离用户最近的快递点。由于 GIS 强大的数据组织、空间分析与可视化等众多优点，基于 GIS 物流配送系统集成已成为物流配送系统发展的必然趋势。系统集成的目的是利用 GIS 空间分析功能，在可视化、智能化的信息平台实现高效、便捷的物流配送，使配送企业能最大限度地利用内部人力、物力资源，缩短配车计划编制时间，减少车辆的闲置、等候时间，合理安排配送车辆行驶路线，制定合理的配送方案，提高车辆的利用率，优化人员与车辆的调度，使物流配送达到最优，以降低企业的运营成本。将 GIS 应用到物流配送过程中，能更容易地处理物流配送中货物的运输、仓储、装卸、送递等各个环节，对其中涉及的问题如运输路线的选择、仓库位置的选择、仓库的容量设置、合理装卸策略、运输车辆的调度和投递路线的选择等进行有效的管理和决策分析，有助于物流配送企业有效地利用现有资源，降低消耗，提高效率。

物流是一个范围较大的活动，物流信息贯穿于物流服务的整个过程。物流信息具有信息源点多、分布广、信息量大、动态性强、信息的价值衰减速度快和及时性要求高等特性。将 GIS 集成应用于物流管理，可以提供分布式的物流信息系统管理平台；电子地图图形化的显示和输出增强了物流系统的可视化管理能力；强大的地理分析和空间分析能力为物流方案的制定提供了科学的方法；基于 GIS 的仿真模拟为物流方案设计提供了准确的判断依据。以 GPS 为代表的定位技术与通信技术的有效集成，不仅可以实现远程的信息交换，而且还可以实现移动目标的实时监控，掌握物流作业的状态信息。将空间信息技术引入现代物流管理技术中并进行有效的集成已成为现代物流发展的必然趋势。

2. 数字广告推送技术

随着数字化时代的到来，各种商家将广告宣传的重心放在了互联网上，互联网具有传播速度快、宣传成本低的特点，因此互联网广告成为一种主流的宣传模式。如何将广告精确地推送到潜在客户眼前，这是智慧互联网算法中的重要一环。例如，护肤品广告会更吸引女性用户，而汽车广告则更吸引男性用户，游戏娱乐类广告吸引较年轻的用户。通过精确推送能够提高信息的利用率，从而提高产品的成交率，所以电子广告的投放算法逻辑十分关键。目前来讲，用户利用浏览器浏览网页时，平台的后端就会对用户的行为进行记录，如用户刷新一次界面，可默认请求一次广告，由此制定匹配该用户的计划，对用户操作频率进行监控，此外，还会对各种广告的 eCPM（effective cost per mile）值及广告所属公司品牌的影响力进行排序，通过上述因素综合考虑将广告推给合适的用户。数字广告推送技术结构如图 8-12 所示。

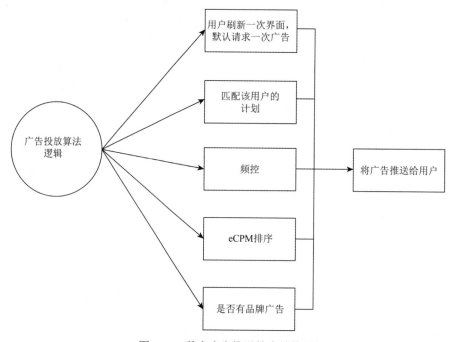

图 8-12   数字广告推送技术结构图

广告的推送并不是简单排序和推送，而是依据用户行为、广告类型、品牌效应进行综合决策后，对每位用户进行的个性化推送。这种个性化定制技术还被广泛应用在网络购物等领域当中，智慧互联网使电子商务变得更加人性化。

8.6.3   生活上的智慧互联网

1. 生活智慧互联网概述

在日常生活中使用到的智慧互联网技术就更加多了，如目前十分热门的滴滴打车、美团外卖、58 同城等。在滴滴打车软件当中，用户在点击"打车"服务后，系统优先分配信誉较好、距离用户当前位置较近的司机来接乘客，在这个过程中，通过 GPS 以及实时动态技术实时查看司机与用户的当前位置，以确保双方能够顺利碰面。美团外卖的推送系统则往往是根据用户所在位置进行推送的，所推送的都是附近商家，方便用户尽快拿到外卖，而外卖员也同样会优先选择较近的订单。58 同城则是根据用户所在城市，提供该城市的同城服务，如房屋交易、车辆交易以及同城招聘等。

随着移动网络、无线网络技术的兴起，智慧互联网不再依赖于计算机终端，而是各种移动终端均可以接入互联网当中。因此用户可以 24 小时接入智慧互联网当中。同时，通过互联网即时反馈的特性，能够实时地显示用户当前的状态信息。在生活中，可以看到越来越多的人喜欢轻装出行，因为通过手机终端连接智慧互联网就可以使用钱包、地图、点餐、酒店预订等服务。对于人们来说，自己的个人信息在互联网中的"深网"进行保存，既能够保证自己信息的安全性，又能够在办理各种业务时方便快捷地录入个人信息。正如过去人们出远门去车站购买车票时，需要拿到纸质车票在窗口检票才能够上车，而在今天只需要一张身份证，在入站时将身份证内所含个人信息上传到车站的专网当中，就能够查询当前用户是否购买了本趟车的车票，通过这种方式简化了用户购票上车的流程，省去了用户排队买票所花费的时间。

对于大多数用户来说，虽然无法直接感受智慧互联网的特性，却在日常生活中不知不觉享受其带来的好处。相比传统互联网，智慧互联网将用户作为服务的中心，针对用户生活可能遇到的困难提出相应的解决方案，极大地方便了人们的生活。

2. 智慧商场技术

商场是人们生活中常去的场所，因为人们可以在商场购买各种各样的商品，但每个人的需求是不一样的，如果直接将琳琅满目的商品放到顾客眼前，那么就无法让用户得到较好的购物体验。将目前的商场结合智慧互联网技术，在本地网络系统中对商场环境、顾客客流进行监控得到本地情况，同时结合远程网络对目前的热点信息进行挖掘，对不能够到现场购物的顾客增添云购物功能，增加线上线下的交互性，从而便利人们购物，如图 8-13 所示。

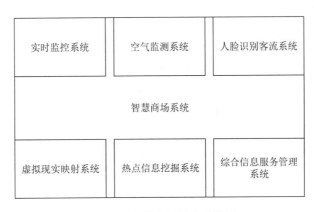

图 8-13　智慧商场技术结构图

在生活中，智慧互联网技术需要对用户线下环境进行调查，同时需要将这些信息传输到互联网上结合网络的实时信息展开分析决策，能够为用户提供线上线下两套服务。在过去，互联网与现实环境难以联系在一起，用户很难将互联网信息运用到实际问题当中，如商场，人们无法通过互联网了解到当地一个商场中有哪些商家，商场结构是什么样的，而现在的智慧商场的技术能够为用户提供一套指南，为用户生活提供便利。

8.7 互联网的未来发展

互联网由于受当前网络带宽、网速等的影响，并没有真正地成熟，虽然智慧互联网相比起传统互联网更具智慧、更加人性化，但没有改变的始终是计算机与计算机之间的信息交互。传统互联网解决了主机间的远程通信问题，而移动互联网则是解决了移动设备的联网问题，同时也增加了互联网的灵活性。现在正热门的智慧互联网使得用户通过终端设备能够享受到自己想要的网络服务，互联网的未来必定是属于"万物互联"的。在某一场景内，实现人、设备以及网络的互联，也就是人可以在当前场景下使用网络终端控制的一切联网设备，达到人机交互的目的，而随着新一代移动通信技术的广泛运用，互联网技术可以应用在更多更广的领域当中，即物联网。在未来，互联网技术会应用到更多的领域中，形成包括吃、穿、住、行的智慧系统。

互联网未来的发展必然离不开大数据，因为数据提供了网络发展的基础，只有一个网络能够承载海量的信息数据，才能让网络变得多样化、复杂化。互联网未来的发展必然取决于如何应用大数据，不同领域的数据进行融合和协同可以产生新的领域，从而丰富互联网的呈现形式。借助互联网，人们不仅能够知晓过去某个节点发生的事情，同时也能够预测未来事情的发展方向。信息构成互联网的底层，失去信息的互联网将毫无意义，而失去互联网，信息也将失去最大的传播途径。在今天，许多信息具有较强的实时性，如果无法使用互联网进行信息的传递，那么信息就失去了原本的价值。如环境的变化，通过传感设备将环境数据上传到网络进行保存，如果多年过后对当初的数据进行分析，那么可以得到该区域环境随时间的变化趋势，同时通过巨量的数据可以预测该区域环境未来的发展趋势，人们可以根据环境的变化采取相应的措施，进一步改善环境，保护生态多样性。同时，对于个体用户来说，如股票的趋势、物价的变化都可以通过互联网上的大数据进行预测，从而减少投资者的损失。

在未来，互联网的发展还会与人工智能技术密切相关[21]。因为想要扩大互联网用户的适用面，必须减小互联网的上手难度，使其成为全年龄段、全教育层次都可以使用的便捷工具。人们可以通过互联网进一步便利自己的衣食住行，同时能够帮助人们在生产、学习、娱乐时，方便地获取相关的参考信息，使人们的生活迈向新的时代。目前，人工智能技术还处于刚起步阶段，也就是"弱人工智能"，主要功能仅限于代替人类做巨量的数据运算，而在未来，人工智能技术发展成熟后，结合大数据和互联网带给用户的体验将是一个无所不知且量身定做的人工智能管家。

第 9 章 智能物联网

如果说互联网很大程度上是给人们提供智慧，那么物联网特别是具备智能的物联网，是可以完成人与物、物与物之间的交互，以及智慧结论的执行的，不管它来自人还是物体或者机器。物联网作为一个庞大的系统，如何在信息获取、有效传输方式和网络的组织、信息解析和识别以及系统管控等多个方面采取现有的智能技术手段，完成其相应的功能与性能提升，是人们必须面对的一个重大问题。

9.1 概 述

随着时代的不断进步，基于物联网所开发的机器智能已经逐渐成为一种需求的潮流，推动着技术的不断进步、产业的更新换代，同时正在改变人们日常的生活。

最初的物联网指的是除人之外的事物之间的信息对接或互联，人们极力将其与面向人的信息交互的互联网进行区分，并给出区分的基本原则。今天看来，不论是什么网络，都是面向信息的处理、传递等行为，与操控它的对象是人还是设备没有什么关系。正如早期人们把网络区分为电信网、计算机网、广电网等一样，事实证明，这对网络本身的认识和相应技术发展是没有什么太大好处的，恰恰相反，还起到了阻碍作用。

人也是物，物联网也是信息网，它可以承载信息的处理、计算、交互、存储、传输等行为。物联网的基础是通信互联网，可以实现物与人、人与人、物与物之间的信息沟通，是扩充了的互联网，是通信网的高级普适、泛在形式。

物联网支撑用户或机器系统获得更多的信息，不论是熵还是维度，大大超过了现在的互联网，获得更多的知识、智慧，大幅度提高对自然界事物的认识水平，产生出高度智能的改造世界的行为。

9.2 物联网与智能物联网

正如互联网的发明是为了解决人与人之间远距离数据文件传递一样，物联网的兴起，最初只是为了通过传感器获取事物（不包括人）自然现象的信息，早期称为传感器网络。随着相应技术的发展和信息认识水平的提升，人们才提出了今天的物联网概念及技术架构等。人工智能物联网（artificial intelligence & internet of things，AIoT）结合了物联网与应用于物联网的人工智能。

9.2.1 物联网

对于物联网来说，其实就是对互联网的延伸或者说是对互联网的拓展，它是互联的高级形式，首先物联网的覆盖面大于互联网。互联网的服务对象是人，主要是人通过网络交换信息，而物联网的产生是因为物，主要是为了管理物，让物自主交换信息，间接服务于人；其次互联网需要人自己来操作才能得到相应资料，而物联网数据是由传感器或读写器自动读出的，互联网用户访问互联网资源主要是通过端系统的服务器、台式机、笔记本电脑和移动终端，物联网则是根据需要使用无线传感网络或 RFID 等接入互联网；最后就技术范围来说，物联网涉及的技术范围更广，互联网是一个技术方向，是虚拟的交流，物联网则是物与物之间的交流，涉及的技术几乎包含了信息通信技术的所有领域。

从本质上来看，物联网是建立一种机制，使"人"的精力摆脱"物"的束缚，从而极大地扩大传统意义上的"互联网"内涵。物联网是互联网技术的延伸，物联网经过多年的发展，已经融入了更多的与人相应的感知、记忆、理解、分析、判断等功能，这也代表着物联网的升华，来到了智能物联网的阶段。

现在，物联网已不再像早期物联网描述的那样，连接的仅仅是物与物，而是扩展到了人与人、人与物的连接。物联网主要是按照约定好的协议通过信息传感设备，如传感器、光符号、语音识别等识别设备，RFID 设备以及激光扫描器等，将物品、人及网络连接起来，通过这种方式来实现信息处理、交互，进而使人和机器系统具备智能化识别、控制、监测以及管理等能力。

物联网体系架构及模型与互联网存在着一定的差别，但总体上具有开放式特征，如图 9-1 所示。

图 9-1　物联网开放式结构模型

9.2.2　智能物联网体系架构

智能物联网主要是通信网和互联网的拓展应用与网络延伸，它利用感知技术与智能装置对物理世界进行感知识别，通过网络传输互联，进行计算、处理和知识挖掘，实现人与物、物与物的信息交互和无缝连接，达到物理世界实时控制、精确管理和科学决策的目的。可以广义地理解为智能物联网是给物联网加装了一个人工智能大脑，让设备的简单连接上升为智能交互。物联网相对于人工智能而言，则是一大超级感知系统，依托丰富的物联网传感设备，可进行视觉、听觉、温度、环境等各类传感数据的采集，并将这些数据发送给人工智能进行分析和处理。与此同时，这些数据也是人工智能进行深度学习的重要"养料"，训练出越来越智能的人工智能。

　　智能物联网与传统物联网的不同之处体现在：智能物联网是人、物、云的融合，并融为一个整体，体现了认知、交互、智能、存储、思考、分析、学习等能力的融合。然而传统的物联网仅仅是对一种技能的自动化实现，它缺失的是认知、思考、分析、学习等心智所能达到的能力。因此，智能物联网是由人的心智和需求、物的智能，以及"云"的联通组成的生态网络。

　　智能物联网体系架构分为四层：感知层、传输层、平台层、应用层，其体系架构图如图 9-2 所示。

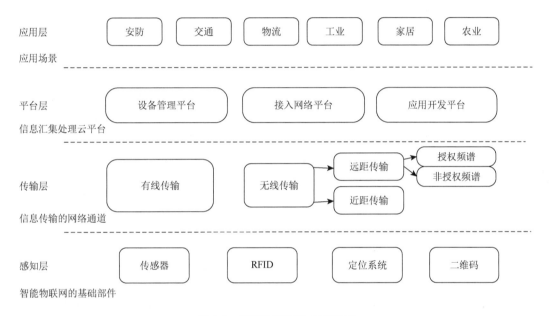

图 9-2　智能物联网体系架构图

　　感知层为智能物联网的基础部件，主要包括底层设备芯片、传感器等，如 RFID、传感器、摄像头、雷达、人工智能算法等，主要用于各类信息数据的采集。相较于传统的物联网基础架构，感知层拥有更加丰富全面的前端传感系统，且伴随着人工智能技术的进步，通过人工智能算法的嵌入，传感设备在传感精度和传感维度（基于视觉、声音等维度）方面都迎来了不断的突破。

　　传输层是智能物联网进行信息传输的网络通道，主要包括局域网、低功耗广域网、蜂窝网等无线通信。随着智能物联网产业的发展，物联网设备数量快速增加，设备种类、设备应用场景日益丰富，更灵活的无线网络连接能力将是市场的必然选择。同时，低时延、大带宽、广连接的 5G 网络也将为智能物联网应用带来更多可能性。

　　平台层是各种信息汇集处理的云平台，包括设备管理平台、接入网络平台、应用开发平台等。

　　应用层是智能物联网技术的落地应用，为客户提供智能终端设备，以及结合应用场景为企业提供垂直行业解决方案，并提供实时分析、生产监测等增值服务以收取额外费用。典型落地应用领域包括智慧城市、智能安防、智能工业、智能家居等。

9.2.3　物联网发展历程

1995 年，比尔·盖茨出版了《未来之路》一书，书中首次提出物联网的概念，书中曾多次提及"物物相连"这个设想及物联网的概念，但因为当时的技术以及设备发展跟不上其理念，所以这一概念在当时并没有引起人们的重视[22]。直到 1998 年麻省理工学院的实验室在成功完成了产品电子代码研究的基础上提出利用射频标签、互联网构建物与物相连的网络及解决方案。直到 2000 年以后在技术不断推进的前提下，物联网才得到广泛关注。

物联网的发展可以分为五个阶段：

第一阶段，实现传感器与计算设备之间的连接，采集和记录传感信息，并进行相应的计算，反馈计算结果或控制行为，通常称为传感器网络或实时控制系统，如数控机床、导弹控制系统等；

第二个阶段，通过数据中心实现与互联网的连接，只是向互联网提供人们研究分析需要的数据；

第三个阶段，是传感器信息通过互联网与客户端设备进行互联，包括台式计算机、笔记本电脑、手机等，突出智慧家居、工业化应用等，并制定出了相应的标准和技术规范；

第四个阶段，基于互联网的融合，从信息规范、协议，再到应用全方位技术融合，大幅降低因网络制式差异带来的技术壁垒，大幅度提高应用水平和网络资源利用水平，消除信息孤岛；

第五阶段：通过所描述的物联网，整合现有的、未来获取的各种信息资源和积累的智慧，实现物联网的智能对人类社会的智能支撑，促进文明发展和进步。

物联网将会改变世界信息交互模式和格局，以及人和机器智能的呈现模式与方式。

以前人们在基础设施建设时通常将物理设施与 IT 设施分开。例如，一方面是公路、房屋等建筑物；另一方面是数据中心、宽带等 IT 基础设施。在物联网思维里，电缆等物理基础设施与芯片、宽带等 IT 设施将整合在统一的基础设施中。可以说，生产运行、个人生活等将在此基础设施上运转。

现如今，在通信技术和计算机技术飞速发展的时代和大环境下，物联网有了诸多发展机会，很多国家对物联网的发展提出了相应的政策，并将其作为未来经济发展的主要推动力。随着 5G 时代的到来，我国也跟随时代发展，出台了相关政策，推动物联网发展。5G 具有速度快、时延小、连接多等优点，能够满足物联网应用的诸多需求，对于物联网来说，5G 将会开启物联网这座宝藏。在中国电信、中国联通、中国移动等通信企业打造的 5G 网络环境下，5G＋物联网在防疫抗疫期间大展身手，运用 5G 技术让远在千里之外的医生专家实现"面对面会诊"，实时地为抗疫防疫保驾护航。运用 5G＋无人防疫车技术，结合物联网技术，在医院、学校等重点场所开展消毒、医疗等服务。运用 5G＋物联网技术，完成无人化紧急运输和投送任务，为在一线的医护人员送去宝贵的防疫物资和医疗用品。

9.3　智能物联网感知技术

9.3.1　感知关键性

感知层位于物联网三层结构中的最底层，其功能为"感知"，即通过传感网络获取环境信息。感知对物联网技术的重要性不言而喻，对于人来说，人是通过视觉、嗅觉、听觉以及触觉来感知外界信息的，感知的信息通过大脑进行数据处理分析和判断，之后做出相应的反应，对于物联网技术，"感知"就像人们的各种感觉，有着识别、收集外界来的所有信息的作用。没有了"感知"物联网技术，就不能识别收集到信息，进而也就不能传递信息并分析信息，也就不能做出相应指令。正是因为拥有物理、化学、机械、电子等"感知"方式，物联网技术才能够识别、收集信息。由此可见，"感知"对于物联网技术是必不可少的，这也是物联网技术需要感知的原因。感知层既是物联网的核心，也是信息采集的关键部分。

9.3.2　感知层的主要技术

从原理上讲，感知层有多种感知方式，如化学、物理、机械、压力、电子等感知方式，这些都是感知层重要的感知方式。从实际结构而言，物联网通常采用传感器或传感系统（装置），分为模拟和数字、集成参数和单一参数、智能与非智能等，从网络结构来看，它们构成了一个感知层，物联网就是通过构成多样化、多方式感知层去感知多元化、多维度的客观事物信息的。

感知层的主要作用为识别物体、采集信息等。对于其实现手段，人们已经掌握了许多，可以通过它们获得很多种类的大量信息，但是客观事物的信息具有无限变化、维度繁多的属性，不是现有传感技术所能兼容和解决的，即便如此，感知层的关键技术也是值得学习并钻研开发的，从而人们发明新的技术，发现新的实现手段，并掌握新的关键技术。下面将介绍几种感知层中的关键技术。

1. 射频感知技术

1）射频技术概述

RFID 技术又称电子标签技术，是一种实时、迅速、可靠的信息采集以及信息处理技术，它可以利用射频信号在磁场中实现非接触式通信，并对目标进行识别和交互数据，可识别高速运动物体并且可以同时识别多个目标，它也被称为 21 世纪十大重要技术之一。

2）RFID 系统工作流程

（1）发射天线发射特定频率的射频信号，由读写器接收，信号被接收之后产生感应电流，电子标签接收到信号之后被激活。

（2）电子标签通过自身内置装置将编码等信息发送出去。

（3）系统接收到电子标签发送来的载波信号，该信号经过天线调节器的调节再送到读写器处，并由读写器对调节后的信号进行解码，再送到后台进行处理。

（4）主系统判断电子标签是否合法，通过逻辑运算，对不同的设定做出不同的判断和处理，并由此发出不同的指令信号控制其动作。RFID 工作流程如图 9-3 所示。

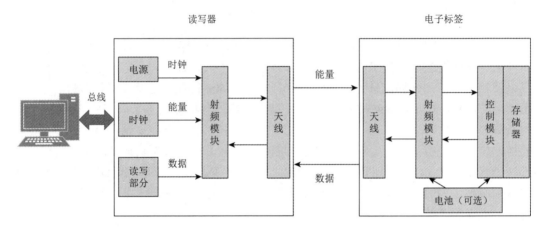

图 9-3　RFID 工作流程

3）RFID 技术在智能交通中的应用

由于 RFID 具有保存周期长、防水防污染、体积小、全球唯一性、可重复使用、保存周期长、容纳率高等优点，其在智能交通领域得到了广泛的应用。汽车电子标识系统是 RFID 在交通应用系统中典型的应用之一，其工作原理就是在汽车上贴有特殊的电子标识，再通过各个城市道路上的基站进行读写，以此来收集车辆信息。随着基于 RFID 的汽车电子标识技术的发展，RFID 在智能交通中的应用也越来越多。以下主要列举了其在智能交通中的五个方面的应用。

（1）RFID 技术在公共车辆管理中的应用。

通过 RFID 技术，可以实时有效地了解到公共交通的行驶路线、行驶时间以及到站时间等信息，乘客可以通过 APP 实时了解到公共交通的具体信息，这进一步提高了乘客的乘车体验，也推进了公共交通的人性化管理。除此之外，在公共交通整体全面的调度层面，可以通过 RFID 获取车辆的数据信息，对大量的信息进行分析处理，从而可以获取到公共交通车辆的有效信息，根据其信息进行路口红绿灯的管理，以此来保证公共交通的快速有效运行，提高道路优化水平，达到公交优先的效果。通过运用 RFID 汽车电子标识技术，提高了城市公共交通的管理水平，给乘客带来了良好的乘车体验。

（2）RFID 技术在其他车辆管理中的应用。

通过在私家车上安装汽车电子标识，可以有效地了解汽车的行驶情况，对汽车的行驶行为进行约束，避免违反交通规则、违章驾驶、肇事逃逸情况的发生。通过对出租车安装电子标识系统，可以及时有效地了解汽车的驾驶情况，有助于提高交通的管理效率，此外还可以监管车辆驾驶情况，更有效率地处理车辆的违规情况。

（3）RFID 技术在道路拥堵治理中的应用。

城市早晚下班高峰期经常出现交通拥堵情况，许多城市推出了限号出行等政策来治理拥堵。车辆运用 RFID 电子识别标识以后，可以将 RFID 采集到的车辆信息进一步地分析处理，实时反馈给驾驶员道路的信息，可以帮助驾驶员规划自己的行车路线，也对道路疏导有帮助。

（4）RFID 技术在停车场管理方面的应用。

由于 RFID 可以有效地实现对车辆信息的采集，RFID 的唯一性也可以实现对车辆的识别及记录。此外，RFID 还可以将采集到的信息上传并处理，因此将 RFID 运用到停车场，可以更进一步地掌握车辆的信息，更好地实现车辆的监管，另外，也可以使停车场的管理更加便捷。

（5）RFID 技术在交通违法行为治理中的应用。

RFID 的准确性极高且稳定，又具有抗干扰能力强的优点，近几年进一步研究了将 RFID 与视频处理技术相结合的技术，这一技术显著提高了对车辆行驶过程中违规行为的识别率，同时其识别的正确性也显著提高，这一突破进一步规范了人们的驾驶行为，保障了交通的安全及有序。对于 RFID 的电子标识，主要是运用了数字芯片技术，这一技术可以实时对采集到的信息进行更新，真正意义上实现了一车一卡。汽车一旦出现违规或者是违法行为，就能够被有效地监管，可以对违法行为车辆进行精准识别，也能够对其驾驶轨迹进行追踪，有效避免违法行为的发生。除此之外，RFID 能够准确核查车辆的保险以及环保行为等信息，进一步保障了车辆的安全性。

目前，RFID 在交通管理方面的应用还只是处于初级阶段，在城市交通管理方面的应用还需要较高的成本。首先，每辆车都需要配备一个印有序号和二维码的普通 IC 卡大小的卡片，并将这个卡片贴到车的挡风玻璃前。其次，在车辆配备电子卡片后，还要在街道设置读写基站。整个过程无疑需要巨大的人力和物力。除此之外，还需要开发交通信息采集、停车门禁系统、公共信号优先控制等应用。汽车电子标识、读写设备和相关系统应用的稳定性、可靠性也还需要进行测试。在后续的运用过程中，整套系统的维修、管理也需要耗费人力。因此，目前投入还太大，该项技术还需要进一步完善才会普及，但是从长远来看，这套系统的大规模应用是大势所趋。

2. 传感器技术

前面，形容感知层是物联网的感官，其作用是感知并采集外界信息，那么传感器作为物联网感知层的关键技术，在物联网的发展长河中，也是其技术的重要支撑之一。传感器技术的核心是传感器，它是实现物联网中物与物之间信息交换的重要组成部分。传感器技术作为大家公认的最具发展前途的技术产业之一，其也与互联网技术和通信技术并称为信息技术的三大支柱。

可以毫不夸张地说，几乎每一个现代化项目中都包含着各种各样的传感器，传感器已经深入人们生活的方方面面。在汽车电子领域对电容接近式传感器的需求不断提升。例如，汽车的门禁控制系统，当传感器检测到有手靠近门把手时启动解锁程序；在车厢内，当手掌靠近传感器时，可以启动车内照明系统，可以通过两个或多个电容接近式传感器来实现这一功能。

温度传感器是一种新型的传感器。新冠疫情的暴发使人们无论出入何种场合都需要测量体温，体温测量有两种方式：一种是接触式；另一种是非接触式。检测温度时，传感器一旦检测到物体上有热传递就会在温度计上将温度显示出来。这种方法虽然操作简单、结果准确，但是也有很多不足。例如，测量不及时，温度传感器和测量元件需要一定的测量时间；测量也会有很多限制，如被测量物体存在腐蚀性或者温度太高。这种传感器不仅可以测量温度，还可以测量物体的辐射强度，传感器接收一个物体的辐射时分析其辐射强度，通过电磁波，在一种特殊装置下可将电磁信息转换为温度，这种方式所造成的测量误差在某种程度上接近接触测量产生的误差。

随着物联网技术的不断发展，人们对其需求也越来越多，对传感器技术也提出了新的要求，目前，作者认为传感器未来的发展会有以下五个方面的趋势。

1）新材料的开发

传感器技术的重要基础是传感器的材料，传感器材料也是传感器技术升级更新的底层支撑，现如今，随着传感器技术的不断发展及技术革新，传感器的种类也越来越多，如半导体材料、陶瓷材料、光导纤维及超导材料等，这些材料为传感器的发展提供了保障。这些材料的不同特性有利于实现不同的功能。例如，许多半导体材料具有易微型化、集成化、多功能化及智能化的特性，还有些半导体材料具有灵敏度高、非接触的特性，这些材料适合发展红外、激光、光纤等现代传感器。现如今，陶瓷、有机材料跟随时代迅速发展，经过不同配方混合、化学成分调制、高温烧结得到一种新型的气体传感器。近年来，人们十分关注潜力十足的新型材料，即高分子有机敏感材料，它可以制成热敏、气敏、湿敏、力敏、离子敏、生物敏等传感器。随着科技的发展，纳米材料传感器也在飞速发展，美国 NRC 公司已经开发研制出纳米气体传感器"ZrO_2"，纳米气体传感器能提供大量的气体通道，导通电阻小，可以使传感器微型化，它对净化环境有着很好的效果，有着广阔的应用场景。之后，随着科学技术的发展也将会有更多的新型材料诞生。

2）集成化、多功能化、智能化

传感器集成化包括两种：一种是将同一种类型的传感器用集成的方式在同一个平面上排列摆放，若排成一维的，则称为线性传感器，如 CCD 图像传感器；另一种则是多功用一体化，将传感器和放大、运算等环节一体化组装成一个器材。随着传感器技术集成化技能的成熟，开始渐渐出现了各种混合集成和单片集成式压力传感器，这种传感器类型包括压阻式、电容式等。

传感器的多功用化也是传感器技术的发展趋势之一。功能不同的传感器元件集成在一起，不但可以测量多种参数，还可以进行数据处理，根据测量的多种参数，通过分析数据推出被测量体系的整体状况。多功能化不仅微型化传感器的体积，降低传感器的成本，还可以提升传感器的稳定性。从人们的描述可以看出，传感器集成化不仅有利于固态传感器的发展，同时也是传感器多功用化的基础。

科技飞速发展，传感器技术智能化是发展前路，将传感器与微处理器相结合，不仅可以使传感器具有检查的作用，而且可以使传感器具有人工智能的信息处理和分析判断等能力。将微型处理器、敏感元件、智能系统集合在一块芯片上即可以实现传感器集成化技术，此技术具有体积微小、功能众多、可以批量生产等优点，而智能传感器是传感器和集成电路结合的产品，所以集成半导体和传感器技术的发展是智能传感器发展的重要前提。

3）新式传感器开发

开发新式的传感器主要包含三个方面，分别是选用新的传感器原理、填补目前传感器的空白及仿生传感器。这三个方面是互相关联的。若要继续研发出高功用、多功用、低成本及小型化传感器，可以通过深入研究具有新效应的灵敏功用材料，可以根据此新材料研发出具有新式物性型的传感器材。人们对于构造型传感器的研究较早，技术也已成熟，构造型传感器体积较大、造价高、构造也相对杂乱。物性型传感器则没有这些缺点，而且还存在其自身的长处，因此目前人们都投入了大量的物力、财力来研究物性型传感器。除了物性型传感器，另一个传感器研究方向是运用低活络阀传感器来检查弱小信号，这种传感器主要是运用量子力学效应研发的。

4）新技能的选用

在研究新式传感器的过程中，一定会用到传感器新技能。新技能所包含的范围很大，在这里主要是指微细加工技能，这种技能又称为微机械加工技能，在开展新式传感器研究的过程中，这种技能扮演着重要的角色。该技能是离子束、电子束、分子束、激光束和化学刻蚀等用于微电子加工的技能，目前已不断地用于传感器领域，如溅射、蒸镀、等离子体刻蚀、化学气相沉积（chemical vapor deposition，CVD）、外延、扩散、腐蚀、光刻等。目前，许多国内外的传感器都是选用了上面提到的技术制造完成的。

5）仿生化

仿生传感器是近几年来生物医学、电子学和工程学等学科相互融合发展起来的一种新的技术，其通过模拟人的各种行为，如视觉、听觉、感觉、嗅觉和思维等，研制出可以自动获取信息、处理信息以及模仿人类行为的设备。随着生物技术的不断发展，相信仿生传感器不仅可以更好地模拟人的视觉、听觉、感觉、嗅觉等能力，甚至可以超越人的五官获取信息的能力，这种传感器有着广阔的发展前景，例如，在机器人领域，可以完善机器人获取信息的能力以及对目标物进行相应操作的能力。

3. 语音、图像感知技术

1）概述

人们日常是用独有的文字语言进行交流的，语言是人类的一种基本交流方式，能否把人类的语言转化为计算机可以识别的输入呢？为此，人们研究开发出了语音识别技术，将语音作为研究对象，通过一系列复杂的信息处理和声波识别等技术实现机器人自动识别并分析人类语音，简而言之，就是让机器能够听懂人的语言。通过语音识别技术可以实现人与机器的自然语言交流。计算机模拟人类的交流主要有四个过程：大脑通过分析处理将思想转化为话语，将话语转换为声音，识别话语中的声音内容，分析理解话语中所表达的含义，也就是将话语转化为文本序列进行分析识别。语音识别系统框架如图9-4所示。

图 9-4　语音识别系统框架

语音识别技术过程中所用到的算法主要分为三种类型：第一类为模型匹配算法，包括动态时间规整算法、矢量量化算法；第二类为概率统计算法，包括隐马尔可夫模型（hidden Markov model，HMM）算法、高斯混合模型（Gaussian mixture model，GMM）算法；第三类则是分类算法，如 SVM、人工神经网络（artificial neural network，ANN）。

2）发展历程

最早的语音识别系统是 1952 年贝尔实验室研发的 Audrey 系统，这是第一个可以识别 10 个英文数字发音的语音识别系统。20 世纪 60 年代，Martin 提出了一种新的识别技术，即基于时间规整的语音识别技术，后来在此基础上提出了动态时间规整方法，该方法可以通过提取语音的特征矢量得到最接近用户的语音。1982 年，贝尔实验室提出了基于统计模型的 HMM 算法，在语音识别模型建立这一问题上，人工神经网络的应用逐渐显现出来，人们研究的侧重点也不再是模型建立，而变成了统计学建模，其中，基于统计模型的 HMM 算法和 GMM 相结合的 GMM-HMM 声学模型是人们研究的重点。可以说直到 2009 年，人们都一直在研究 GMM-HMM，称这段时间为 GMM-HMM 时代，但是这种方法中语音识别的速度比较缓慢。直到 2009 年深度学习技术的兴起，语音识别才迎来了大转折。语音识别的框架由 GMM-HMM 变为 DNN-HMM，语音识别进入了深度神经网络（deep neural network，DNN）时代。语音识别的准确性跟以前相比也有了大幅度的提高。2015 年以后，端到端技术的兴起解决了输入序列的长度总是远远大于输出序列长度的问题，语音识别的性能再次得到提升，语音识别也进入了百花齐放的时代。

语音识别在刚开始研发出来时并没有得到广泛的应用，主要是有两个方面的原因，其一是技术问题，由于当时的技术受限，语音识别的准确性还不够，而且其识别的速度也不能满足人们日常的要求；其二是人们的期望值太高，由于语音识别刚刚兴起，人们对其研究不够，但希望其可以代替鼠标、触摸屏或者键盘，但是这在技术上是远远不能达到的。随着近年来人工智能的飞速发展，深度学习技术的不断进步，语音识别技术上的一些难题也逐渐被解决。例如，原来一直困扰大家的语音识别的准确性和速度这两方面，如今也得到了解决，在安静、发音标准的情况下，语音识别的准确性已经可以达到95%以上。随着技术不断地发展，对于发音、噪声下的语音识别也达到了可用水平。由于语音识别准确性的保证，其为人们提供了更加便利、高效的交流和生活方式，因此其应用也越来越广泛。在日常生活中可能偶然间听到喜欢的歌曲或者一段熟悉的旋律，人们通常会打开微信或者网易云音乐等软件进行听歌识曲，这时就运用了语音识别功能。语音控制也出现在人们生活的方方面面，在汽车驾驶过程中常常会因为驾驶员打电话双手控制方向盘不及时引起交通事故，因此在车上出现了可有语音拨号的通信方式，驾驶员双手无须离开方向盘，只要唤醒语音即可，主要可保证驾驶员的注意力集中在驾驶上。除此之外，还有语音导航，驾驶员只需要说出"回家"，智能导航就会自动规划回家路线，还有车里的空调、音响设备也可通过语音控制。

3）在智能家居中的应用

随着智能语音识别技术的不断成熟及人工智能近几年的飞速发展，智能语音产业也蓬勃发展。智能语音产业指的是智能语音识别技术以及语音合成技术等手段，为各种市场提供服务的产业。该产业最早出现在 20 世纪 60 年代，但是由于当时技术条件有限，并没有引起很大的反响，人们对其认知也比较低，但由于如今全球物联网的蓬勃发展，深度学习以及语音识别技术的突破，该产业也逐渐兴起，迎来了一波行业热潮。国内行业巨头如科大讯飞、阿里巴巴、百度，以及一些新起之秀，如云知声，也都在智能语音领域不断发力。智能语音除了运用在电信、客服等传统领域外，也在家居、车载、智能硬件等领域兴起。接下来将以智能家居为例，讲一下智能语音在智能家居中的应用。

智能家居将物联网技术、云计算、自动控制技术、音视频技术等结合在一起，将家庭作为载体，实现家庭中各个智能设备的互联互通。智能家居的快速发展主要有两个方面的因素：第一个因素就是人们生活水平的提高及科技产品的依赖，使得人们开始追求更加简洁便利的生活方式；第二个因素则是前面提到过的人工智能近年来的飞速发展，语音识别技术、无线通信技术、智能控制得到迅速提高，因此人工智能进入人们生活中为人们服务成为可能。将语音识别技术运用到智能家居中，人们可以通过语言对机器进行控制以及与机器进行交流。这一技术的运用使人们在生活中使用智能设备时的体验感增强，为人们的生活带来了极大的便利，因此语音识别与智能家居的结合会有很大的发展前景。

语音控制在智能家居中有很多的应用，如智能音响。随着 5G 的蓬勃发展，智能音响作为物联网和人工智能结合的产物，其发展势头也越来越猛。智能音响的语音交互能力是它与普通音响的重要区别，而语音交互的核心能力则主要是语音识别与语义理解。用户只需要通过语音即可命令语音音响播放音乐，还可以控制与其配套的智能家居，小米的"小爱同学"主打的就是智能家居控制，用户可以通过语音命令"小爱同学"对小米的设备进行控制，如开关空调、调节温度、开关灯等。

智能家居虽然由于语音交互这项技术真正实现了"智能"，但目前还有很多方面的技术缺陷需要弥补。首先是增强语言理解的正确性，中国方言、口音众多，在识别上存在困难。其次就是需要解决远距离问题，在语音控制家居的过程中要做到无论用户在家中的哪个角落，终端都可收到命令并识别语义，语音识别技术还需要突破距离问题。

随着语音交互技术的发展，相信智能家居语音系统会更加完善。相信每个人小时候都有一个梦想：希望可以和自己的玩具聊天。那么随着语音交互技术的完善，或许通过在玩具中安装终端设备等方法，玩具就可以和人们聊天。现在使用的密码容易忘记或者容易被破解，那么随着语音识别技术的发展，也许会出现声音密码，设备根据每个人声音特性的不同可以对用户进行区别，那么就可以通过语音来解锁。

9.3.3 与接口机制无关的感知普适接入

物联网存在巨大的发展潜力就在于万物互联，而目前大多数的传感器等设备往往不具备上报空间信息的能力。因此，如何在控制物联网传输成本的同时，有效地利用信息的空间特性使得物联网中的传感器发挥最大限度的信息效用和价值，具有重要的意义。

另外，物联网实际应用中常涉及几十上百种传感器，当前感知设备门类多，接口制式及数据协议多样化，物联网接入系统产生了极大的兼容性问题，因此出现了与接口制式无关的物联传感普适接入器这一平台，该平台集成了 RJ45、RS232、RS485、USB 等众多通信接口，并且支持多种通信协议，对于不同数据格式与协议的数据进行通用封装。由于平台能够普适接入多种设备，因此在物联网中，各种不同的传感器采集的信息能够顺利从就近接入的物联传感普适接入器进行数据转发，由于该设备内置 GPS，每一组封装传输的数据均带实时地理位置信息，所以物联网上的传感设备采集的信息具备了信息的空间特性，同时与信息传输过程中携带的时间特性相结合，进而产生更大的信息效用和价值。与接口制式无关的物联传感普适接入器的层次结构图如图 9-5 所示。

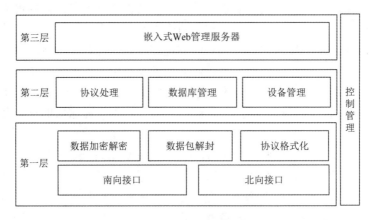

图 9-5 与接口制式无关的物联传感普适接入器的层次结构图

感知普适接入设备的数据接入和传输图如图 9-6 所示。

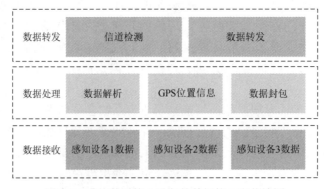

图 9-6 感知普适接入设备的数据接入和传输图

感知普适接入设备为感知设备提供了丰富的即插即用通信接口，多接口的普适性能够集成不同物联网应用领域的不同感知设备，提高了系统的可维护性和适应性。当前的感知普适接入设备产品接口包括 2 路 USB 接口、3 路 RS485、2 路网口、1 路 RS232。

9.4　智能物联网传输技术

9.4.1　物联网核心技术

物联网核心基础技术除了前面在感知层介绍的射频识别技术、传感器技术与语音识别技术以外，还包括云计算技术、无线网技术以及 5G 技术，这些核心技术的应用推动了物联网智能化的发展。

云计算技术又称为云计算，主要解决两个问题：一是海量数据的分布式存储和分布式处理的问题；二是虚拟化和多用户问题。云计算主要帮助用户解决购买各种底层设施的问题，例如，现在有一家企业想要做存储，不用再像以前一样自己建立信息房，可以直接购买百度云的服务，把数据存储在里面，至于底层设施的构建、引用以及后期的维护问题，百度云会解决。云的方式也有很多种，云在这里更像是一种比喻的说法，主要指的是网络和互联网。在物联网分析和管理领域，云计算应用非常广泛，而且随着物联网的发展，数据存储和计算量的需求不断增加，云计算的发挥空间也越来越大。

无线网技术主要包括远距离无线连接全球语言与数据网络，所包含的两种尖端技术是近距离的蓝牙技术和红外线技术，具有灵活性强、可扩展及可移动的优势，在物联网发展中应用较为广泛。现在所使用的无线产品配备了多重安全防护，配合强大的防火墙特性，可有效防止入侵，保证数据信息的安全。以红外线技术为例，其是一种以红外线为载体进行数据传输的技术，在生活中的应用十分广泛，优势在于稳定性好、私密性强及成本低廉。相比于蓝牙和无线传输技术，红外传输技术在物联网数据传输与管理中得到了广泛的应用，尤其是成本上有更强的优势，上下游的产业链也较为发达。

5G 是第五代移动通信系统的简称，是 4G 的升级。用通俗的话来讲，5G 技术是一项无线通信技术，它最大的特点就是高速，与现在 4G 网络的速度相比大约相差十倍。5G 与物联网的关系是相辅相成的，发展 5G 是为了给人们的生活带来更大的便利，那么物联网就给 5G 提供了一个更大的舞台，5G 在物联网上有许多应用，包括智慧农业、智慧家居、智慧物流、智慧医疗等，万物互联不再只是一个口号。近年来，我国在 5G 研发和应用中均取得了较大的成就，掌握了诸多的核心通信技术，并且带动了相关芯片、器件、软件、材料等基础性产业的发展。更为重要的一点是，目前 5G 技术已经与互联网、物联网等行业形成了紧密融合的关系，鉴于人工智能技术是以通信技术为基础的技术种类，因而 5G 技术的兴起与发展为物联网应用人工智能技术奠定了基础，对强化物联网人工智能技术应用深度与广度具有重要性意义。

NB-IoT 即窄带物联网（narrow band-internet of things），是物联网技术的一种，具有低成本、低功耗、广覆盖等特点，定位于运营商级、基于授权频谱的低速率物联网市场，拥有广阔的应用前景。NB-IoT 技术包含六大主要应用场景，包括位置跟踪、环境监测、智能泊车、远程抄表、农业和畜牧业，而这些场景恰恰是现有移动通信很难支持的场景。市场研究公司 Machina 预测，NB-IoT 技术未来将覆盖 25%的物联网连接。

9.4.2　基于传感路由器的动态自组织组网技术

智能传感路由器（intelligent sensor router，ISR）融合多种通信方式，利用动态自组织组网技术搭建了物联感知通信网络，消除了物联网的接入壁垒对感知设备技术创新及成本的制约，提高了传输的可靠性。智能传感路由器系统架构图如图 9-7 所示。

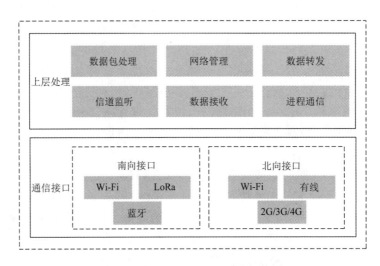

图 9-7　智能传感路由器系统架构图

智能传感路由器系统主要功能是实现异构终端统一设备的组网部署，完成底层数据的汇聚与转发，基于 ISR 的自组织组网示意图如图 9-8 所示。

智能传感路由器（ISR）作为物联网智能透明传输平台的关键设备，融合了多种通信方式。融合多种通信方式的信道资源自动分配算法能实现物联网感知数据传输的高可靠和低时延的目标。感知普适接入系统要向物联网智能传感路由器进行注册，实现自组织组网，感知普适接入系统能够利用 LoRa、Wi-Fi、蓝牙、有线、红外等多种通信方式向网关进行注册和数据交互。感知普适接入系统在注册时就能够根据多种通信方式的信道参数、执行算法计算当前待选信道的优先级，完成对信道的优化选择。信道资源自动分配算法实现的细节如图 9-9 所示。

通过信道资源自动分配算法，其输出结果为 Linux 系统下的设备配置文件，这是通信硬件设备在计算机操作系统的表现形式，软件执行系统脚本调用函数打开设备文件，同时配置端口参数，若端口参数配置成功，则发送测试指令判断通信设备是否能够成功

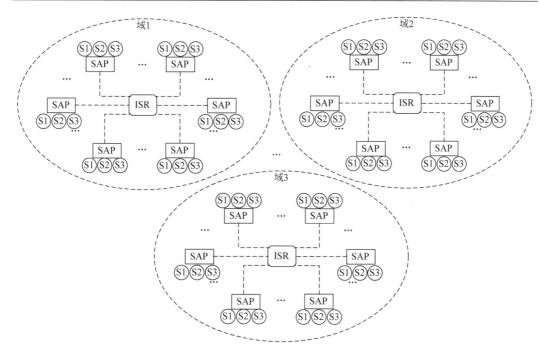

图 9-8　基于 ISR 的自组织组网示意图

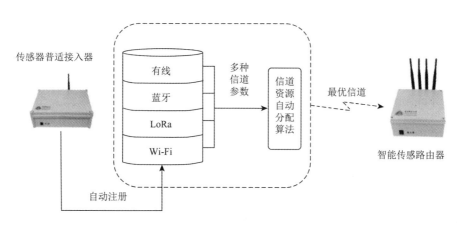

图 9-9　信道资源自动分配算法

匹配，匹配成功后则初始化通信设备，建立一条全双工的通信信道，将通信设备加入信道监听队列监听信息。利用信道资源自动分配算法，可以得出最优信道进行传输，选择信道进行传输，其内部的逻辑实现细节如图 9-10 所示。

　　若信道资源自动分配算法得出的最优信道是 Wi-Fi，现以该信道为例阐述软件设计具体实现的细节，算法执行成功得到 Wi-Fi 设备的端口配置文件后，软件执行系统脚本调用函数打开设备文件，配置端口参数信息，由于硬件设备需要重启才能更新硬件配置信息，故需要重启并将 Wi-Fi 设置为 STA（station）模式。Wi-Fi 一共有两种模式，分别为 AP（access point）模式和 STA 模式。AP 模式提供无线接入服务，允许其他无线设备接入，提供数据访问，一般的无线路由/网桥工作在该模式下；STA 模式下，终端设备不允许无线的接入，可以使得终端设备连接到 AP。在透明传输平台中，ISR 是中心点，需要设置为 AP 模式，而 SAP 为 STA 站点，故需要设置为 STA 模式。配置完毕后，根据 ISR 的 IP 地址建立 UDP 通道，SAP 可以与 ISR 进行通信，将感知数据持续性地汇聚到 ISR，ISR 再进行转发。Wi-Fi 信道配置流程图如图 9-11 所示。

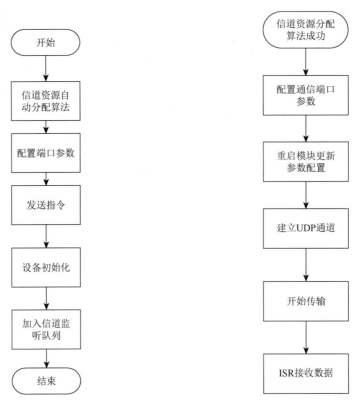

图 9-10　信道资源自动分配流程图　　　　图 9-11　Wi-Fi 信道配置流程图

　　基于智能传感路由器组网的策略能够解决物联网公共广域网面临的服务效率低、制式不灵活及运维成本高等问题。为了提高公共广域网资源的利用效率，就必须充分利用智能传感路由器通信集约特性，对多种网络资源进行配置和调用。其协议的基本思想是利用相邻智能传感路由器可以相互协作的特性，将网络负载进行协作调配，并关闭没有网络负载的智能传感路由器，从而达到减少智能传感路由器能耗的目的。协作式智能传感路由器及通信调度示意图如图 9-12 所示。

　　一个智能传感路由器因负载较少被关闭时，其所连接的感知普适接入设备需要切换至其他智能传感路由器，因此智能传感路由器开关必须和通信调度联合考虑。在初始状态，网络中三个智能传感路由器 ISR1、ISR2 和 ISR3 都处于工作状态并为感知普适接入设备提供服务，其中感知普适接入设备 SAP1 和 SAP2 都连接至智能传感路由器 ISR2。由于 ISR2 的负载相对较低，现考虑将其关闭以减少能耗。在关闭 ISR2 之前，

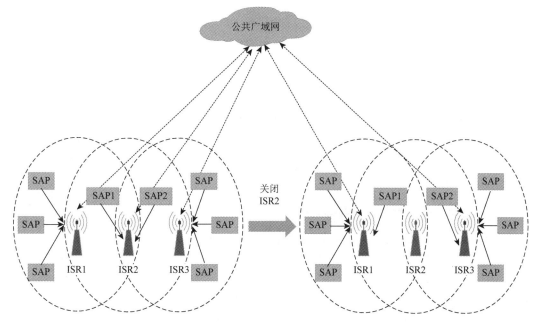

图 9-12　协作式智能传感路由器及通信调度示意图

必须保证其所连接感知普适接入设备能够切换至其他智能传感路由器。通过智能传感路由器之间的协作，SAP1 和 SAP2 可以分别分流至 ISR1 和 ISR3。在完成切换操作之后，ISR2 就可以被关闭。由于在密集部署的公共广域网络中，一个物理位置通常会被多个智能传感路由器所覆盖，在网络负载较低时，关闭部分智能传感路由器不会影响整个网络的覆盖。考虑到智能传感路由器负载变化更加频繁的情况，将动态开关智能传感路由器的问题建模为组合优化问题。因此，通过智能传感路由器组网策略的公共局域网络组合优化算法可以提高网络资源利用效率，在满足网络用户需求的前提下减少网络能耗。

9.4.3　物联网智能透明传输平台

形象地讲，建立一个物联网智能透明传输平台（犹如买一部手机），只要接入一个感知设备，再向服务器导入一个协议（如同下载一个手机 APP），整个传输系统就开始有序工作，产生数据并形成动态的感知数据动态文件，因此对技术依赖性非常小，系统安装、运行及维护变得非常简单，且成本得到大幅降低。

平台项目包括五大部分：感知普适接入系统及设备 SAP、基于自组网及透明传输的 ISR、基于机器学习的智能物联协议栈及服务器、透明通信私有协议及嵌入式控制系统、基于数据挖掘的无代理物联网网管系统。

1. 感知普适接入系统及设备 SAP

采用标准化的数据格式与统一的设备接口，只要满足国际标准接口类型的感知设备，直接接入系统，不对设备类别做任何配置和技术处理。感知设备采集的数据直接封包，不对数据类型进行识别，统一数据传输格式与数据库结构，通过基于机器学习的协议栈归集服务器对数据类型及感知设备类别进行识别。

2. 基于自组网及透明传输的 ISR

自组织组网技术是融合多种通信方式、具有自组织特性的虚拟物联感知通信网络，可在物联网络广部署、低可靠等场景实现动态组网和高可靠通信。运用多种通信方式融合技术、通信资源调度、自组织网络技术，使通信终端能智能感知所处的最佳通信环境，并自主选择最佳的通信方式和通信信道，实现多维通信终端的彼此直通、移动中继和自组织组网通信能力。

3. 基于机器学习的智能物联协议栈及服务器

采集终端与汇聚终端利用 LoRa、Wi-Fi、蓝牙、有线等多种通信方式，通过私有协议实现自组网，汇聚终端不对数据包做任何处理，将采集终端上传的数据包直接转发至云服务器，实现传输过程的透明化，所有的协议解析在云端服务器完成。云端服务器搭建协议库，采用机器学习方法实现对协议的自适应检测与学习。

4. 透明通信私有协议及嵌入式控制系统

通过建立私有协议可以实现 ISR 设备、AP 设备的注册和退网等；通过远程服务器可以观察到设备在线状态、设备的时间和空间信息，以及网络信息，包括网络 ID、通信方式等；也可以对设备进行远程管理，对传输的信息进行加密、解密，保证信息传输过程的安全。

5. 基于数据挖掘的无代理物联网网管系统

为了提高物联网的传输效率和可靠性，增加系统的可维护性，人们创新性地提出了不在设备中设立网管代理的网管系统模式，采用了优化物联数据结构及动态数据挖掘分析的策略，大幅度降低系统造价和运行开销的同时实现了网络中各个网元的在线监测、故障测试、分析与定位、计费，以及结构配置等网络管理功能。

平台所包含的创新普适接入机制，打破了物联网的接入壁垒对感知设备技术创新及成本的制约，另外，所建立的智能协议栈建立和灵活自组织网络的机制，大幅度降低了系统建设与运维难度及成本，特别是技术人才缺乏且生态环境管理需要强化的欠发达地区，促进感知设备的技术创新（不再依赖于通信模块制式变化或进步，需要感知设备研发机构及厂家重新研发适配问题，同时也打破了现行通信信道提供商对它们的限制等）和物联网深度应用、高效运行具有重大意义。

9.5 智能物联网协议与信息治理

9.5.1 智能物联网协议技术

目前已经具备多样化的协议，有国际的、国内的，有行业的更有企业的，五花八门，这也是导致物联网应用很难深入的原因之一。

物联网协议分为两大类，分别是传输协议和通信协议。传输协议主要负责子网内设备间的组网及通信；通信协议主要是运行在传统互联网 TCP/IP 协议之上的设备通信协议，负责设备通过互联网进行数据交换及通信。

物联网中常见的无线传输协议主要有以下几种。

（1）RFID，即射频识别，常称为电子标签，在感知层关键技术中已详细介绍过。

（2）红外。红外技术也是无线通信技术的一种，可以进行无线数据的传输。红外有明显的特点：点对点的传输方式，无线，不能离得太远，要对准方向，不能穿墙与障碍物，几乎无法控制信息传输的进度。

（3）ZigBee。这是一种短距离、低功耗、低速率、近距离的无线网络技术，具有超低功耗、网络容量大、数据传输可靠、时延短、安全性好、实现成本低等特点。该技术已经广泛应用在智能家居领域。

（4）蓝牙。蓝牙以低成本的近距离无线连接为基础，为固定与移动设备通信环境建立一个特别连接，完成数据信息的短程无线传输。应用了"Plonkandplay"的概念（类似"即插即用"），即任意一个蓝牙设备一旦搜寻到另一个蓝牙设备，马上就可以建立联系，无须用户进行任何设置，因此可以解释成"即连即用"。在普适接入技术中也有介绍。人们生活中常用的蓝牙外围设备如图 9-13 所示。

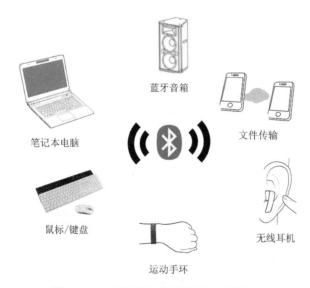

图 9-13　人们生活中常用的蓝牙外围设备

（5）GPRS。通用分组无线服务（general packet radio service，GPRS）技术，使用带移动性管理的分组交换模式以及无线接入技术。GPRS 可以说是 GSM 的延续。GPRS 和以往连续在频道传输的方式不同，是以封包（packet）式来传输，因此使用者所负担的费用是以其传输资料单位来计算的，并非使用整个频道，理论上较为便宜。GPRS 的传输速率可提升至 56Kbit/s 甚至 114Kbit/s，但 GPRS 技术不太适合智能家居使用，主要应用在电信网络。

（6）Wi-Fi。Wi-Fi 全称为 Wireless Fidelity，又称 IEEE 802.11b 标准，其主要的特性为速度快、可靠性高。在开放区域，其通信距离可达 305m。在封闭性区域，Wi-Fi 的通信距离为 76～122m，方便与现有的有线以太网整合，组网的成本更低。

介绍完传输协议，接着了解物联网中常用的通信协议。

（1）MQTT（message queuing telemetry transport），消息队列遥测传输，是一种基于TCP/IP 协议栈构建的异步通信消息协议，是一种轻量级的发布、订阅信息传输协议。MQTT 协议采用发布/订阅模式，所有的物联网终端都通过 TCP 连接到云端，云端通过主题的方式管理各个设备关注的通信内容，负责设备与设备之间消息的转发。在使用 MQTT 协议的通信过程中，存在发布者、代理和订阅者三种身份。使用 MQTT 协议的通信过程如图 9-14 所示。

图 9-14　使用 MQTT 协议的通信过程

（2）DDS（data distribution service for real-time systems），面向实时系统的数据分布服务，采用发布/订阅体系架构，以数据为中心，提供丰富的服务质量（quality of service，QoS）策略，主要适用于高可靠性、实时传输的通信设备。目前，该协议主要应用于民航、国防等领域。

（3）CoAP（constrained application protocol）是应用层协议，主要应用在 IP 网络，满足 IP 技术到设备上的通信需求。

（4）AMQP（advanced message queuing protocol），先进消息队列协议，主要适用于移动手持设备与后台数据中心的通信和分析。

（5）XMPP（extensible messaging and presence protocol），可扩展通信和表示协议，主要应用于及时通信消息中。XMPP 具有良好的扩展性、弹性以及安全性。

目前，这五种协议都被广泛应用在物联网中，每种协议都有多种代码可实现，但是在实际的物联网架构设计中，还是要根据每种协议不同的特点来选择。例如，在智能家居中，智能灯光控制可以使用 XMPP 协议控制灯的开关；智能家居的电力供给、发电厂的发动机组的监控可以使用 DDS 协议；当电力输送到千家万户时，电力线的巡查和维护可以使用 MQTT 协议；云端或家庭网关可以使用 AMQP 协议分析家用电器的电量消耗，传输到云端或家庭网关中进行分析；最后用户想把自家的能耗查询服务公布到互联网上，那么可以使用 REST/HTTP 来开放 API 服务。

9.5.2　物联网信息解析技术

协议、标准的多样化，使得很难在一个系统或一个平台上适应数量大、种类繁多的物联数据解析，同时存在感知技术发展的兼容问题。

首先，应该清楚为什么要对物联网中的数据进行分析。数据本身是没有任何价值的，有价值的是数据中包含的信息以及这些信息的应用，就好比股票，以往股票价格的数据对人们来说是没有太大价值的，真正有价值的是人们根据这些数据推测出后续股票涨跌的信息。

前面已经介绍过物联网，那么现在从数据的维度上重新分析一下物联网，可以将物联网分为五个部分，分别是数据采集、数据传输、数据存储、数据处理和数据应用。每个原始数据都有其自身的生产者，该生产者又称为"数据源"。当数据源通过数据采集设备采集到数据后，通过物联网传递到应用层，在此过程中可能还需要进行数据存储。将采集到的数据上传到物联网平台的过程就是数据传输，目前，物联网中数据传输最困难的部分就是高并发，因为数据采集设备的多样性并且多种数据源源不断地产生、上传，因此高效、可靠的数据传输平台具有高并发能力。目前，高并发的实现需要分布式系统的支持，同时要引入负载均衡、消息队列、缓存等相关的技术。当数据上传到物联网平台之后，需要将数据存储起来，数据存储将在后面详细介绍。前面介绍过数据本身并不能带来价值，因此需要将数据进行相应的处理，根据数据应用的场景不同，主要有两种处理方式，分别是批处理和流处理，两者的特点不同，应用也不同。批处理是对批量数据进行统一处理的方式，其主要特点是吞吐量高、时延长。流处理是对数据流进行及时处理，其特点主要是延迟低，能够满足快速响应的要求。例如，基于温度阈值告警的处理，就可以通过流处理来完成。前面提到的过程，如数据采集、数据传输、数据存储、数据处理都是为了应用数据，使得这些数据产生价值。数据产生价值主要有四种方式，分别是挖掘、预测、控制决策、可视化。挖掘主要是分析数据，从大量的数据中找到其规律以及管理关系，例如，经典的用户画像和购买习惯的分析这一经典案例。预测主要是构建预测模型，例如，经常可以看到共享单车公司将单车从各个地方收集整理后投放到指定的位置，这些位置的选择就是通过预测得出的。控制决策也有很多经典的应用，例如，日常使用的灯，可以根据光线的强度来自动打开或关闭，以及根据温度的变化自动调节空调的温度。可视化又分为单个数据的可视化和统计数据的可视化，单个数据的可视化如使用打车软件时显示的司机位置，统计数据的可视化如直方图、曲线图。

数据处理包括两个方面，分别是业务处理与分析处理。业务处理主要是根据数据来完成相应的业务，对每一条提交的数据都做相应的处理；分析处理则是统计分析所有的数据或者具有某些特征的数据。业务处理主要与具体的业务逻辑有关，这里就不做具体的描述，下面简单介绍一下数据的分析。

物联网在进行数据分析时，面临的最大挑战是如何对海量的数据进行分析，目前使用最多的是 MapReduce 和 Spark。

MapReduce 采用的思想就是"分而治之"，将复杂的、大规模的运算抽象为 Map 和 Reduce 这两个函数，举一个简单的例子来理解这两个函数，假如要数图书馆有多少书，现在按照书架分，一个人数一个书架，就是"Map"，人数越多，数得就越快；把所有人数的书统计在一起就是"Reduce"。将海量的数据划分为多个数据块，在每个数据块上分别进行分析，这个过程称为 Map。然后将分析的结果合并起来，这个过程称为 Reduce。MapReduce 的体系结构如图 9-15 所示。

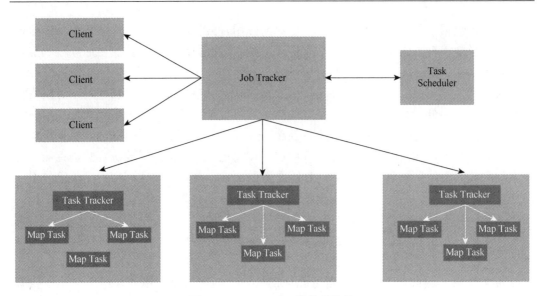

图 9-15　MapReduce 的体系结构

MapReduce 的体系结构主要分为 Client、Job Tracker、Task Tracker 和 Task 四个部分。用户编写的 MapReduce 程序通过 Client 提交到 Job Tracker 端，用户可通过 Client 提供的一些接口查看作业运行状态。Job Tracker 负责资源监控和作业调度，Job Tracker 监控所有 Task Tracker 与 Job 的健康状况，一旦发现失败，就将相应的任务转移到其他节点；Job Tracker 会跟踪任务的执行进度、资源使用量等信息，并将这些信息通知任务调度器（Task Scheduler），而任务调度器会在资源出现空闲时选择合适的任务去使用这些资源。Task Tracker 会周期性地通过"心跳"将本节点上资源的使用情况和任务的运行进度汇报给 Job Tracker，同时接收 Job Tracker 发送来的命令并执行相应的操作（如启动新任务、取消任务等），Task Tracker 使用 slot 等量划分本节点上的资源量（CPU、内存等）。一个 Task 获取到一个 slot 后才有机会运行，而 Hadoop 调度器的作用就是将各个 Task Tracker 上的空闲 slot 分配给 Task 使用。slot 分为 Map slot 和 Reduce slot 两种，分别供 Map Task 和 Reduce Task 使用。Task 分为 Map Task 和 Reduce Task 两种，均由 Task Tracker 启动。

MapReduce 中最著名的就是 Hadoop MapReduce，但是需求分析越来越复杂，Hadoop MapReduce 的计算模型过于简单，以及多次落盘出现性能问题，为了解决这些问题，出现了 Spark。Spark 提供了一个全面、统一的框架，用于满足各种有着不同性质（文本数据、图表数据等）的数据集和数据源（批量数据或实时的流数据）的大数据处理的需求。Spark 的计算模型是 DAG（directed acyclic graph），Spark 会将数据保存在内存中，直到最后结果才会落盘，大大提升了效率。

使用的无论是 MapReduce 还是 Spark，批量处理数据都是要优先解决的问题，批量地处理数据这种方式称为批处理，批处理的方式可以解决很多场景问题，但是由于其吞吐量大，对于会不断地收到数据以及需要快速地分析处理数据并返回结果等对延迟要求比较高的场景，如商品推荐等场景，就需要进行"流处理"。目前，使用频率最高的流框架主要有三种。

第一种是 Storm。Storm 是流处理最早使用的框架，它是一个分布式实时计算的系统，Stream 概念就是 Storm 提出的，一个 Stream 就是元组（Tuple）的无限序列。Storm 认为每一个 Stream 都有一个原始数组的源头，称为 Spout。Bolt 处理 Stream 内的 Tuple。为了方便理解，可以认为 Spout 为水龙头，不同的水龙头里流出来的水是不一样的，需要哪种水就打开对应的水龙头，流出的水会通过管道流向处理器（Bolt），经过处理器处理后，通过管道流向下一个处理器或者容器。Storm 拓扑结构如图 9-16 所示。

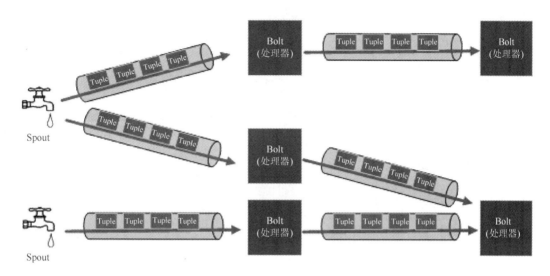

图 9-16 Storm 拓扑结构

第二种就是 Spark。前面介绍 Spark 是批处理，为何又是流处理？主要是 Spark 也提供了 Spark Strem 来进行流处理，但是 Spark 本质上还是流处理，只不过把大量的数据分割成一小部分进行处理，当分割得足够小时，就变为"流处理"。这种方式也称为"微批处理"。

第三种为 Flink。Flink 可以同时支持微处理和流处理。Flink 比上面两种处理方式出现得都晚，它最初被提出是为了解决流处理的问题，但是它将数据块当作一种特殊的数据流，因此也提供了批处理的能力。

9.5.3 协议智能归集机制

目前，公网物联网平台的数据多协议适配、协议解析是建立在所连接的硬件终端支持其平台的接入和传输协议的基础之上的，还可能需要做进一步的接入配置和协议配置。前面介绍的物联网透明传输平台的协议智能适配技术，从软件层面智能适配解析物联网协议，利用学习机制智能组建协议栈，通过协议自适应适配，进而解析协议与数据包，其理论上支持无限多种协议解析。协议智能归集机制如图 9-17 所示。

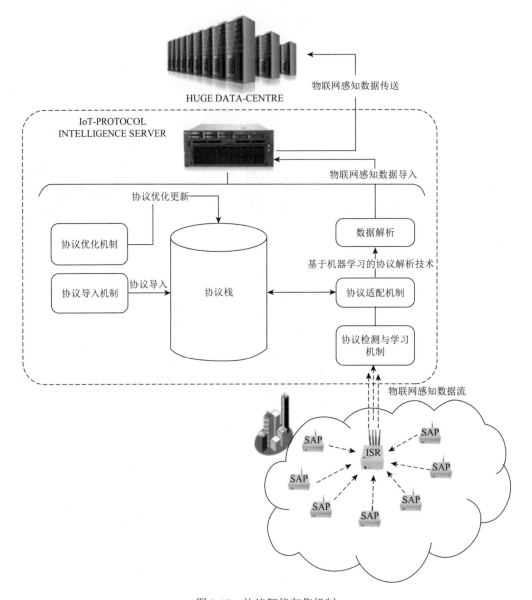

图 9-17　协议智能归集机制

在物联网智能透明传输平台中，SAP 为物联网感知设备提供了丰富的南向通信接口，如 RJ45、RS232、RS485、USB 等，数据采集终端可以通过 RJ45、RS232、RS485 等接口协议以及 ModBus 通信协议与 SAP 的南向接口进行数据传输。

SAP 的北向接口和 ISR 的南向接口支持 LoRa、Wi-Fi、有线、蓝牙等通信方式，利用制定的私有协议实现自组网进而进行通信交互。这种多接口的兼容特性要求本项目的物联网智能透明传输平台能够充分适配多种物联感知协议、无感知协议的现实应用场景。

物联网 ISR 利用私有协议将众多 SAP 组成一个透明传输网络，物联网 ISR 的南向通信接口负责处理网络内 SAP 上传的各种数据包，同时北向通信接口利用 2G/3G/4G/5G、Wi-Fi、LoRa、SAT（卫星）、专用数传等通信方式保证可靠通信，物联网 ISR 不对数据包做任何处理，将采集终端上传的数据包直接转发至物联网智能协议解析服务器，以实现传输过程的透明化。服务器建立可动态智能归集的协议库，采用机器学习的方式实现对协议的自适应检测与学习，能够解析上传的数据包正是基于这种物联网标准协议的，利用这种技术使得物联网透明传输平台适配多种行业应用场景。智能协议解析服务器对不同种类传感器的适配性示意图如图 9-18 所示。

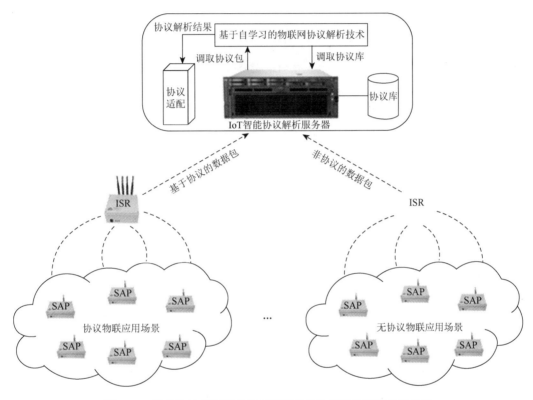

图 9-18　智能协议解析服务器对不同种类传感器的适配性示意图

同时，通过智能协议解析服务器的协议优化、协议学习及导入机制，能够有效地降低物联网传输平台的能耗，提高传输的可靠性，实现边缘计算资源优化和高效利用。

9.6　物联网智能化应用

9.6.1　物联网与人工智能技术

通过前面对智能物联网的介绍，相信大家已经对智能物联网有了一定的认知。人工智能是对人的意识、思维的信息过程的模拟，它试图生产出一种智能机器，这种机器可以用于跟人类相似的方式做出反应，但人工智能并不是人的智能，它可以拥有像人那样的思维，甚至是超过人的智能。目前，人工智能的发展还只是在初期，停留在模仿人的行为、思维方面，还不具备自主的思维模式。人工智能技术是不断训练、学习的过程，通过不断的学习、完善可以使训练模型变得越来越智能化。通过物联网产生、收集海量的数据存储于云端、边缘端，再通过大数据分析，以及更高形式的人工智能实现万物数据化、万物智联化，物联网技术与人工智能追求的是一个智能化生态体系，简而言之，就是在实际应用中将人工智能与物联网融合在一起，实现在应用中的效益最大化。

在现阶段，人们对物联网技术与人工智能的重视程度越来越高，二者之间既相互独立又有较强的联系。例如，物联网在运行过程中会产生海量数据，要实现对海量数据的分析和处理，单纯依靠人力是无法完成的，将人工智能技术引入，可以更加快速地处理海量数据，更好地解决物联网运行过程中的问题。更为重要的一点是，人工智能技术通过强大的数据分析与处理能力，可以帮助人类做出更加准确的决策。例如，生活中经常使用的语音信箱与手机端语音助手便是建立在自然语音处理的技术之上的，属于一种物联网终端设备。物联网家庭摄影头可以依赖于计算机视觉技术实现监控功能。这些物联网重点设备只有依靠人工智能技术才可以发挥出最佳优势。

人工智能对物联网有推动作用。一是人工智能中基于深度学习方向的技术与物联网应用结合在一起可以拓宽物联网的应用范围、增加物联网的智能程度，这也使物联网应用更加智能、更加人性化；二是将人工智能中应用机器人、深度学习等与物联网结合，在工业生产方面也有很多益处，可以在产品的生产过程中实现更加精密化的控制，提高产品的精度，在高精度、小型化、智能化的芯片与感应器件的研发生产中起到了关键作用；三是云计算提供虚拟化弹性扩展的资源，通过大数据分析、深度学习等技术，从海量原始数据中获取业务潜在的知识、规律并反过来指导生产，推动生产方式的优化调整或业务的变革，在节能减排、农业生产、智慧医疗、自动驾驶等领域得到广泛应用。近年来，随着人工智能、大数据、区块链、边缘计算等技术的快速发展和普及应用，物联网产业持续高速成长，人工智能在其中起到了不可替代的作用，不仅提升了物联网的智能化程度，也有助于实现不同行业、不同应用之间的互联和资源共享。大量的数据前所未有地把物理世界映射到虚拟网络中，家庭、城市、全社会的基础设施都有可能通过网络实现万物互联。人工智能和物联网将会为人类社会生活带来巨大变革。

9.6.2　物联网在智能医疗上的应用

智能医疗体系为人们的健康提供了保障，未来会成为人们生活中必不可少的一部分。医院患者所患疾病种类繁多，管理起来非常困难，智能医疗通过智能识别、普适计算等技术可以很好地实现患者的管理，包括患者分区、实时观察、夜间监护、器械使用管理等，可以帮助医院实现有序管理，并且将信息合理保存，而且还能够最大限度地节省医院的人力和物力，给患者提供更好的服务。物联网技术是智能医疗中的主要技术手段，下面主要介绍物联网技术在智能远程医疗中的应用。

2018 年，国务院办公厅印发《关于促进"互联网 + 医疗健康"发展的意见》要求各地医疗机构加快利用新一代 IT 技术创新医疗服务模式，发展智能远程医疗。智能远程医疗指的是在医疗领域结合物联网技术，不再局限于现有的医疗空间，而是形成一种新的线上线下联合的一体化医疗模式。远程智能医疗平台运用物联网技术，全面、实时地对医疗对象进行识别、追踪与监测，满足医疗中心、患者以及其他各种组织的需求。该平台以物联网技术为核心创建以患者为中心的远程会诊以及监护体系，利用物联网技术以及发达的信息网络全面、实时、动态、便捷与精确地对医疗卫生资源对象进行识别、定位、追踪与监控。

智能远程医疗的一个重要方面就是智能远程监护。智能远程监护是以物联网技术为核心构建以患者为中心的远程会诊和监护体系。远程监护体系的建立减少了患者去医院和诊所的频率，打破了在看病问题上的时间和空间的限制。随着人们研究的深入，远程医疗技术的重点也发生了变化。以前医疗监护的目的是改善人们的生活方式，但随着高精尖传感器将数据采集和通信集成到人体域网内，医疗监护的重点也变为医疗方案的传递与交流。

下面介绍几个在该领域内的物联网医疗照护应用。

1. GPS 定位心脏病患者

在智能医疗平台上，每个人都有独属于自己的健康档案。一位心脏病患者佩戴的传感器设备实时监测患者的心率，一旦发现心率异常便立即将数据传回健康档案系统，通过 GPS 定位，工作人员可以帮患者联系就近的医院进行救助，这还只是一个简单的应用。随着技术的进步，未来每个家庭可能都会有一台体检设备，只需要将手放在该设备上就可以获取血压、心率、体温等数据，设备将这些数据通过物联网通信体系及时传送给数据中心，一旦发现异常可联系患者进行治疗，使每个人每天都可以进行体检。

2. 健康物联网——手机医生

大家在医院看病挂号时可能都体会过专家号"一号难求"的场景，患者看病焦急等待，医生每天面对成百上千的患者也很疲惫，为了解决这一问题，中国工程院院士俞梦孙展望未来健康物联网的前景时提出将专家"住进"手机这一观点，将手机变为人们的私人医生。医生看病的时候最重要的就是掌握的病理知识以及治病的经验，如果把某一类病症的所有病理知识，以及得过该病症的症状和治疗方案都收集、整理到一起，那么就相当于拥有一个资源丰富的经验库，当这个数据库的数据足够多的时候，将症状输入就可以得到相应的治疗方案，该数据库就是"专家"。举一个例子，如果有一个专门治疗肠胃的专家，将这个专家治疗的所有病例都收集起来，将患者的症状参数与治疗方案结合，那么就拥有了这个专家以往治疗的所有数据，相当于建立了这个专家的数据库，此时，一个肠胃出现问题的患者将自己的症状及病例参数输入，机器就可以在数据库中寻找该症状和病例参数的治疗方案。将该数据库编写成软件导入手机，患者将自己的症状和病理参数输入软件，手机上将会显示治疗方法。这就相当于每个人都拥有自己的"私人医生"。当遇到不能判断的病症时，手机会自动联系专家挂号，随后专家会通过网络进行远程会诊。

3. RFID 就诊卡、RFID 腕带

人们日常出行乘坐公交时刷公交卡就可以，这方便了人们的生活。通过健康物联网看病也可以像乘坐公交一样方便，只需要带一张卡就可以解决所有问题。该应用就需要用到 RFID 技术。

在治疗之前，患者使用身份证在特定的设备上办理一张 RFID 就诊卡，并存入一定金额的看病资金，该卡可自动完成挂号。患者持该卡可以到任意科室就诊，系统将会把患者的信息传输到医生的终端，在治疗过程中，医生开具的治疗信息、药方、费用都会通过终端实时传送到该卡上，患者只须持卡到指定部门的识别器上刷卡就可进行接下来的治疗，这方便了患者的治疗过程。

当患者需要住院时，使用的就不仅仅是 RFID 就诊卡了，还需要 RFID 腕带。该腕带里包括患者的身份信息、住院时间、检查时间、住院费用情况等信息。这样在治疗过程中需要获取患者的身份信息时，只需要识别腕带，无须再手动输入，这就避免了输入信息时产生错误的情况，而且也保证了患者信息的私密性与安全性。该腕带还具备定位功能，当有人偷偷溜出医院时可发出警示信号。当有人强行摘掉腕带时也会发出报警信号。该腕带还可以实时监测患者的血压、体温、脉搏等信息，当患者的信息达到设定好的危险值时，该腕带会立即向医护人员的终端发出警示。此外，患者还可以通过腕带在识别设备上随时查阅费用信息和扣费详情以及医保政策、规章制度、药品信息和日常注意事项，这有利于提高患者对医院的满意度。

4. 独居老人看护问题

近几年来，随着中国老龄化进程的加快，我国独居老人的数量逐年增加，独居老人也渐渐成为一种社会问题而备受人们的关注。很多儿女为了确认老人的安全都会在家里安装摄像头，除去私密性问题，当老人发生危险时往往也不能及时发现。阿德莱德大学的计算机科学家正在领导开发一个新的 RFID 传感器系统，该项目主要就是为了解决独居老人的看护问题。研究人员采用 RFID 和传感器技术，自动识别和监测人的活动，能够确定个人的正常例行维护，并在危险来临时，及时地提供帮助，该系统的投入成本较低，不存在隐私问题和密集的监测监控，被监控对象（老年人）也无须另外穿戴物品。该项目在人口老龄化严重的当代社会具有巨大的潜在研究价值。

9.7   智能物联网发展展望

从最初的互联网到移动互联网再到物联网，人们已经不再满足于人与人、人与物之间的互联，开始更加希望可以实现任何时间、地点、人、物之间的互联，可以实现智能化感知、识别与管理。发展到如今的智能物联网，人们对物联网的感知也从"感""传""知""用"发展到现在的"感""传""智""用"，不仅要求"联"，还要"通"，更要"智"。

物联网正在蓬勃发展，但是如果想要加快发展的进程，至少要满足两个条件。首先

必须要有完整的网络体系来支持物联网的工作。物体移动互联过程中，网络必须要完整地覆盖且支持该物体，目前，谷歌已经在第四代物联网的覆盖下推出了一系列新兴的技术，可以支持市场的全覆盖网络体系。其次，网络的安全性要有保障，网络是支撑整个移动通信发展的平台，不仅要建立完善的技术体系，还要有完备的安全管理体系，也只有物联网的安全性有了保障才可以进行更加深入的研究。

第10章 信息与智能的哲学问题

10.1 概 述

10.1.1 信息的属性

信息是事物存在方式和事物运动状态的反映。事物存在方式指的是事物以物质这一形式存在，事物运动状态指的是事物运动在空间上所展示的形状与态势。

物质指的是构成宇宙空间中一切物体的实物和场。实物指的是实体，世界上所有的实体都是物质；场即光、电磁场，它们是以场的形式出现的物质。物质的种类形态万千，物质的性质多种多样。从形态上来分类，物质可分为以下几类：气体、液体、固体；单质、化合物、混合物；金属、非金属；无机物、有机物；天然存在、人工合成；无生命、有生命等。从性质上来看，物质一般具有以下特性：①能够被观测或被理论预言；②具有质量和能量；③不依赖于人的意识而存在且能为人的意识所反映。

自然界与人类社会中广泛存在着信息与事物相互转换的现象。例如，遗传信息作用于蛋白质，从而控制细胞内的化学或物理反应，最终孕育出新的生命。此时的"信息"为碱基对（或 DNA 分子的脱氧核苷酸）的排列顺序，它能够被观测，具有质量和能量，且不为人类的意志所转化。再者，一些雌雄同体的鱼类，如黄鳝、红鲷鱼，其性别的形成取决于外界环境的改变。这是因为外界的环境信息刺激了鱼类的性染色体，此时的"信息"具有物质的特性。信息虽是一种无形、无实体的存在，却具有物质的特性，但信息并非物质本身，不能单独存在于物质外壳之外，必须借助物质载体才能存在、存储和传递。

运动是一种涉及体力和技巧，又被习惯所约束的行为活动。其具体形式是多种多样的，如机械运动、物理运动、化学运动、生物运动、社会运动等。从性质上来看，运动一般具有以下特性：①具有一定的竞争性；②具有守恒性，既不能创造，也不会湮灭，且能够相互转化，在转化过程中运动总量不变。从广义上来讲，运动也泛指一切意义上的变化，运动方式指的是事物运动在时间上所呈现的过程和规律。

信息具有运动属性。一方面，信息依赖一定的物质载体，借助一定的信道进行传递；另一方面，人们要获得、感受或者接收信息，也必须依赖信息的传递。这个传递过程就是信息的运动方式。这个传递过程是具有竞争性的，信息量大的信息会比信息量小的信息更具有吸引性，传递得更快的信息具有更大的优势。这个传递过程是具有守恒性的，人们在接收信息后，信息会转化为相应的知识，而储存的知识也可以转化为信息进行输出。

10.1.2　信息与智能的关系

随着时代的发展和科技的变革，人类社会经历了由数字化到信息化、智慧化，再到智能化四个阶段。信息作为自然界中广泛存在的物质，也逐步具有了"智能"的特点。现如今，信息智能正在逐渐走进人们的生活当中。例如，个性化推送、自动上传云平台存储及智能计算等。可以说，生活中处处充满着信息，处处体现着智能[23]。通俗地讲，如图 10-1 所示，信息智能就是与信息相关的智慧加上与信息相关的行为执行力或行为表达力，其中，与信息相关的智慧是指在信息的获取、传递、认知等过程中体现出的具有智慧性的一面。而与信息相关的行为执行力或行为表达力则是指信息的决策、执行过程。两者相互作用，从而产生了信息智能。

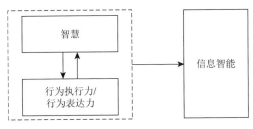

图 10-1　信息智能概念图

信息智能体现在生活中的诸多方面，包括相关信息的推送、大数据分析和人类的消费习惯等。人们逐渐感受到了信息智能的强大与魅力。随着信息智能在全球范围内的逐步普及，人们不得不开始思考关于信息智能的哲学问题。

通俗而言，哲学是一种世界观、一种思想方法。哲学并不像人们想象中的那样高深莫测，相反，哲学存在于每个人的生活中。万事万物都在变化，以发展的眼光看待问题，既肯定绝对运动，也不否认相对静止。事物是前进的、发展的。自古以来，人们就有居安思危、祸福相依的思想，这是因为事物是波浪式前进、螺旋式上升的。遇到问题，人们会理智分析，不同的问题采用不同的方法来解决，对这些碎片化的思想加以逻辑性的引导，便形成了哲学思想。

哲学思想主要解答整个世界的问题，其他思想主要解答某一事物的问题。人们常常会谈到哲学思想，不论是在自然科学中，还是在社会科学中。哲学思想广泛存在于生活中的方方面面，而其他思想仅针对某一特定事物或某一特殊环境才适用。那么，如何判断某种思想是否是哲学思想呢？可以说，只要这种思想所涉及的是关于如何看待这个世界的问题，那么就可以认为这种思想属于哲学思想。如果这种思想是关于对某一件事或某一类事物的看法问题，那么这种思想便不属于哲学的范畴。这就是哲学思想与其他思想的区别。哲学思想是一种可用来理解全世界性事物的有体系的思维模式。

由此可见，在每个人的思想中，都存在着哲学的根苗。同样，在信息智能的范畴下，哲学思想推动信息化社会进一步发展。信息智能的哲学问题，即如何运用哲学思想来正确地理解信息智能。研究信息智能的哲学问题能够帮助人们更好地对各种数字化信息进行科学的探索，找出信息的真实的发展规律，获得正确的认识和看法。人们之所以有不同的世界观，是由于他们所处的社会地位不同。而不同的世界观下，信息智能的含义与未来也是不尽相同的。这里所讲到的正确的认识和看法并非是统一的、标准的答案，而是在哲学思想的指导下，信息智能如何更科学地发展。

在信息智能的传输、计算及存储等过程中，或多或少都涉及哲学问题。信息智能是客观的产物，但从某种角度而言又是主观的。信息智能会对人类的思维造成影响，但人类思维同样也会改变信息智能的发展。在信息智能下，同样存在误差。误差是绝对的，但也是相对的。处于空间与时间组成的四维世界中的人，如何思考多维信息的问题呢？当面对岗位减少、机器人越来越智能化的问题时，人们不禁担忧，人类是否会被替代？

10.1.3　信息与智能支撑

信息智能转化过程如图 10-2 所示，信息为智能提供了必要的条件。人们利用五感对客观事物进行感知，眼睛看到颜色与明暗的分布，耳朵听到音调与音高，口鼻闻到、尝到酸甜苦辣咸香臭，四肢触到柔软与坚硬、凉与热、冰与烫，大脑形成逻辑、推理、情感、想象等。客观事物从多个角度被感知，得到的数字或数据信息通过一系列复杂的生物活动传送给大脑，信息经过清洗、汇总、转化、处理，通过人类的思维认知，产生符合自然规律或逻辑的最佳行为，即智能。

图 10-2　信息智能转化过程

信息的丰富化是智能化的必要条件。智能就像是顶层建筑，而信息就像是地基。建筑上部的载荷要传给地基，因此地基必须坚固、稳定和可靠。更为重要的是，单角度的信息是无法支撑智能的。譬如在修建建筑时，只有各个角度共同施工，建筑才能越盖越高。而具体能盖多高，则与材料的质量、工人的技术等因素有关。类比而言，智能化的性能高低，往往与获取到的信息有关。例如，利用机器视觉进行人脸识别，人脸信息采集的质量从一定程度上决定了识别效果的优劣，而外界环境信息则是识别条件。在统计学中，数据集过小会产生过拟合的现象，往往需要足够的信息量以达到想要的效果，但这并不意味着信息是越多越好的，只有经过筛选的、有用的信息才能支撑智能的进一步发展。

另外，智能需要通过信息的形式来体现。生活中常常提到智能电视、智能冰箱、智能手机、智能汽车等跟"智能"有关的事物。这些事物区别于普通事物，不单单是因为加了"智能"二字，更是因为其附有智慧的行为，与外界环境有更好的互动性，能更有效地处理并输出信息。例如，智能手机区别于旧式手机，其中一点是屏幕更大且为触屏，这就能获取到人的指压信息，以显示想要的界面。而对比旧式手机，当按压屏幕点位时，手机没有下一步的反应，人们也无法得到想要的界面信息，还有上网冲浪、视频通话、语音助手等。总而言之，智能需要通过信息来展现。

10.2　信息和智能的客观性与主观性

10.2.1　信息的客观性与主观性

信息是对广泛存在于自然界和人类社会的客观事物的不完全反映和表达。虽然信息是有误差的，但在人类经验的指导下，利用自己创造的手段，可指导实现符合自然界和人类认知的准确行为。人类经验来源于未解决的问题、已解决的问题及反常问题。人们对未解决的问题进行归纳总结，会发现未知世界或未探索到领域的部分规律，为下一次实践做更好的指导[24]。人们对已解决的问题进行归纳总结，可从特殊到一般，将以此获得的经验转化为常识，成为普适性的知识。对于反常的问题，人们可以从否定之否定的哲学角度进行更深层次的学习与探索。

信息总是对应着客观事物，具有必然客观性，但是人们所感知的信息具有主观性，这不仅表现为信息被感知的主观局限性，也包括取舍的人为技术限制所造成的。信息是客观的、真实的，是现实生活的需要与人类基本价值的追求。因此，信息的客观性也就是信息的真实性，指的是已经发生的事实存在。

同时，信息也是主观的。信息的主观性也可以称为信息的非客观性，它以人类的思维作为出发点，在一定程度上脱离客观实际，因而很可能出现胡编乱造的问题。信息的主观性与认知主体也有很大的关系。认知主体产生什么样的心理反应，取决于客观事件本身，客观事件决定心理反应，在信息上则表现为客观信息决定主观信息。客观信息决定主观信息，反过来即主观信息来源于客观信息。这种决定是内在必然的逻辑关系，所以是严格意义上的因果关系。

因此，仅仅把信息理解为客观的或者主观的都会导致偏差，信息同时具有这两种属性。

许多研究人员都坚持信息是客观的。例如，美国信息学专家 Marcia Bates 认为，可以把信息当作一种在宇宙中客观存在的现象，是一种有影响力的资源。她把信息定义为一种客观的现象，信息是一种岩石、地球、植株、动物或大脑等的组成形式，信息也是她演讲中的能量——它使空气流动——的组成形式。的确，在宇宙中唯一不包含信息的东西是完全的平均信息量。在她的观点中，任何差异都是信息。信息是纯粹客观的，信息与获取者无关，与情境无关。她虽然认为当某件事情能够提供实用的东西时，它就是信息，但她并没有考虑这种"能提供实用的东西"是如何获取的，也没有考虑将信息作为一种客观现象与计算机科学、信息科学、图书馆学等学科相联系时如何提供理论依据，这些都是该观点的缺陷。

当然，并不是所有的学者都赞同 Marcia Bates 的信息是客观的这一观点，有的学者曾对此产生怀疑。他们认为：信息是主观的、情境化的。支持这一观点的学者有 Binger Hjorhnd、Spang-Hanssen 等，他们坚持信息对某人某物或某一观点发挥其影响力，但是在某一情形下对于某人来说是信息的东西未必在另一种情形下或者对于另一个人仍然是信息。为了更好地理解这句话，Binger Hjorhnd 给出了一个例子：一块田里的石头包含的信息在不同的情境下对不同的人是不一样的，而要系统地找出可以对应所有人的信息是不可能的，因为不同的人有不同的教育背景，在不同的社会阶层中担任的角色也是不同的。田里的石头对于地理学家来说是一种信息，对于考古学家来说又是另一种信息，也就是说，不同领域的研究者对同一事物传递出的信息的态度是有差别的，是基于其受教育背景及信息传递时的具体情境而形成的，是带有主观色彩的。

信息客观性是信息所反映的内容，具有不以人的意志为转移的客观属性。信息是客观世界的真实反映和描述。世界是物质的，物质是运动的，运动是有规律的。因此，客观存在的各种系统，它们的运动状态和变化规律一经成为信息，信息也就具有了客观存在性。信息作为客观事物运动状态和变化规律的反映，其反映的内容是不以人的意志为转移的。

人们可以感知信息、获取信息、利用信息，但不能以个人的喜怒哀乐去改变信息。因此，正确地认识和处理信息，是正确认识客观事物的必经途径。了解信息的这个特性，就能更好地利用信息，使信息为人类造福。

例如，有两个观光团到日本伊豆半岛旅游，路况很差，到处都是坑洞。其中一位导游连声说："路面简直像麻子一样，让大家受累了。"而另一个导游却诗意盎然地对游客说："我们现在走的这条道路，正是赫赫有名的伊豆迷人酒窝大道，请大家快乐地体验它的与众不同吧。"虽然路面坑洼不平是客观的，但由于人主观赋予它的意义不同，引发的效用也不同。可以想象：在第一个旅行团，东倒西歪的游客更多的是忍耐、抱怨，甚至咒骂；而在第二个旅行团更多的是惊喜、嬉笑和欢呼。

两家皮鞋工厂各自派了一名推销员到太平洋上的某个岛屿去开辟市场。两个推销员到达后的第二天，各给自己的工厂发一封电报。一封电报是："这座岛上没有人穿鞋子，我明天搭第一班飞机回去。"另一封电报是："好极了，这个岛上没有一个人穿鞋子，我将驻在此地大力推销。"同样是小岛的人没有穿鞋的习惯，第一个推销员赋予的意义是没有市场，而第二个推销员则认为市场广阔。可以想象，如果人们都和第一个推销员的观点相同，那么这个小岛的人们在穿鞋方面是不会有任何变化的；而如果赞同第二个推销员的观点，必然会引发拓展市场的行动，使小岛的人们的习惯有了改变的可能。如果这个可能得以实现，会产生更多的信息，因为人不会单纯地仅仅在一方面改变，至于会改变成什么样子，由于知识的主观性，无法预测。

唯一可以断言的是，变化是必然的。反过来，这种变化会导致无限数量的新的不协调状态出现，它们代表新企业家的利润机会。这个动态过程扩散开去，绝不可能停止，最终导致文明不断进步。换句话说，通过对其成员"失调"行为的协调，企业家不仅使社会生活有了可能，而且也使文明得到发展，从而连续地导向新目标和新知识创造，这些新目标和新知识以连续的波浪的形式在整个社会中扩散。这是无法用对错评价的现实和历史现象。有客观的成分，当然也有主观的成分。

10.2.2　智能的客观性与主观性

智能是具备人类部分或全部智慧特征的能力，其表现为感知、判断、执行、自学习、再反馈的一套流程。"智"又指知识，是智能的基础；"能"又指能力，是智能的表现。

中国古代思想家一般把"智"与"能"看作两个相对独立的概念。《荀子·正名》中讲道："所以知之在人者谓之知，知有所合谓之智。所以能之在人者谓之能，能有所合谓之能。"其中，"智"指进行认识活动的某些心理特点，"能"则指进行实际活动的某些心理特点。可见，"智"与"能"作为一种心理特点，其本身就是具有主观性的。而二者又都离不开活动，因此其也具有了一定的客观性。

智能又可以分为机器智能和人类智能。智能是具有客观性的，它与实际活动紧密结合，具有不以人的意志为转移的特点。在机器智能这个大的系统里，机器智能擅长客观事实计算，以计算模型为主要系统，以符号指向对象为核心，其不是局限于与或非的狭义，而是利用获取到的数据训练模型得到事实性的概率。纵观人工智能发展史，深蓝、沃森和 AlphaGo，它们均是处理过去收集到的大量数据、规则和规划，即根据客观事物生成自己的计算模型。

同时，智能也是具有主观性的，智能作为一种智慧，与人们的认识活动紧密相连。在人类智能这个大系统里，人类智能擅长主观价值计算，以经验为主要系统，以意志指向对象为核心。智能以价值性概率为主要引导，对人性价值的"与或非"进行判断。从某种程度上讲，人类智能是文化的产物。人的每个概念和知识都是动态的，只有在实际活动中才有可能与其他概念互联贯通。时间和空间是作为一切知识概念的可能条件，也是许多原理的限制，即它们不能与存在的自然完全一致。

所有的智能都与环境有关。机器智能与人类智能的融合，也是人机环境关系之间的融合。1958 年，英国科学家阿兰·图灵提出"图灵测试"，即机器人是否具有智能的标准在于人与其交流后是否能够区分出它是机器人，所以"智能"的标准一开始就是围绕具有独立思考能力的机器人展开的。融合后的机器智能与人类智能的关系并非是一种对抗性的关系，而是如太极八卦图一般，你中有我，我中有你，有计有算、有显有隐、计算交融、情理相依。英国哲学家大卫·休谟认为：一切科学都与人性有关，对人性的研究应是一切科学的基础。从医疗图像分析到临床诊断系统的颠覆，从金融风险监测到支付方式的革新，人工智能已经较为广泛地应用于人们的生产生活。人工智能的产生是主观能动性和客观规律性的统一。因此，智能既具有客观性，也具有抹不掉的主观性。

智能不是万能的，智能只是一种手段。它不仅仅涉及事实性的真假问题，还包括价值性的是非问题，更与责任性息息相关，所以严格意义上讲，智能是许多领域的一连串组合应用。智能包含逻辑，也包含非逻辑成分，如直觉、非公理、模糊等因素。掌握信息、数据的多少并不意味着离智能越近，唯有在"不可度量的人类主观感受"与"可度量的客观物质世界"之间创建桥梁，才有最大化智能的作用。

10.3　对人类思维的影响和反作用

信息是人类非常重要的思维要素之一，它来自生存环境、自然条件以及自身等几个方面，对人类思维有着重要的影响。可以说，信息维度和信息量影响着人的思维。

下面来看这张图片（图 10-3）。你会联想到什么？有的人可能会说，这是个英文字母"B"，而有些人可能会说，这是阿拉伯数字"13"。

$$13$$

图 10-3　信息对人类思维的影响（1）

这究竟是什么呢？看下面这张图片（图 10-4），这的确是阿拉伯数字"13"。是如何从不确定而走向确定的呢？无非是有了"12"和"14"的参照。常理认知告诉人们，12和 14 中间的数字就是 13。信息量的增加使得人们的思维发生了转变，对事物的认知也从不确定走向了确定，但同时也会将人们的思想禁锢。

$$12\quad 13\quad 14$$

图 10-4　信息对人类思维的影响（2）

若再看图 10-5，事情仿佛又没那么确定了。你会发现，横向看，它的确是"13"，而纵向看，它又的确是"B"。新增的信息与旧的信息形成对比，仿佛给出两个选择。无法确定是因为我们都学习过英文字母和阿拉伯数字，脑海里已经有了这样的知识。若是换作没有学习过英文字母或阿拉伯数字的孩子，便只能认识这个图形而已了。

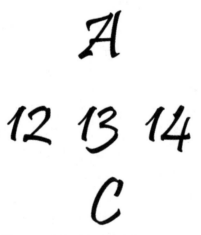

图 10-5　信息对人类思维的影响（3）

这个例子告诉人们，从一定程度上来说，人对信息的认知是依赖于外部条件的。经历了什么，就在大脑里面储存了什么样的背景知识，这些背景知识反过来又决定了能看到什么样的世界。意识、精神以及认识能力，是一种最高级物质的作用。当它作用于人们的思想时，会改变人们看待这个世界的眼光。而人们看待这个世界的眼光，从一定程度上来讲又决定了人们对这个世界的改造行为。如此来说，信息影响着人的思维，人的思维也改变着信息的发展。

有句话：我们永远看不见真实的世界，我们只看见自己的世界。处于大数据时代的我们对此感受颇深。现如今，市面上的软件都具备的一项功能称为"个性化定制"。人们浏览过的信息将会以数据的形式存储在后台，生成人们的特有记忆。若人们对一件事情持有一种认知，那么浏览过的言论中大多是同种认知的讨论；这些软件平台所推荐的都是一些人们所熟知的言论与事物，人们很容易被蒙蔽在认知的"井口"之中。人类思维中很多部分是由生活经验所组成的，然而，环境在不断地改变，思维却很难做到实时更新。这就是认知的力量，它一方面成就人类，另一方面牢牢禁锢人类。

人们越成功，越坚信，越被遮蔽。生活中，当在一个领域上有所建树的时候，往往是最易被一己之见遮蔽的时候。"地心说"盛行的时代，人们被惯性思维所拘束，认为地球才是宇宙的中心，而忽略了"日心说"的存在。当"大陆漂移说"首次被提出时，人们惊愕于如此荒谬的言论，而这一理论直至 20 世纪 60 年代才被广泛认可。当人们在为某件事感到自豪时，往往会失去看到另一个世界的机会。活在当下，但思维却不能停留在当下。当下的每一次成功，都意味着要屏蔽掉另外一个世界。人们便被牢牢地禁锢在经验里。

苏格拉底曾说，我知道我一无所知。世界上有千千万万的信息存在，每个人都是在"坐井观天"。人类的力量是随着思维的井口不断放大而逐步变强的。人类拥有认知全部世界的能力，但人类的每次认知都只能了解到真实的一部分。这就是说，对于每个人而言，是存在认知边界的。当有一种认知时，人们随即被这种认知禁锢在其边界以内，而看不到认知以外的世界。

信息的维度和信息量不仅影响着人的思维模式，还在一定程度上影响着人的思维能力。人的瞬间思维能力是有上限的。研究表明，在超负荷信息量的前提下，人的注意力最多集中 40min。而在购物时，人在 40min 后便会由于信息过载而陷入盲目消费的困境。届时，由于过多的感知信息传入思维器官，人的思维器官便会发生阻塞，无法像正常情况一样进行判断。

正如力的作用是相互的，人的思维同样也影响着信息。人在思维器官的作用下进行决策，从而产生行为信息。当行为作用于外界时，便对外界的信息造成影响。例如，思维方式对信息的影响体现在文化差异上。当美国人邀请朋友来家里做客，问到对方想吃什么时，他们往往会直接地表达自己的需求和想法；然而，日本人往往喜欢间接地、委婉地表达情感，他们极有可能会给出"太麻烦您了""便饭就可以"这样的回答。这是因为美国人和日本人在思维方式上有着显著的差异。美国推崇显性文化，他喜欢直接地思考和表达；而日本推崇隐性文化，他们思考得更谨慎、更合乎礼仪。这样的思维差异使行为信息截然不同。

生活中，不同的思维方式对情绪信息也产生不同的影响。以情绪记忆为例，当人处于非理智的、受刺激的情绪中时，人的思维方式往往也会发生变化。刺激的情绪特征会导致材料事件自身的记忆优先性增强，但同时有可能对该记忆来源的准确性造成损伤。简单来说，就是情绪波动较大时，人们对信息的记忆更加深刻，但很可能不准确。当人们保持辩证思维时，通过融合对立的观点，理智地、客观地了解事件，不仅会降低情绪词的情绪强度，而且会使来源记忆更加精确。

10.4   误差属性的绝对化

门捷列夫曾说：科学始于测量，没有测量，便没有精密的科学。那么，何为误差呢？误差是测量值与真实值之间的差值。然而在现实生活中，误差是针对真值而言的。一般来说，真值指的是约定真值。例如，约定一天有 24h，三角形的内角和为 180°等。误差具有两种表现形式，即绝对误差和相对误差；三种性质的特点，即系统误差、随机误差和粗大误差。在很多情况下，绝对误差不便于比较不同量值、不同单位、不同物理量等的准确度，因此会转而使用引用误差。引用误差是一种相对误差，而且该相对误差引用了特定值，即标称范围上限得到的，故该误差又称为引用相对误差、满度误差。在数字信息时代，误差更是广泛存在的。

目前而言，数据只有一维的表达形式，即结构化两态（0、1）数字序列，根本不存在数字多媒体的表达形式，它们本质上都是数据。所谓的多媒体，只是按照人类感观而区分的数字序列有多种表现形式。已有的一个数字序列可以近似表达成被反映的原客观对象，也可以处理与原客观对象毫不相关的信息形式。

事物能够被识别的都是表象，人们看到的、感知到的是颜色、声音、气味、光照、温度、湿度等，都是客观表象，是它的一种或几种本质的表达或表现。就目前的技术而言，只能将其归一化为两态（如 0、1；高、低；南极、北极等）数字序列，即数据，但是这个数据只是一个客观表象的近似值，但是其反演（借助现有技术手段）的结果不是必须对应原来的客观表象。由于在数据感知及反演上存在误差，无论是人还是机器，这个现象是客观的、绝对的，因此人们得到的信息永远存在绝对误差。

10.4.1   认知误差

在日常生活中，普遍认为世界是由时间和空间组成的。时间是物质的运动、变化的持续性、顺序性的表现，是"永远向前"的，代表了物体的生灭排序。空间由长度、宽度、高度、大小等特性表现出来，表示物与物之间的位置差异。这种思想依赖于唯物理论，将物质视为第一性，意识视为第二性。纯粹的唯物理论将空间中所能看到的一切物体、时间流逝所留下的历史印记都视作物质，而意识则像是"照相"一样，经由人体大脑对外界信息进行收集与汇总，最终形成对事物的认知，从而产生思想。这里所提到的照相，并不是一种简单的映射关系，而是更为复杂的、带有人的思考的认知。那么，人们是如何认知的呢？如图 10-6 所示，人们通过眼睛看见世界，所以才知道天是蓝色、草是绿色；人们通过耳朵听到世界，所以才知道何为鸡鸣、万物有音；人们通过身体感受世界，所以才懂得何为柔软、何为坚硬；人们通过味觉来品味世界的酸甜苦辣，通过嗅觉知晓世间的香甜。这些依赖于感官所产生的认识称为"感性的认识"，是对外界信息的一种较为直接的反映。感性认识是难以反映事物全貌的。举一个例子，我们在生活中认识了一位新的朋友，通过感性认识，我们可以知道他的面部特征、身形以及衣着，除此之外，很难知晓其他更深入的信息。随着时间的累积，我们慢慢了解到他是一个幽默的、善良的人，是生活中的良师益友，这便是"理性的认识"。

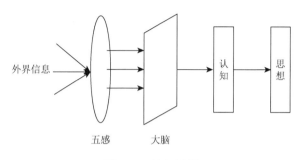

图 10-6　认知过程

感性认识和理性认识组成了人类的认知，但认知并不是完全准确的，每一次认知都只能反映外部事物的一部分真相，由此便产生了误差。当然，不否认人类有认识事物全貌的能力。

人的认知是有限的。从感性认识来说，人能看见世界，但人只能看见光谱范围在 770～390nm 的世界；人能听见世界，但人的听力的频率范围也只有 16～24000Hz。世界上有许多人看不见、听不见的东西。倘若人拥有五感之外的第六感，即人拥有另一种感官，是否可以认知到更"宽广"的世界呢？答案是肯定的。在自然界中，就有部分生物拥有这样奇特的"第六感"。

目前，科学已经证实，自然界中的许多昆虫以及哺乳动物都具有信息素。信息素这一概念于 1959 年被首次提出，用来形容动物利用化学分子传递信息的沟通方式。信息素是一种特殊的化学分子，具有传递信息的功能。在哺乳类动物中，信息素被一种称为犁鼻器的器官接收，由神经将电位信号直接传递给下丘脑。然而，人类是否具有信息素仍有争论，有科学家猜测，男性、女性具有不同的信息素，其中，男性具有雄二烯酮，女性具有雌四烯醇。人类具有的信息素可能与内分泌、心情等有关，是一种对外界认知的特殊手段。除此之外，鱼类具有的带电器官也被视作一种"第六感官"。鱼类通过放电器官进行攻击、摄食、防御、位置测定和对象识别。例如，电鳗，其发电器官在身体中线两旁。它们能放出 80V 的电压，最高可达 200V。

从理性认识来说，一个人能够获取到怎样的信息，与他本身的认知有很大的关系。有一个著名的哲学问题是"你是否看见一只鸡"。一位导演拍摄了一部非常精美的城市风景片，其中讲述了工作在摩登大楼里的人们生活得丰富多彩、灯红酒绿，展现现代物质生活的高度繁荣。当这位导演将该影片拿给生活在非洲贫困部落里的人观看后，导演发现，人们却在热烈地讨论着一只鸡。但问题是整部影片中并没有拍摄鸡的镜头。最终，经过导演一帧一帧地检查，在很短的几帧内看到角落里出现了鸡的身影。这只鸡总共出现的时间是 8 画格，按照人对画面的感知，一般人是无法感知到出现如此短暂的物体的。可那些人是如何看见的呢？原来，对于他们而言，他们只认识那只鸡。摩天大楼、灯红酒绿都是陌生的事物，在他们的视角里就像是打了一层马赛克，因此这些画面并未激起特别的反应。而那只鸡对他们而言是熟悉的事物，虽然仅在几帧的画面里出现，但对他们而言却是无比清晰的。由此可见，一个人的认知不仅仅取决于事物的客观存在，与其本身也有很大关系。不同的文化背景、知识结构、人生阅历，都会使认知产生很大的差异。每个人在阅读作品时，看到的其实只是他眼中的那只"鸡"。

虽然人们眼中的世界不同，但人们却处于同一个世界。之所以认知不同，是因为每个人都是一个独立的个体，世界上不存在另一个与我们完全相同的人，我们的生活环境、成长经历、对这个世界的认知都是不一样的。即使看到的是同一个物体，人们对该物体的认知也会产生偏差。例如，看到的是同一支笔，但要是形容这支笔是什么颜色，恐怕一千个人会有一千种答案。有的人会说是黑色，有的人会说是深灰，还有的人会说是曜石黑等，那么"正确答案"到底是什么呢？

10.4.2 技术限制与误差

生活中，由于工作方法、技术操作、设备、器材、测量条件等方面的原因，存在着种种技术限制，使储量计算所依据的各参数的测定结果与实际之间产生偏差，从而产生了技术误差。技术误差是储量误差中的一类误差，按其性质，有系统误差和偶然误差两种。

系统误差是由分析过程中某些固定的原因引起的一类误差，它具有重复性、单向性、可测性。在相同的条件下，重复测定时会反复出现，使测定结果系统偏高或系统偏低，其数值大小也有一定的规律。系统误差是定量分析中误差的主要来源，如果能找出产生误差的原因，并设法测定其大小，那么系统误差可以通过校正的方法予以减少或者消除。系统误差的来源主要有：①仪器误差。这是由仪器本身的缺陷而造成的误差。②理论误差。这是由测量所依据的理论公式本身的近似性，或实验条件不能达到理论公式所规定的要求，或者是实验方法本身不完善所带来的误差。③操作误差。这是由观测者操作不当等个人原因而导致的误差。④试剂误差。这是由所用蒸馏水含有杂质或所使用的试剂不纯所引起的测定结果与实际结果之间的偏差。

随机误差是由在测定过程中一系列有关因素微小的随机波动而形成的具有相互抵偿性的误差。随机误差产生的原因是分析过程中种种不稳定，随机因素的影响，如室温、相对湿度和气压等环境条件不稳定，分析人员操作的微小差异以及仪器的不稳定等。随机误差具有随机性、多向性、偶然性。随机误差产生的原因十分复杂，电磁场的变化、物体之间的摩擦、空气的扰动、气压及湿度的变化等都可以成为产生随机误差的因素。这种限制和误差是永远存在的，它是一种客观必然。人们只能在"误差"中探求真理和真相。

人永远无法看到完全的自己。在日常生活中，人们会通过照镜子、拍照片等方式来观察自己。但研究表明，即使是借助工具，人们也无法认识到完全的自己。镜子是通过反射的原理来成像的，人们在镜子中看到的自己与真实的自己是对称的。镜子里显示出的是真实的影像，而不是真实的自己。镜子只能反映出90%左右的自己，而相片也只能反映出80%左右的自己。人们时常会觉得相片里的自己陌生，这是因为照片里看到的自己是平面的、静止的，但生活中的自己是立体的、动态的。加利福尼亚大学和哈佛大学的心理学家发现，人们会认为视频中的人比同一个视频的截图更好看，这种现象称为"冻脸效应"。这是由于人们会把在不同位置、不同侧面的同一张脸进行平均化，从而产生了人脸美化的效果。

生活中一些常用的电子设备，如打印机、扫描仪、显示屏、音响、电视机等，虽然作为辅助工具，使人们的生活更加便利，让人们能够更全面地了解这个世界，但其输出的结果与真实值之间也是存在误差的。打印机打印出的照片与真实相片之间存在差异，而相片与实景之间也存在差异。不同的音响播放出的声音各有不同，不同的显示屏呈现的图像也略有差异。由技术限制而导致的误差是难以消除的，它贯穿在人们的生活中，具有重要的地位。

例如，在建模和具体运算过程中所用的数据往往是通过观察和测量得到的，由于精度的限制，这些数据一般是近似的，这种误差称为测量误差。在数值计算过程中，由于计算工具的限制，人们往往对一些数进行四舍五入，只保留前几位数的近似值，这种由舍入产生的误差称为舍入误差。虽然这样的误差是不可避免的，但并不妨碍人们利用这些带有误差的信息进行科学研究。相反，对误差的研究帮助人们进一步认识真实世界。正是这样的误差，激励着人们研制出一代又一代更加精确的机器，给予人们认识世界的信心。

10.4.3　时空误差

时间总是流动的，因此没有办法两次踏入同一条河流。也正因如此，误差才会产生。这一刻的任何描述，不论是人们的认知、机器的测量，都无法抵消时间的力量。时间就像一双无形的手，在推着万事万物不断向前，当然，信息也不例外。

在时间的坐标轴下，延迟是肯定的，误差也是无法避免的。大气延时误差是一种较为常见的延迟误差，其包括电离层误差和对流层误差。在 GPS 定位、测量的过程中，若距离参考站很远，由于两地大气层的电子密度和水汽密度等环境因素不同，GPS 信号的延时情况也不一样，两地的 GPS 数据产生差分。不过，这种延时误差可通过广域差分 GPS 技术建立精确的区域大气延时模型，精确地计算出其作用区域内的大气延时量。大气延时误差中，比较典型的一个例子是对流层延迟误差，即电磁波信号在通过高度 40km 以下未被电离的中性大气层时所产生的一种信号延迟误差。对流层占有 90% 以上的大气质量，虽然其中含有少量的带电粒子，但这并不会对电磁波的传输造成影响。所以对流层中的电荷处于一个中和的状态，它对频率低于 30GHz 的电磁波传播可认为是非弥散性介质，即电磁波在其中的传播速度与频率无关。当信号穿过对流层时，传播路径会在一定程度上发生弯曲，从而使得测量距离产生偏差。

时间误差是系统误差的一种，指相继呈现两个或多个刺激让被试比较，因呈现时间先后而产生的判断性系统误差。相继呈现标准刺激和比较刺激，当标准刺激和比较刺激的实际强度相等时，标准刺激又先呈现的情况下，判断比较刺激比标准刺激大者为负时间误差；反之称为正时间误差。一般说来，两个刺激呈现的间隔时间越长，越易产生负时间误差。影响因素主要有实验内容、分配情况、情绪态度和人格差异等。为避免时间误差的出现，可采取一些客观的方法，如标准刺激和比较刺激呈现的次序应随机变化，每种刺激在先的次数相等。

信息的时间维度包括两方面：第一，在人们需要的时候及时地获得信息；第二，所得到的信息即所需的目的信息。这意味着，信息获取的时间和信息的内容同样重要。失去了时间这一属性，信息就变得没有意义。然而，人们无法获取到"精准时间"下的信息。即便是同声翻译、直播视频、秒传数据，这些信息也具有延迟误差，但延迟误差的存在并不意味着时间这一属性的无力，相反，这正证实了时间对信息来说是多么重要。例如，股民在购买股票时，选择一支有实力的股票是基础，在合适的时间买入更是关键。信息每时每刻都在发生变化，若不及时更新，信息也会变得陈旧和过时，从而导致做出错误的判断。今日的十元与明日的十元又有不同，在时间的洪流下，其包含的价值也不一样，可称为"金钱误差"。

信息的空间维度描述了信息的便利性，这意味着，人们所到之处都应当可以获取到信息。不论在家中，还是在办公室里，或者是在通勤路上，总之在一切信号可以覆盖到的地方，都可以获取到想要的信息。从一定程度上来说，信息的空间维度与手机、计算机等智能设备紧密相关。例如，当这些电子设备连接到网络时，人们可以快速、轻松地获取到世界另一头的最新消息。正因信息访问如此便利，为了更好地保护信息的安全性和机密性，许多机构都建立了内部网。内部网是一种组织内部的网络，它以 TCP/IP 协议作为基础，以 Web 为核心应用，构成统一和便利的信息交换平台。内部网通过防火墙防御来自外部的访问，以确保网络运行的安全性，保障资料与信息的完整性，提供更好、更安全的使用体验。

综上所述，可以得知，误差是绝对存在的。对于误差而言，人们往往想彻底理想化，但现实环境中很难做到零误差。可以说，有信息的地方就有误差。误差无处不在。这时，悲观主义者可能会认为信息没有用了，从而陷入唯心主义的错误中。可事实却并非如此。误差是分级别的，误差在一定程度上指导着人们更加科学地生活。正是有了误差，人们才开始追求准确度。各种各样的精密仪器，如螺旋测微仪、游标卡尺用来对长度进行精确测量；人们常通过一件事物出现误差的概率来判断其准确度。误差的存在也具有一定的哲学意义[25]。研究误差的目的并不是消除它，也不是使它小到不能再小，而是在一定的条件下得到更接近真实值的最佳测量结果。确定结果的不确定程度，根据预见所需结果选择合理的实验仪器、实验条件和方法，以降低成本和缩短实验时间。

10.5　信息的超时空属性

在日常生活中，信息是多维的。时间和空间是信息的两个重要维度。然而，除了时空属性之外，信息还具有许多其他属性。从应用上看，信息具有不同的形态；信息描述的内容可能是从多个角度出发的；信息可重构、可计算……

10.5.1　可编辑性

在生活中常常会发现，信息是可编辑的。一条信息经过多人的转述，最终的结果与原始信息是不同的。原始信息就像是工厂里的零件，经过人们的不断加工，零件便组成了工具。可以从工具中发现零件的身影，但很难从零件预知工具是什么模样。由此可见，信息编辑的结果是难以预知的。

在电子信息中，信息同样具有可编辑性，即信息是可计算的。这里的“计算”是广义的，一次传输、一次转换都可以是一次计算。计算机中一般采用二进制计数法，这是因为计算机是由逻辑电路组成的，而电路一般只有两个状态，即接通和断开，对应二进制数“1”和“0”。在不同的环境下，信息的表现形式也不尽相同，除二进制计数法以外，常用的还有八进制计数法、十六进制计数法等[26]。在网络的底层，信息由简单的二进制数“0”和“1”进行传输，往往通过分包的方式进行分组交换。将传输的数据划分成多个更小的等长数据段，在每个数据段的前面加上必要的控制信息作为数据段的首部，每个带有首部的数据段就构成了一个分组。其中，首部指明了该分组发送的地址。当交换机收到分组之后，它将根据首部中的地址信息将分组转发到目的地。在一次通信过程中，可能会涉及多次分组交换，因此数据段的首部可能包含多个中转目的地的地址，信息便进行了叠加。

除此之外，也在需要的时候对信息进行新的编排，使其能展示出更多的姿态。例如，加密便是信息编辑的一种表现形式。加密是一种对重要信息的保护方法，它以某种特殊的算法改变原有的信息数据，使得未授权的用户即使获得了已加密的信息，但因不知道解密的方法，仍然无法了解信息的内容。加密类型一般可分为两种：对称加密与非对称加密。对称加密为通信双方采用共同密钥，如数据加密标准（data encryption standard，DES）、高级加密标准（advanced encryption standard，AES）；非对称加密为发送方采用公共密钥对信息加密，接收方采用私有密钥进行解密，如公开密钥密码体制（Rivest-Shamir-Adleman，RSA）、数字签名算法（digital signature algorithm，DSA）。

在一定程度上，对信息的编辑可以认为是对信息粒度的改变。信息粒度指的是信息详尽的程度。粗粒度的信息是指高度概括的信息，而细粒度的信息则是非常具体的信息。在生活中，有时需要粗粒度的信息来帮助人们记忆，进行快速判断，而有时也需要细粒度的信息来刨根问底。以销售为例，非管理层需要的是描述每笔交易的具体信息——交易发生的时间、支付方式、销售人员、顾客是谁等；而管理层需要的则是产品在一定时间内的销量、同比增长或下降。

10.5.2　信息熵守恒

质量守恒定律和能量守恒定律是目前自然界中广泛认可的两大基本定律。质量守恒定律揭示了物质转换的内在关系，它表明，在任何与周围隔离的孤立系统中，不论发生何种变化或过程，其总质量保持不变。能量守恒定律揭示了能量转换的内在关系，即一个系统的总能量的改变只能等于传入或者传出该系统的能量。人们不禁猜想，是否存在第三种守恒定律，即揭示信息转换关系的信息守恒定律呢？

信息转换的过程大致可分为五个步骤，即信息获取、信息传递、信息认知、信息决策和信息执行。可以建立如图 10-7 所示的信息转换模型。信息源指的是外部世界中形形色色的信息，当信息源作用于人的感觉器官时，获取到的信息通过人体内庞大的神经网络传递给思维器官，形成对信息的认知。认知形成后，再通过神经网络生成执行信息，传递给效应器官，由效应器官执行，从而传达给信息宿，即外部世界。这个从信息源至信息宿的模型完成了一次信息作用于人、人又反作用于信息的过程，揭示了信息转换的内在关系。

图 10-7　信息转换模型图

　　信息获取指的是人类从外部世界获取信息的过程，即信息从信息源作用于感觉器官的过程。信息传递指的是信息从一端到另一端传递的过程，该过程中一般不涉及对信息进行额外的处理，但有可能产生延迟、丢失等误差。信息认知是指在思维器官中将获取到的信息进行整合，从而形成认知。信息决策指的是由认知指导实践的过程。信息执行指的是由效应器官做出相应的反应，传递信息给外部世界。

　　人们每天都接触到许许多多的信息，但并非所有的信息都会经历完整的信息转换过程[27]。有许多信息可能在传递过程中丢失了，可能在认知过程中记忆次数较少而淡忘了，也可能在决策过程中选择了不执行操作，从而没有作用于外部世界。纵使有着诸多情况，也可以大胆猜测：信息熵是守恒的。

　　当 $n = 1$ 时，只有一条信息在该信息转换模型里。该信息由信息源作用于感觉器官，经过神经递质的传递形成认知并作用于效应器官，最后由效应器官作用于外界。整个过程中，假设信息源的信息为 I_0，外界的自然信息 I_0 经过感觉器官的观察，传感形成简单的语法信息 I_{sy}，其中，人类的感觉器官可类比于通信系统中的传感器，其转换公式可表达为

$$I_{sy} = k \sum (f_i(I_0) + m_i)$$

式中，k 是传感系数，代表每个个体不同而导致的传感能力不同；f_i 是传递函数，代表不同感官复杂的处理过程；m_i 是传感过程中发生的偏移。

　　当带有目的性地观察信息时所产生的信息为语用信息 I_{pr}，I_0 到 I_{pr} 的转换可用下式表达：

$$I_{pr} = Q(I_0)$$

式中，Q 是一种特殊的投影算子，输出源信息 I_0 后，由投影算子计算后产生语用信息 I_{pr}。

　　在语法信息和语义信息的基础上，经过一定的处理形成了认识信息 I_e，其转换公式可表达为

$$I_e = \rho(I_{sy}, I_{pr})$$

式中，ρ 是一种特别的逻辑运算，代表对浅层信息进行的综合分析和逻辑推理。例如，简单的"与""或"处理，或者是条件概率等。

由于此时假设只有一条信息，则认识信息 I_e 可认为就是知识，即

$$K = I_e$$

当人的大脑中产生了知识之后，知识先暂时性地储存在人的大脑中，可以将其理解为一个"信息库"。当有需求时，效应器官便调用知识，从而形成相应的决策。结果所产生的决策信息 I_s 可以理解为知识的升级版，决策信息与面临的问题 P、外界环境的约束条件 E、想要达到的目标 G 均有关系，其转换公式可表达为

$$I_s = \varphi(P, E, G, K)$$

理论上认为，φ 是一种复杂的、受多种因素限制的转换函数，经其作用后，知识可转换为策略。

策略形成后，经过条件触发，便转换成行为。行为作用于外部世界，到达信息的宿端。策略与行为之间的状态转换关系如下：

$$I_s \leftrightarrow A$$

由此，单条信息情况下，一次完整的信息转换就这样形成了。

推断当 $n = m$ 时，信息熵仍然守恒。这就意味着，在 m 条信息的作用下，即使信息与信息之间存在包含、融合等相互影响的关系，该模型仍然成立。此时有三种情况。情况一，信息中存在冗余信息。此时的 I_0 在经过感觉器官的观察时，会进行一项筛查的工作，即参与语法信息 I_{sy} 和语用信息 I_{pr} 运算的 I_0 中不含有重复信息。

情况二，只有部分信息形成知识后被调用。在认识信息 I_e 向知识 K 转化的过程中，不再是简单的相等关系，而是一个需要经过汇总的过程，即

$$K = \bigcap \left(\sum I_e \right)$$

式中，符号 $\bigcap$ 代表着信息之间的相互联系。对认识信息 I_e 进行简单的相加后，归纳而得到知识 K。这些知识作为"信息库"存储在大脑中，当有需求时，效应器官便会选择有用的知识进行调用。需要注意的是，并非 m 条信息所转化成的知识都会被调用，即此时

$$I_s = \varphi(P, E, G, K_j)$$

至于那些暂未被调用的知识，会在一个有限时间范围内等待下一次调用，若超出该范围仍未被调用，则会被淡忘，存储该知识的细胞元会逐渐死去。策略转换为行为，作用于信息宿，而那些被淡忘的知识会以生物废渣的方式输出。虽然在这种情况下，输出的信息熵有所减少，但是这并不影响其所反映的客观事物的信息熵。

情况三，所有信息在形成知识后均被调用。显然，在这种情况下，信息转换过程中输入和输出相等，信息熵守恒。

10.6　信息的衍生与价值变化

世间万物都存在着关联关系。一只南美洲亚马孙河流热带雨林中的蝴蝶，偶尔扇动几下翅膀，可以在两周以后引起美国得克萨斯州的一场龙卷风。事物的发展均存在着定数和变数，事物在发展过程中也都有迹可循，同时也存在不可测的变数。一个微小的变化能影响事物的发展，证实了事物的发展具有复杂性。

　　同样，信息中也存在着这样的"连锁反应"。信息之间必定存在着某种关系，这种关系包括关联、耦合、融合等。"连锁反应"会衍生出新的信息，这将会带来信息的变化，包括价值变化、误差变化、可用性变化等。

　　耦合是指事物之间的相互关联。就信息而言，任一信息都不是完全独立的，在它的产生和使用过程中必然会与其他信息发生各种各样的联系。这种因信息之间相互影响而构成的信息联系就是信息耦合。根据信息运动的形式，信息耦合可分为串联耦合、并联耦合和反馈耦合，如图 10-8 所示。串联耦合是指新信息是在利用现有信息的基础上产生的，信息链中后产生的信息总是以先产生信息的存在为前提。并联耦合指的是多个现有信息相互作用产生某一信息。反馈耦合是指在某一信息基础上产生的新信息重新作用于原信息，继而改变原信息结构，并更新原信息。

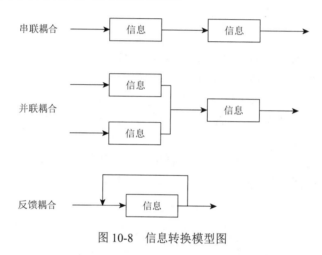

图 10-8　信息转换模型图

　　信息通过耦合形成了一条信息链，它有一些重要的特征。首先是信息链的有序性。信息链中的任一信息都毫无例外地依次利用了原有信息，而又被其他信息所利用。其次，信息链具有多重性。如果将某一信息作为终点，会发现有多个串联链与此相连。此外，信息链还具有非均匀性。串联耦合的各信息之间的耦合强度是不完全相同的。最后，信息链具有普遍性。任何信息都不是孤立的，而是在其他信息基础上产生的。

　　融合是指几种不同的事物合成一体。信息融合是一个对从信息源获取的信息进行关联、相关和综合以获得精确的位置和身份估计，以及对态势和威胁及其重要程度进行全面、及时评估的信息处理过程；该过程是对其进行估计、评估和额外信息源需求评价的一个持续精练过程，同时也是一个信息处理过程不断自我修正的过程，以获得结果的改善。按照数据抽象的不同层次，信息融合可分为三级，即像素级融合、特征级融合和决策级融合。

　　像素级融合是指在原始数据层上进行的融合，即各种传感器对原始信息未做很多预处理之前就进行的信息综合分析，这是最低层次的融合。特征级融合属于中间层次，它对来自传感器的原始信息进行特征提取，然后对特征信息进行综合分析和处理。决策级融合是一种高层次融合，其结果为指挥控制决策提供依据。因此，决策级融合必须从具体决策问题的需求出发，充分利用特征融合所提取的测量对象的各类特征信息，采用适当的融合技术来实现。决策级融合是三级融合的最终结果，直接针对具体决策目标，融合结果直接影响决策水平。

信息的耦合、融合会改变信息的价值，或许是提升价值，或许是降低价值。只有充分考虑信息之间的关系，按规律做事，才能有效把握信息的价值。

10.7　人会被替代吗？

随着科技的不断发展，越来越多的工作开始被机器取代。最先开始被取代的，是一些简单的、重复性较高的工作，如快递分拣、电话接线、外卖送餐、工厂加工等，或者是一些对人体有害的工业探测工作，如井下勘测、化学实验等。人们采取机器替代人类的方式，降低了工作成本，减小了对工作人员的伤害。随着科技的进一步发展，人工智能的逐步兴起，机器也可以进行一些具有逻辑性、规则性的工作。2015 年，机器人索菲亚诞生。这款由机器人设计师戴维·汉森设计的机器人能做出 62 种不同的面部表情，能够识别人类面部特征、理解语言、记住与人类的互动，是一款不仅在外形上十分逼真，还具有极强的人工智能学习能力的机器人。正因其超凡脱俗的智慧性，2017 年，沙特阿拉伯授予索菲亚公民身份，从此，索菲亚成为世界上首位具有公民身份的机器人。索菲亚的诞生无疑使得机器人与人类共存的世界向前迈进了一步。正如汉森所说，这样一个时代即将到来：人类与机器人难以辨别。在接下来的几十年，类人机器人将行走在人类之间，它们将帮助人类，与人类共同创造快乐，教授人类知识，帮助人类带走垃圾等。2016 年，著名的围棋人机大战，李世石对战谷歌人工智能系统 AlphaGo。可以说，机器的胜利给了全世界很大的震惊。机器是否会取代人类一度成为全球性的热点话题。自此开始，无人驾驶汽车等频频迭起。我国甚至在 2021 年春节联欢晚会的舞台上向人们展示了机器人的书法表演。不得不说，机器的确在诸多方面取代了人类。

伴随着机器的崛起，就业市场受到冲击，有许多工作被机器取代。人们不禁怀疑，人类会被机器替代吗？

历史上类似的怀疑不止一次。19 世纪 60 年代，随着英国工业革命的发展，铁路机车走进人们的生活，但由于铁路机车的到来严重危害到了马车夫的利益，在民众激昂的呼声下，英国政府颁布了《铁路机车法》，又称为《红旗法案》。该法案中规定，至少需要雇佣三名工作人员驾驶或引导铁路机车。这从一定程度上遏制了英国汽车的发展，使英国失去了汽车发展的先发优势。

20 世纪 60 年代，赛博格（Cyborg）开始出现在人们的视野中。赛博格指的是生化电子人，最初这个概念的提出是为了解决未来人类在星际旅行中面临的问题。显然，人类的肌体是无法承受上百光年的高速旅行的。为了克服人类生理机能的不足，有学者提出，可以向人类身体移植神经控制装置作为辅助，增强人类适应外部空间的生存能力。人们对"非人"身体的思考日益凸显。

未来世界中，人与机器人的关系是怎样的？人们展开了许多猜想，这在许多小说和电影中均有体现。例如，1982 年上映的影片《银翼杀手》中描写了洛杉矶银翼杀手精英戴克爱上复制人的故事；1999 年上映的影片《黑客帝国》中描述了网络黑客尼奥发现世界是由一个名为"矩阵"的人工智能系统控制的，并由此展开抗争的故事；2014 年上映的科幻电影《超体》中描述了女子露西因神秘药物而导致身体飞速变化的经历；还有《X战警》《钢铁侠》等系列作品，从这些作品中，可以发现，人类对人工智能的高速发展是期许的，同时也是担忧的。

从物理性能上而言，人的确会被机器代替。机器的某些智能是被人制造出来的，但人类却无法企及。人的感知是受限的，而机器却可以探测到许多人体看不到的东西；人类无法永久记忆，而机器可以；人类无法进行复杂计算，而机器可以；人的速度、耐力、记忆力等都不如机器。机器可以一天 24 小时不间断工作，但人不可以；机器可以在超高（低）温环境下工作，但人不可以；机器可以将过去几年的记忆数据保存，但人不可以。机器能够看到身体背后的景象，机器的奔跑速度能达到每小时 200 公里以上，机器能够随时记下微观世界的图像等。人类具有不断学习的能力，而高端的人工智能机器同样具备学习的能力。

从另一方面来说，机器是无法替代人类的。智能机器，是指经过人类制造、训练的机器。人类教给了它们智慧，并让其具备智能。人与机器的区分不仅在物质本身，更在意识与情感。机器无法代替人的情感思维、感性思考、道德判断等。人具有感知能力、理解能力、价值判断能力，而这些都是机器所不具备的。

第一，机器无法替代人的决策思想。可以说，机器的任何行为从根源上来说都是由算法控制的，是受限于人类思维的[28]。算法的逻辑结构决定了机器的行为能力。因而机器是无法像人一样进行思想决策的。例如，对于现在市面上很多的智能语音机器人，它们可以回答使用者的一些问题，但当问到程序中未涉及的问题时，语音机器人就无法正常回答了。至今为止，机器还未能具有类似于人类的决策思维，无法基于自己的情感进行选择。这是因为机器缺乏思维器官，不具备认知能力。机器具有感知能力，它可以感受到温度、力，可以看到这个世界，可是，机器并不具备认知指导决策的这一过程，再如，海底捞的自动送餐机器人，它能够通过传感器以及设定好的程序代码将所需的食物准确地送到客人的餐桌上，但是这都是基于人类所做出的决策，一旦没有人下达指令，或者换一个场所，那么机器人功能将完全失灵，机器都是通过代码指令的方式将人类的思想决策转化为电信号传输给机器，再促使机器做出相应的动作，所以机器运转的前提都是人类提前为它设定好了程序指令，它本身只能困于人类所设的指令代码中，并无法产生自己的思维方式，单从这一点上来说，机器就无法替代人类。

第二，机器不具有同理心。在机器的世界里，所有的算法思想、程序模块都是由二进制代码"0""1"进行传递的。即便是经过智能学习的机器，也无法避免二分性带来的问题。因此，对于机器而言，对错之分就变得格外重要，而评判对错的标尺也只有一把，它们只会根据算法思想、程序模块的设置来判断对错，无法做到感同身受这一点。在服务业中尤为突出，服务业需要对顾客的需求、心理、情感等各方面进行满足，而机器没有同理心，没有自身的感情思维模式，那必然不可能在服务业中代替人类，例如，在一些心理咨询方面，咨询人将自身的心理问题诉诸机器，机器只会从最理性的角度考虑对咨询人的心理问题进行分析，殊不知产生心理问题的原因往往是感性认知出现偏差，因此机器在许多需要感性思考的领域是代替不了人类的。人类与机器最大的不同就在于在人类的世界里，并不是非黑即白的。人们不会用"0"和"1"来评价事物，而是辩证地、全面地看待事情。因此，人们对这个世界的感受更深，人与人之间的纽带也更加牢固。

　　第三，机器不具有团队协作能力。人类之所以具有强大的力量，不仅仅在于个体的强大，更在于人类具有强大的团队协作能力。人类会从彼此之间的沟通协作中各取所长、交流经验，从而产生头脑风暴。长久以来，人类都在倡导"合作共赢"的理念。古时则更是有"三个臭皮匠，顶个诸葛亮"这样的民间谚语。正是在团队协作下，人类才做成了一件又一件大事。然而这是机器所不具备的，机器的本质是固定的，它们只能在人类所设定的框架中去发挥自身的效用，这意味着它们可以做到完全的权责分明，保证自身工作的完成，可是这样泾渭分明的工作模式缺少创造力，缺少面对应急情况处理的能力，对于一些框架外的工作就不能灵活处置，这就是缺少团结协作能力的表现以及部分危害。

　　人类在不断地进化，因此机器势必会"进化"。从某种角度来说，机器取代人其实也就是人取代人而已。这是因为人教会了机器，机器学会了人的知识和思维方式，人类发明机器、利用机器，最终获得了智慧，创造出能够改造世界的智能。当然，机器同样可以创造智能。

参 考 文 献

[1] 杨志刚. 数字化信息论[J]. 创新与创业管理, 2020（2）: 64-89.

[2] 勤英. 信息战及其产生背景[J]. 继续教育, 1996, 10（5）: 13-15.

[3] 高司正. 信息技术概观（一）[J]. 人民司法, 1990（10）: 43.

[4] 苗建军. 熵理论的发展及其对现代科学的作用[J]. 大自然探索, 1988（1）: 28-34.

[5] 李富贵. 基于大数据技术的政府绩效信息使用研究[D]. 厦门: 厦门大学, 2018.

[6] 钟苇思, 刘景旭, 李弘伟. 基于信息效用和信息用户满意度的信息价值测度研究[J]. 情报杂志, 2007, 26（1）: 92-93, 97.

[7] 陈建龙. 论信息效用及其实现过程[J]. 北京大学学报（哲学社会科学版）, 1996, 33（3）: 36-40.

[8] 何绍华, 康斌. 信息价值和信息服务价值评价研究[J]. 图书情报工作, 2005, 49（5）: 72-75.

[9] 邱锡鹏. 神经网络与深度学习[M]. 北京: 机械工业出版社, 2020.

[10] 周志华. 机器学习[M]. 北京: 清华大学出版社, 2020.

[11] 刘晓魁. 网络爬虫技术与策略分析[J]. 网络安全技术与应用, 2022（5）: 17-19.

[12] 郭秀峰. 大数据时代的数据挖掘与思考[J]. 电脑编程技巧与维护, 2020（12）: 111-113.

[13] 姚幼敏, 黄锡昌. 计算机应用基础: 理论与实训教程[M]. 广州: 广东高等教育出版社, 2005.

[14] 马建斌, 滕桂法, 张玉新, 等. "大智移云"技术综述及"智慧农机"应用实例[J]. 计算机应用与软件, 2018, 35（5）: 115-119.

[15] 施荣华, 王国才. 计算机网络技术与应用[M]. 北京: 中国铁道出版社, 2009.

[16] 王月, 柯芊. 智能计算中心: 人工智能时代的算力基石[J]. 中国电信业, 2021（S1）: 11-15.

[17] 阿斯顿·张, 李沐, 扎卡里·C. 立顿, 等. 动手学深度学习[M]. 何孝霆, 瑞潮儿·胡, 译. 北京: 人民邮政出版社, 2020.

[18] 何佳. 数据存储技术的比较及发展趋势[J]. 怀化学院学报, 2008, 27（11）: 50-53.

[19] 蔡宏刚. 基于 Windows 纯软件双机热备份系统研究与实现[D]. 天津: 南开大学, 2008.

[20] 郦丽珍. 基于 Open vSwitch 虚拟网络的细粒度访问控制[D]. 上海: 复旦大学, 2013.

[21] Kuzlu M, Fair C, Guler O. Role of artificial intelligence in the internet of things（IoT） cybersecurity[J]. Discover Internet of Things, 2021, 1（1）: 1-14.

[22] 封帅博. 智能物联网技术应用及发展[J]. 信息记录材料, 2021, 22（11）: 115-116.

[23] 陶洋. 通信软件技术[M]. 北京: 国防工业出版社, 2020.

[24] 邬焜, 罗丽. 试论信息、知识、智能、实践的全息统一性[J]. 情报杂志, 2018, 37（5）: 21-25.

[25] 艾思奇. 大众哲学[M]. 北京: 人民出版社, 1979.

[26] 陶洋. 多维网络技术[M]. 北京: 科学出版社, 2018.

[27] 钟义信. 知识论: 核心问题: 信息-知识-智能的统一理论[J]. 电子学报, 2001, 29（4）: 526-530.

[28] 陶洋. 信息网络规划与控制管理[M]. 北京: 国防工业出版社, 2020.